KARL JASPERS

Heimweh und Verbrechen

Mit Essays von
Elisabeth Bronfen und Christine Pozsár

belleville

Verlag Michael Farin – Hormayrstr. 15 – 80997 München

ISBN 3-923646-61-5

INHALT

Elisabeth Bronfen

FATALE WIDERSPRÜCHE

> Für Psychoanalytiker hat Heimat die
> Bedeutung einer seelischen Plombe.
> Sie dient dazu, Lücken auszufüllen,
> unerträgliche Traumen aufzufangen,
> seelische Brüche zu überbrücken,
> die Seele wieder ganz zu machen.
> Je schlimmer es um einen Menschen
> bestellt ist, je brüchiger sein Selbstgefühl
> ist, desto nötiger hat er oder sie
> Heimatgefühle, die wir deshalb eine
> Plombe für das Selbstgefühl nennen.
>
> *Paul Parin*

Im Jahre 1906 schleicht das 14jährige Dienstmädchen Apollonia S. kurz nach Anbruch des Tages in das Schlafzimmer ihrer Herrschaft, nimmt den Knaben, zu dessen Pflege sie eingestellt worden war, aus seinem Kinderwagen und läuft mit ihm zum Fluß. Von der Brücke aus wirft sie ihn ins Wasser.

Ohne sich umzusehen, kehrt sie heim, entkleidet sich und legt sich wieder ins Bett. Erst die Klage des Vaters, sein Kind sei in der Nacht gestohlen worden, ruft sie wieder aus dem Bett. Zusammen mit den anderen Dorfbewohnern beteiligt sie sich nun an der Suche nach dem Kind.

Da für die Polizei zuerst nur die Eltern als Verdächtige in Frage kommen, werden diese am nächsten Tag ins Gefängnis gebracht. Apollonia bricht daraufhin zusammen, legt aber erst drei Tage später ein Geständnis ab. Sie berichtet den Tathergang und erklärt, sie habe durch den Mord und durch das Leugnen der Tat ein großes Unrecht begangen. Als Motiv für ihr Vergehen gibt sie an, sie habe um jeden Preis zurück nach Hause gewollt. Man bringt sie in die Heidelberger Psychiatrische Klinik.

Auf Grund zweier psychiatrischer Gutachten, die beide eine heftige Heimweh-Melancholie konstatieren, wird das Verfahren gegen sie eingestellt. Die Untersuchung ergibt unter anderem, daß Apollonia, bevor sie nach Beendigung ihrer Schulzeit zu fremden Leuten in Dienst geschickt wurde, den Haushalt ihrer Familie liebevoll und gekonnt geführt hat. Ihre Eltern und Bekannten zeichnen das Bild eines stillen, bescheidenen, artigen, und fleißigen Mädchens, dem Lügen, Unehrlichkeit und Grausamkeit fremd ist. Nach Antritt der Stelle jedoch zeigten sich schnell Zeichen eines pathologischen Heimwehs, die sich in Schwermut, Passivität, Eßstörungen und einem Rückzug aus der Gesellschaft ihrer Mitmenschen äußerten.

Dennoch durchlebt sie auch weiterhin Phasen der Fröhlichkeit. Weil die Eltern ihre Bitte, nach Hause zurückkehren zu dürfen, gnadenlos abschlugen und ihren Ungehorsam mit der Androhung von Schlägen abzuwenden wußten, versucht Apollonia bereits nach der ersten Woche ihres Aufenthalts bei den Antons, deren jüngstes Kind zu vergiften, indem sie sich einredete, auf diese Weise überflüssig geworden, wieder nach Hause zurückkehren zu dürfen. Nachdem dieser Versuch fehlgeschlagen war, sie aber immer stärker unter verzweifeltem Heimweh litt, faßte sie innerhalb weniger Tage den Gedanken, das Kind zu ertränken, ein Entschluß, den sie in die Tat umsetzte.

Im Verlauf der Untersuchung zeigt sie zwar keine nachhaltige Reue, doch vermag sie gleichwohl die Psychiater zu überzeugen, daß sie weder aus bösem Willen oder aus Trotz und Verstocktheit noch aus intellektueller Minderwertigkeit, sondern, sich der moralischen Gebote durchaus bewußt, aus kindlicher Schüchternheit, Beklommenheit und Ängstlichkeit gehandelt habe. Obgleich man sie auf Grund der nach ihrer Verhaftung markant auftretenden Stimmungsschwankungen als hysterischen Charakter hätte einstufen können – zeigte sie sich doch mal als ordentlich, fleißig, willig und schüchtern, dann wieder lebhaft, durchlebte aber auch eine übermäßige Traurigkeit, Gereiztheit, verfiel in grundloses Weinen, Appetit- und Schlaflosigkeit – beharrte die Psychiatrie auf dem Urteil einer durch Heimweh verursachten Depression, die sie zeitweilig hat unzurechnungsfähig werden lassen.

Wie in Trance, von ihrer Umwelt und dessen moralischem Code gänzlich dissoziiert, von dem einzigen Bild der Rückkehr in die Heimat getrieben, konnte die sonst so gehorsame Apollonia den erstaunlichen Akt des Kindsmordes vollziehen. Nach dem Einstellen des juristischen Verfahrens bleibt sie als Dienstmädchen in der Klinik.

Karl Jaspers beginnt seine 1909 verfaßte Schrift *Heimweh und Verbrechen* mit der Feststellung eines Widerspruchs, »schon lange haben die mit unglaublicher Grausamkeit und rücksichtsloser Brutalität ausgeführten Verbrechen (Mord und Brandstiftung) Interesse erregt, die man von zarten Geschöpfen, jungen und gutmütigen, noch ganz im Kindesalter befindlichen Mädchen ausgeführt sah.«

Weil zwischen Tat und Täterin kein zureichendes Motiv zu existieren scheint, stellen diese Fälle für die Kriminologie wie die Psychiatrie ein Rätsel dar, auf das mal mit Sympathie, mal mit Abscheu reagiert wurde, das jedoch in jedem Fall unverständlich und ungelöst bleiben muß. Konzentriert man sich auf die Fälle, in denen die Täterinnen nicht intellektuell und moralisch schwachsinnig sind, kann man zwar ausweichend die Diagnose »Heimwehmelancholie« akzeptieren, doch dann muß man sich fragen, wie dieses Bindeglied zwischen Heimweh und Verbrechen zu verstehen ist.

Wie geht man mit dem Phänomen des Ausbruchs einer psychischen Labilität und eines Zerstörungsdrangs um, wenn diese durch den Verlust einer vermeintlichen Geborgenheit in der Familie oder dem von Kindheit an vertrauten geographischen Ort ausgelöst werden können? Wie erklärt man Lebensgeschichten, in denen die Anwesenheit in einer vermeintlich fremden Welt und eine intellektuelle wie emotionale Unfähigkeit, sich diesen neuen Lebensumständen anzupassen, nur im Ausüben von Gewalt enden können? Ist der Begriff des Heimwehs ausreichend, um eine umfassende, allgemeingültige Erklärung für den fatalen Widerspruch zwischen kindlichem Gemüt und gnadenlosem Mord zu bieten?

Um eine endgültige Erklärung kann es bei diesen erstaunlichen Berichten gar nicht gehen, nur um ein Aufzeichnen und den tentativen Versuch einer Typologie. Denn mit jeder medizinischen Abhandlung, die die Heimwehliteratur zu beschreiben sucht, mit jedem Fallbeispiel in dem der fatale Widerspruch zwischen zartem, gutmütigem, tüchtigem Dienstmädchen und rücksichtsloser, brutaler und grausam kompromißloser Mörderin nochmals aufgeführt wird, erscheint diese Verschränkung von Heimweh und Gewalt eher rätselhafter, schillernder.

Die Sprache Jaspers bleibt, wenn auch durchaus von Sympathie für die Täterinnen gefärbt, eher trocken und zwingt einen zwischen den Zeilen zu lesen. Seine Abhandlung referiert die medizinische und forensische Literatur zu dem merkwürdigen Phänomen der Heimwehverbrechen und schließt eine eher nüchterne Auswertung an, jedoch ohne daß die dargestellten Fälle bewertet und somit das Rätsel, das sie aufwerfen, mit einer ideologischen Plombe ihrerseits gefüllt würden.

Was Jaspers jedoch desto eindrücklicher gelingt, ist das Aufwerfen von Fragen über das Verhältnis von Gewalt und Verlust einer geographischen Heimat, die im Kontext unserer multikulturellen Welt, in der für viele Menschen Kategorien wie Heimat, Familie bzw. eine nicht hinterfragte kulturelle wie geographische Zugehörigkeit fragwürdig geworden sind, dieses Phänomen unter ein ganz anderes Licht stellen, als dies anfangs des 20. Jahrhunderts vielleicht der Fall war.

In einer fast spröden Weise gibt Jaspers Geschichten wieder, die sich einer endgültigen Erklärung entziehen und uns wie Vignetten des psychischen Leides empathisch bewegen. Sie können aber auch wie Chiffren gelesen werden für eine viel allgemeinere Auseinandersetzung mit der widersprüchlichen Frage danach, wie die Vorstellung von Heimat, diesem vermeintlich schützenden Ort der Geborgenheit, als ihre verborgene Unterseite immer schon die Gewalt, das Verbrechen in sich trägt, vielleicht sogar immer schon durch diese Gegenseite bedingt ist.

Was also ist dieses Heimweh, für das es bis spät ins 18. Jahrhundert in der ärztlichen Literatur eine ausgiebige Nostalgielehre gab? Auch wenn Jaspers seinen historischen Abriß mit der Bemerkung beendet: »Die Geschichte des Heimwehs ist mehr eine Geschichte von Irrtümern als die Geschichte haltbarer Anschauungen«, so billigt er dennoch, daß trotz teilweise abstruser Gedanken vor allem die psychologischen Bemerkungen der alten Autoren durchaus ihre Berechtigung haben.

Im schweizerischen Dialekt des 17. Jahrhunderts entstanden, ist der Begriff des Heimweh erst in der Zeit der Romantik vom allgemeinen deutschen Sprachgebrauch aufgenommen worden, zu einer Zeit also, als die deutsche Literatur von einem nostalgischen Gestus geprägt wurde und Vorstellungen von Einheit, Integrität und vor allem von einer Geborgenheit auf Grund einer regionalen Zugehörigkeit zu entwerfen suchte.

Bekannt aus dieser Literatur sind eher die Melancholiker, die aus Heimweh zugrundegehen, weil sie den Verlust des Vaterlandes, der vertrauten Sprache, des sozialen Netzwerkes nicht überwinden können. Unfähig sich im neuen Land zurechtfinden, verlieren sie sich gänzlich in dieser psychischen Ortlosigkeit.

Die gängigen Symptome sind eine Abneigung gegenüber dem fremden Ort, Kontaktlosigkeit und Fernbleiben von fremden Vergnügungen aufgrund eines andauernden Denkens an den verlassenen Ort. Psychisch zerrissen zwischen einer leidvollen Gegenwart und einem unstillbaren Verlangen nach einer scheinbar glücklichen Vergangenheit erfolgt eine Abnahme der geistigen und leiblichen Kräfte.

Die andauernde Traurigkeit führt zur völligen Erschöpfung, zu Halluzinationen und Angstzuständen, deren einzige Heilung die Rückkehr in die vertraute Lebenswelt zu sein scheint. So folgert die medizinische Literatur bezeichnenderweise, daß das Heimweh für den Durchschnittsmenschen nicht etwa die Wurzel der Imagination, der poetischen Kraft sei, wie dies für die berühmten Exilanten der Weltliteratur – Odysseus, Ovid, Moses, Dante – behauptet wird, sondern daß es eher als »gestörte Einbildungskraft« zu begreifen ist.

Weil alle Lebenskräfte einer Idee, der verherrlichten Vorstellung des Vaterlandes etwa oder der obsessiven Vorstellung einer Rückkehr an einen Ort, fixiert werden, versagt sowohl der Körper wie die Vorstellungskraft. Dieser psychische Stau, dessen psychosomatisches Gegenstück eine Ossifizierung des Körpers ist, kann nur dadurch wieder gebessert werden, daß die fixierte Einbildungskraft erneut verflüssigt wird und somit auch die Körperzirkulation wieder in Gang kommt.

Faszinierend an dieser medizinischen Erklärung ist natürlich nicht nur die Analogisierung von körperlichem und psychischem Haushalt, so daß ein Krankheitsbild entsteht, bei dem die Stauung und die fehlende Balance im einen Bereich eine parallele Reaktion im anderen bewirkt, nämlich daß die an ein einziges Bild fixierte Einbildungskraft eine Suspendierung des Körpers verursacht. Bezeichnend ist auch, daß die Ursache des Heimwehs, ganz analog der zeitlich parallel verlaufenden medizinischen Definition der Hysterie, als ein rein psychisches Erkranken an den Einbildungen verstanden wird: Einerseits macht das Heimweh den Körper zum Medium der inneren Sinne, unterwirft ihn sozusagen der psychischen Sprache, andererseits hat es einen gänzlichen Realitätsverlust zur Folge.

Wie die Hysterikerin, die an ihrem Unbehagen an den kulturell vorgeschriebenen Weiblichkeitsrollen erkrankt und deshalb am Körper die unterschiedlichsten Entstellungen dieser Weiblichkeit somatisiert – etwa Sprachlosigkeit, Bewegungslosigkeit, oder übertriebene Theatralik statt weiblicher Sittsamkeit, Gehorsamkeit und Unterwürfigkeit – so produziert der Heimwehsüchtige Vorstellungen einer verlorenen örtlichen Geborgenheit, die das ganze Gemüt überfluten und den Körper funktionsunfähig machen.

Die Symptome seines Unbehagens sind Halluzinationen des verlorenen Glücks, Zwangsgefühle, Schwächeanfälle, Todessehnsucht. Man darf aber nicht außerachtlassen, daß dieses Bilder einer Heimat sind, die in ihrer Überhöhung des verlassenen Ortes eher eingebildet sind als einer real erlebten Wirklichkeit entsprechen und zudem die gegenwärtige Lebenswelt gänzlich verdrängen.

Anders gesagt, die an der vertrauten Heimat, der Region wie dem Heim festgemachten imaginären Bilder – die Natureindrücke, die auf eine kleine Gruppe beschränkten Sitten – können, wenn diese eine Ausschließlichkeit annehmen, eine psychische Erkrankung zur Folge haben, das Gefühl von Einsamkeit, Sehnsucht, Schwermut, die bis zum gänzlichen Verlust der Vernunft und der Urteilskraft führen sowie eine völlige Lähmung des Körpers. Das Heimweh, apodiktisch formuliert, erweist sich als pathogen gewordene Erinnerungsbilder, die im Betroffenen, weil sie nicht abreagiert werden können, eine psychosomatische Erkrankung an den Vorstellungen verursachen.

Als eine Erkrankung durch die Phantasie entspricht das Heimweh durchaus dem, was Sigmund Freud 1909 den Familienroman des Neurotikers nannte. Freud hatte festgestellt, daß eine Vielzahl seiner Analysanden ihm Phantasieszenarien erzählten, in denen sie sich vorstellten, einer anderen, meist höhergestellten Familie anzugehören.

Diese im Tagtraum vollzogene Korrektur des Lebens diente in ihrer Entstellung einer imaginativen Ablösung von der Autorität der Eltern, doch entdeckte Freud auch »daß diese neuen und vornehmen Eltern durchwegs mit Zügen ausgestattet sind, die von realen Erinnerungen an die wirklichen niederen Eltern herrühren«. Somit ist die Geste des Erhöhens zu verstehen als Ausdruck der Sehnsucht des Kindes nach der verlorenen glücklichen Zeit der frühen Kinderjahre; »die Phantasie ist eigentlich nur der Ausdruck des Bedauerns, daß diese glückliche Zeit entschwunden ist.«

Anders gesagt, der im Augenblick erlebte Mangel an Glück ruft als Plombe eine Überschätzung der frühesten Kindheitsjahre hervor. Diesem Gestus analog überhöht auch der an Heimweh Leidende die verlorene Lebenswelt. Die idealisierte Vorstellung der Heimat, von der er sich einbildet, sie hätte damals das Verlangen nach gänzlicher Zugehörigkeit und Geborgenheit erfüllt, dient als Stellvertreter für eine nachträglich überschätzte Kindheitserinnerung. Das beunruhigende Gefühl der Fremde wird durch ein imaginatives Aufrufen von Bildern des Altvertrauten gemildert, die neue Umgebung trägt die Züge der verlassenen.

Nachtwandelnd, dies zeigt die von Jaspers dargestellte medizinische Literatur wiederholt auf, sieht der an Heimweh Leidende Bilder der Heimat, hört er die Stimmen seiner Familienangehörigen. Hält der Träumer des Familienromans an seinem imaginativen Entwurf einer neuen, vornehmeren Familie fest, um die Mängel der realen Familie auszublenden, so entwirft der Heimwehsüchtige die alte Heimat nachträglich als einzig wirklichen Glücksort, um die versehrte neue Lebenswelt so weit wie möglich aus dem Bereich der Vorstellungen auszublenden.

Diese dominierende Vorstellung ergreift sowohl den psychischen wie auch den körperlichen Haushalt: Sie verdeckt als Phantasie den erlebten Mangel und steht gleichsam für ihn ein. Das Verlangen nach dem Phantasiebereich – der Einzug in die erhöhte Familie, die Rückkehr in die beschönigte Heimat – soll die Unzufriedenheit an der Gegenwart heilen.

Der bezeichnende Unterschied besteht jedoch darin, daß laut Freud der Familienroman des sogenannten normalen Neurotikers Zeichen ist für eine geistige Tätigkeit, nämlich den Tagtraum, der durchaus als Vorstufe künstlerischer Kreativität zu verstehen ist, während die medizinische Literatur als Hauptursache der Heimwehverstimmung gerade das Fehlen eines geistig freien, selbständigen Lebens betont.

Anfällig für pathogenes Heimweh, das als eine »einseitige Tätigkeit der Seele« charakterisiert wird, sind vor allem Leute ohne ausgebildete Geistesbeschäftigung bzw. Menschen, die von einem Provinzialismus geprägt sind. Abgesondert, in einem beschränkten Raum, in einer kleinen, einsamen und einfachen Welt groß geworden, können sie, weil sie von ihrer soziokulturellen Disposition her nicht für neue Lebensumstände erzogen wurden, für die Fremde nicht empfänglich sein und somit, werden sie dem altvertrauten Bereich entrissen, nur Leere empfinden.

Die aussageträchtige Folgerung, die Jaspers zieht, liegt in der Tatsache, daß eben gerade eine beschränkte Einbildungskraft dafür verantwortlich ist, daß der Reiz der Fremde nicht wahrgenommen werden kann.

Auch wenn man heute die für das 19. Jahrhundert typische Gleichsetzung von sogenannten unzivilisierten ethnischen Gruppen (in der medizinischen Literatur die stereotype Vorstellung der Schweizer und der Nordländer) und den als primitiv verstandenen Kindergemütern ideologisch hinterfrägt, so ist es durchaus weiterhin nicht ohne Nutzen, an dem implizierten Gleichnis zwischen geographischer Landschaft und psychischer Landschaft festzuhalten.

Die Enge des in der Heimat erlebten Horizonts bewirkt die Enge der psychischen Beweglichkeit: »Wer zu geistig freiem selbsttätigem Leben erwacht ist, vermag überall auf der Welt seine eigene Existenz mit der Umgebung in Einklang zu setzen. Wer zu solcher Selbsttätigkeit nicht gelangt ist, bleibt gleichsam mit der ihn umgebenden

Außenwelt verwachsen, alle Gefühle und Gedanken sind in ihr festgewurzelt und nur auf die nächste Umgebung, Wohnung, Garten, Gewerbe, Familie gerichtet. Entfernung aus der Heimat ist dann nicht mit einem Verlust von äußerlichen Dingen verbunden, sondern mit einem Losreißen von allem, worin der Mensch bisher gelebt hat, und mit seiner Heimat verliert er gleichsam die Hälfte seines Ichs.«

Man könnte aber auch folgern, daß der Heimwehleidende, weil der psychische Apparat aus der Beschränktheit der soziokulturellen Disposition heraus keine selbständige Trennung zwischen Selbst und Umwelt vollziehen kann, geradezu gezwungen ist, überall die verlorene Heimat wiederzufinden. Er erliegt einem dämonischen Wiederholungszwang, kann im Neuen immer nur das Alte sehen, spiegelt im Fremden immer nur sich selbst.

Weil er seine Wahrnehmung des Außen nur ungenau von seiner Innenwahrnehmung trennen kann, kann er auch die radikale Andersartigkeit des Außen nicht erfahren, stattdessen dieses Außen immer nur von seinen Phantasien überflutet erleben. Dies bedeutet aber, daß eine durch kulturelle Prägung oder fehlende Bildung und Erfahrung nicht vorhandene oder noch nicht ausgebildete Flexibilität der Einbildungskraft als ihr Gegenstück den Hang zur Verfestigung der Einbildungen hat. Fehlende Beweglichkeit der Einbildungskraft, könnte man also sagen, führt zum Stau der Vorstellungen, zur pathogenen Fixierung auf eine Idee.

Im Zuge dieses Wechselspiels entsteht dann die fatale Dialektik, die die Verknüpfung von Heimweh und Gewalt betrifft. Sich aufs Neue nicht einlassen zu können, weil das Selbst noch zu sehr in Verbindung mit seiner ursprünglichen Umwelt begriffen wird, bedeutet, daß je größer die Kluft zwischen der vertrauten, aber verlassenen Welt (von der das Selbstbild ja gänzlich abhängig ist) und der fremden, gegenwärtig erlebten Welt ist, die Sehnsucht nach einer Reparatur umso dringlicher auftritt.

Im Zuge dieser Stauung muß dann etwas gewaltsam verändert werden, entweder die eigene psychische Landschaft oder der fremde Lebensort. Somit entsteht Gewalt nicht nur, weil die Einbildungskraft nicht flexibel genug ist, mit dem Neuen umzugehen, sondern auch, weil zwischen der psychischen Welt der Phantasien und der gelebten Außenwelt keine gesunde Trennung hergestellt wurde, weil noch keine ausgeprägte Autonomie der Einbildung verhanden ist; egal, ob als die Ursache dafür die fehlende Reife des jungen oder die fehlende Weltläufigkeit des provinziellen Individuums festgemacht wird. Die verlorene Welt wird zum vampirisierenden Phantom, frißt am Nostalgiker wie ein Krebs.

Die medizinische Literatur warnt demzufolge davor, die Nostalgie mit der »aktiven Sehnsucht eines bewußten energischen Geistes« zu verwechseln. »Der Jammer des Exilierten, dem der Sieg einer feindlichen Partei das Vaterland geraubt, die Trauerlieder eines Ovid, selbst die kläglichen Episteln Ciceros aus der Verbannung haben nichts gemein mit der betäubenden Hilflosigkeit eines Nostalgischen.« Denn letzteres wird von der ärztlichen Literatur der vergangenen Jahrhunderte als eine passive asthenische Krankheit beurteilt, das Resultat einer schwachen, seiner gewöhnlichen Stütze beraubten Intelligenz, eines durch ein isoliertes Leben, durch bornierte Ortsverhältnisse prädisponierten Stumpfsinns.

Dies bleibt weiterhin eine durchaus brauchbare Denkfigur, auch wenn man wiederum ideologisch die Aufwertung der großen Dichterexilanten gegenüber der pejorativen Wiedergabe der Nostalgiker hinterfragen sollte. Denn die Familien der Heimwehleidenden gehörten meist den unteren Schichten an, waren Bewohner armer Dörfer, die aus ökonomischem Elend heraus gezwungen waren, ihre Kinder, noch bevor sie ihre Reife erreicht hatten, als Söldner und Dienstmädchen in die Fremde zu schicken.

Einleuchtend an diesen Erklärungsversuchen ist die Tatsache, daß eine Betäubung gegenüber der neuen fremden Welt in direktem Bezug steht zu dem Maß, in dem die Einbildungskraft zur Beweglichkeit hin ausgebildet wurde. Man könnte nur ergänzend spekulieren, daß es nicht allein die Enge des kulturell und geographischen Horizontes ist, die den Maßstab des psychischen Horizont beeinflußt und für dessen Flexibilität ausschlaggebend ist, sondern ganz andere Traumatisierungen mit auf dem Spiel stehen, ursprünglichere Traumatisierungen, die vielleicht erst nachträglich durch die Erfahrung des Verlustes der vertrauten Welt zu Tage treten, durchaus aber in der sogenannten Heimat ihren ersten Wohnsitz hatten.

In diesem Sinne ist die Heimwehleidende diametral dem Künstler entgegengesetzt, sozusagen sein monströses Gegenbild. Der eine schöpft aus dem Festhalten an Vorstellungen ein Kunstwerk, die andere somatisiert diese Vorstellungen am eigenen Leib. Der eine veräußert sein privates Theater und macht es als Kunstobjekt einem Publikum zugänglich, die andere zieht sich völlig in ihren privaten Phantasiebereich zurück, macht sich selbst zum tragischen Objekt der eigenen Vorstellungen.

An der eigenen Einbildungskraft erkrankt, die ganze psychische Tätigkeit auf ein einziges Bild, die Heimat, und einen einzigen Gedanken, die Rückkehr dorthin, fixiert, führt ihre geistige Doppelräumigkeit, ihre mentale Anwesenheit in dem verlassenen, vertrauten Ort und ihre physische Gegenwart in dem fremden, neuen Ort, zu einer Ich-Spaltung, die das Erleben von zwei Seiten der Persönlichkeit aufkommen läßt: Das pubertäre Dienstmädchen und die kaltblütige Mörderin, die eine moralisch gebildet, die andere von gnadenlosem Zerstörungsimpuls getrieben.

Der Körper somatisiert die fehlende Übereinstimmung zwischen gelebtem und imaginiertem Ort nicht nur durch Gesundheitsstörungen, sondern vor allem auch durch eine Blindheit gegenüber der gegenwärtigen Lebenswelt. Gänzlich von dem einen Verlangen getrieben, setzt die anerzogene Urteilskraft aus.

Aufmerksamkeitserregend wird dieser Kreislauf jedoch vor allem dann, wenn das Ausspielen der privaten Phantasien sich nicht mehr auf den Körper der Betroffenen beschränkt, sondern eine neue Veräußerung findet, wenn der gewaltsame Aufbruch des psychischen Staus den neuen Lebensort und dessen Insassen angreift. In solchen Momenten wird die private Heimwehphantasie, genauer der Wunsch, zwischen verlassenem Ort und gegenwärtigem wieder eine Übereinstimmung zu erzeugen, nicht nur am eigenen Leib, sondern an den Körpern der anderen durchgespielt.

Die Fixierung auf eine pathogen gewordene Heimatvorstellung bleibt auch weiterhin so stark, daß die Andersheit dieser Umwelt, ihre

Differenz zum privaten Phantasiebereich nicht mehr wahrgenommen wird. Doch eben weil eine Grenzüberschreitung von einer dem privaten Bereich zuzuordnenden psychosomatischen Störung zur Zerstörung des öffentlichen Raums vollzogen wird, beginnt nun die beunruhigende Verschränkung zwischen Verbrechen und Heimweh zu wirken. Nun nämlich erhält das Szenarium davon, wie die zur fixen Idee gewordene Heimat eine zerstörerische Eigendynamik entwickeln kann, ihre fatale und gleichzeitig faszinierende Realisierung.

Verbrechen aus Heimweh werden in der medizinischen wie der belletristischen Literatur eher als Sonderfälle tradiert, und interessanterweise sind deren Täter meist weiblich. Dennoch versucht Jaspers gerade für diese Geschichten junger Landmädchen, deren Schwermut, Angst und in Wahnideen ausartende Sinnestäuschungen an einem bestimmten Moment in Zerstörungsimpulse übergehen, die dann in der Brandstiftung oder im Mord ihren tragischen Ausdruck finden, damit eine Rückkehr zu den Eltern und der vertrauten Heimat erfolgen kann, in Anlehnung an die forensischen Berichte, ein Erklärungsmuster zu entwickeln.

Die Frage der Zurechnungsfähigkeit ist auch für seine Auswertung ausschlaggebend. Denn, egal ob die Brandstiftung und der Mord als apotropäische Geste gegen eine innere Angst oder als Rache gegen eine feindselig empfundene Außenwelt gedeutet wird, in jedem Fall beschäftigt ihn der Drehpunkt im psychisch-moralischen Leben dieser Mädchen, der Augenblick also, in dem eine geistige Beschränktheit auf Grund einer von dem Heimwehtrieb gänzlich überfluteten Einbildung, diese Mädchen nur noch ihren zerstörerischen Plan wahrnehmen läßt, nicht aber die Konsequenzen, die Qual und das Leid der Anderen.

Es rückt für Jaspers dabei nicht so sehr die Frage, ob diese Täterinnen einem unfreiwilligen Drang unterlegen sind oder freiwillig handeln, ins Zentrum seiner Diskussion, sondern die merkwürdige Konstellation, in der das Gefühl von Heimweh so sehr ein Unbehagen an der Gegenwart auslöst, daß alle anderen Vorstellungen erblassen, alle Urteilsfähigkeit aussetzt und nur ein blinder Drang zur Zerstörung bleibt.

Da nicht jeder aus Heimweh zugrundegeht oder Verbrechen ausübt, folgert Jaspers, daß verschiedene Aspekte zuammenkommen müssen, bevor ein normales Leid pathologisch und gewalttätig werden kann. Denn, was die Biographien vieler Exilanten durchaus mit den Heimwehzuständen dieser Verbrecherinnen gemeinsam haben, ist, daß auch bei ihnen der Verlust von Heimat vorübergehend ein seltsames Doppelleben hervorruft, ein Verharren im verlorenen Raum, auf Grund dessen man sich als totes Wesen empfindet, bis die wiedererwachte Vernunft der Phantasieexistenz ein Ende setzt und der psychische Eintritt in die neue Welt vollzogen werden kann.

Obgleich die Grenzen zwischen pathologischer Heimwehverstimmung und normalem Heimweh fließend sind, erweisen sich laut Jaspers folgende Momente als charakteristisch: Erstens eine kindliche Art des Seelenlebens, das durch eine Neigung zu Schwärmerei und Empfindsamkeit geprägt und somit eher bereit ist, im psychischen Leiden gänzlich aufzugehen. Zweitens eine körperliche Disposition zur Schwäche, die entweder durch die vom Beginn der Pubertätsentwicklung ausgehenden psychosomatischen Umwälzungen bedingt ist oder durch eine körperliche Krankheit, die bis zur schweren konstitutionellen Verstimmung reichen kann. Drittens eine psychopathische Veranlagung, so daß durchaus auch Schwachsinn, intellektuelle wie moralische Minderwertigkeit bzw. eine geringe sittliche Entwicklung in Betracht zu ziehen sind.

Jedoch interessieren Jaspers nur die widersprüchlichen, letztendlich unentscheidbaren Fälle. Weder solche, wo eindeutlich sittliche Minderwertigkeit und Imbezillität vorliegen, noch solche, wo aus Unzufriedenheit am Dienst das Verbrechen begangen wird. Denn rätselhaft sind nur die Fälle, wo neben einer psychischen und körperlichen Disposition zur Schwäche, d.h. einer psychopathischen Konstitution, ein zusätzliches Komponent mit im Spiel ist, das den Umschwung von einem gutmütigen Charakter in den einer Mörderin begründet, ohne ihn eindeutig zu erklären.

Heimweh als Auslöser für diesen plötzlichen Ausbruch an Gewalt zu setzen, benennt das Ausschlaggebende für die Verstimmung und die Tat zwar nur ungenau, verweist aber darauf, daß Heimweh möglicherweise nur die Sammelchiffre für ein grundsätzlicheres und ursprünglicheres Unbehagen ist: »Es besteht ja die Gefahr, durch Heimweh zu erklären, was ganz andere Ursachen hat. Aber es besteht auch die Gefahr, Heimweh abzulehnen, wo solches vorlag, weil die Betreffenden sicher zuweilen keine klaren Äußerungen darüber machen können«.

Das von Jaspers vorgeschlagene Szenarium geht implizit von der Vorstellung eines intakten Heims aus: Wird ein Kind, das noch nicht die Grenzziehung zwischen sich und seiner Umwelt vollzogen hat und dessen Identität somit gänzlich an den vertrauten Lebensraum gekoppelt ist, plötzlich von der vertrauten Umgebung getrennt, verliert es seinen psychischen Halt. Es kann die emotionale Substitution von bekanntem durch fremden Raum noch nicht vollziehen, das Neue nicht emotional beleben.

Von einer unsagbaren Traurigkeit überfallen, »die die Überlegungen trübt, die Motive einengt, ihre Vorstellungen allein von dem einen Zwecke abhängig macht, die übrigen aber verdrängt, der unwiderstehliche Drang zu den Eltern und der Gedanke, die Heimkehr auf diese Weise zu erreichen«, in anderen Worten, selbst abgetötet und zum Medium einer anderen Stimme, der der pathogenen Erinnerung, geworden, kann dieses kindliche Individuum die fremde Welt, die in ihm keinerlei Gefühle zu erregen vermag, die ihm gleichgültig bleibt, auch vernichten – das Haus abbrennen, das Kind töten –, wobei der Vollzug des Verbrechens bezeichnenderweise das Heimweh oft gänzlich verschwinden läßt.

Jedoch, es bietet sich auch noch eine weitere Deutung an für das Verhältnis pathogen gewordener Einbildung, dem ausschließlichen Festhalten an Erinnerungen, und der Gewalt, dann nämlich, wenn man bereit ist, das verlassene Heim selbst als den Ort des eigentlichen Unbehagens anzusehen. Denn, bleibt man bei dem von Jaspers angebotenen Erklärungsmuster, Heimweh ernstzunehmen, obgleich die betroffenen Mädchen darüber keine klaren Äußerungen machen, so stellt sich bei den aufgeführten Fallbeispielen wiederholt die Frage, inwieweit diese Heimat eventuell selbst nie gänzlich intakt und die Einbildung einer glücklichen Heimat bereits eine phantasievolle Erhöhung der gelebten Wirklichkeit war.

Erlebten diese Mädchen möglicherweise in ihrem ersten Heim bereits eine Traumatisierung (Betrug, Gewalt, Mißbrauch), die sie sich aber dort nicht eingestehen konnten, während der Verlust des heimatlichen Ortes und damit der daran gebundenen Einbildung eines vermeintlich geborgenen Heims, die immer schon als seelische Plombe fungierte, dieses ursprüngliche Leid dann erneut aufbrechen ließ? Und wenn die Scham über das Heimweh zu sprechen als Charakteristikum desselben gilt, dann läßt sich spekulieren, ob diese nicht wie ein Deckphänomen die Scham, über ein anderes, ursprünglicheres Leid zu sprechen, überlagert; ob die Verlassenheit und Haltlosigkeit, die sie in der Fremde empfanden nicht eine unheimliche Wiederholung genau jenes seelischen Zustandes ist, den sie schon von zu Hause kannten.

So könnte man die Blindheit und Gleichgültigkeit gegenüber der neuen Welt ebenso als Widerspiegelung der Blindheit deuten, mit der sie das ursprünglichere Unbehagen in ihrer eigenen Familie verdrängen mußten. Die so rätselhafte Unfähigkeit dieser Mädchen, eine Grenze zwischen den pathogenen Phantasien und der gelebten Wirklichkeit zu ziehen, wäre demzufolge nicht die Abweichung, sondern eine Fortschreibung der Tatsache, daß die angeeignete Vorstellung eines glücklichen Heims immer schon die Wirklichkeitswahrnehmung eines Mangels im Heim überlagert hat, wodurch diese Mädchen immer schon einen Welt- und Wirklichkeitsverlust zugunsten der die familiäre Gewalt mildernden Phantasie erlebten.

Anders gesagt, wenn die Anwesenheit in der Fremde wahnsinnig macht, dann vielleicht, weil sie nur eine wiederholende Spiegelung der Traumatisierung darstellt, die die Mädchen in ihrem ursprünglichen Heim bereits erfahren haben. Dies wäre eine andere, aber ebenso folgerichtige Konsequenz der Feststellung, daß diese pubertären Mädchen, die die Grenze zwischen sich und der Außenwelt noch nicht ziehen konnten, verdammt waren, nicht das Andere wahrnehmen zu können, sondern stets das Bekannte im Fremden.

Einige Fakten aus den Fallbeispielen unterstützen diese Deutung, denn intakt scheint die ursprüngliche Familie schon in dem Sinne nicht gewesen zu sein, als die Eltern, meist aus ökonomischen Gründen, gezwungen waren, ihre Kinder früh fortzuschicken, bzw. noch bevor diese in die Fremde gingen, bereits eine Lücke in der Familie entstehen lassen mußten.

Aus der Geschichte der Apollonia S. wird die Tatsache deutlich, daß sie nicht erst im neuen Heim, sondern bereits in der eigenen Familie als Stellvertreterin für die abwesende Mutter eingesetzt wurde. Somit fungierte sie an beiden Orten wie eine Plombe, die das Heim als intaktes System bzw. dessen Zusammenhalt gewährleisten sollte. Recht eigentlich fungierte die fremde Lebenswelt also wie eine Doppelung und nicht wie eine Abweichung der bekannten Lebenssituation.

Nimmt das Mädchen in beiden Orten die Stelle der abwesenden Mutter ein und verdeckt somit den Mangel im Herzen des Heims, wird ihr zudem eine doppelte Füllfunktion zugewiesen: materieller und ideeller Art. Sie verrichtet eben nicht nur die Hausarbeit und Kinderpflege an Stelle der realen Mutter, die anderswo arbeiten muß, sondern nimmt auch deren symbolischen Platz als Schützende, Nährende und Geborgenheitspendende ein.

Diese doppelte Entfremdung entspricht einer doppelten Entortung. Denn heimatlos ist das junge Mädchen sowohl in dem Sinne, als ihre Eltern mit grausamer Strenge darauf bestehen mußten, daß sie zuhause nicht bleiben dürfe, als auch deshalb, weil sie im neuen Heim immer nur eine Ersatzstelle einnehmen kann.

Der fatale Widerspruch, der scheinbar nur in einer gewaltsamen Entladung gelöst werden kann, besteht demnach bezeichnenderweise darin, daß diese Mädchen, zwischen zwei Heimatansprüchen hin und hergerissen, gerade das, was ihnen selbst fehlt, nämlich Zugehörigkeit zu einer intakte Familieneinheit, an beiden Orten als mütterliche Stellvertreterin vermitteln sollten.

Sie sollten für genau den Zusammenhalt des Heims einstehen, den sie selbst gerade nicht erfahren und womöglich nie erlebt haben. Gegen dieses doppelte Gefühl der Heimatlosigkeit, gegen diesen in der Fremde wiederentdeckten, altvertrauten Mangel an Unversehrtheit wird dann die Einbildung der glücklichen Heimat, der bergenden

Kindheit eingesetzt. So könnte es durchaus auch sein, daß diese Mädchen alles andere als gleichgültig gegenüber den ihnen anvertrauten Kindern waren, im Gegenteil in ihnen einen Doppelgänger ihrer eigenen Verlassenheit erkannten und diesem Repräsentanten der eigenen kindlichen Hilflosigkelt die Gewalt antaten, deren Opfer sie in ihrer psychischen Realität auch zu sein meinten.

Wohin führt uns dieser Versuch, Heimweh als Nährboden und Auslöser für grausame Verbrechen zu erklären, nun aber? Verweist Jaspers vielleicht nicht nur auf die Nähe von Heimweh zu Verbrechen, sondern auch auf die Gewalt, die implizit jeder Phantasie von Heimat, von Heim innewohnt? Werden wir nicht angehalten, die Idee von Heimat neu zu denken, wenn wir erfahren, daß ihr Verlust zu Verbrechen führen kann?

Ist das Aufbrechen von Gewalttätigkeit, die Blindheit und Gleichgültigkeit gegenüber dem Fremden nicht vielleicht nur die Spiegelverkehrung einer ebenso starren Heimatvorstellung? Läßt man sich auf die psychologischen Implikationen der medizinischen Literatur zur Nostalgie ein, so bedeutet dies möglicherweise nicht nur, daß man vorbeugend die Einbildungskraft dahingehend ausbilden sollte, daß ihr eine Fähigkeit, mit dem Neuen, dem Fremden, der Kontingenz flexibel umzugehen beigebracht wird. Werden wir vielleicht sogar dazu angehalten, Heimat weniger als eine statische Position zu definieren und stattdessen zu lernen, familiäre und geographische Zugehörigkeit und dessen Verlust immerfort neu zu verhandeln?

Freud hat zehn Jahre nach Jaspers Schrift über Heimweh und Verbrechen in seinem Aufsatz über das Unheimliche seinerseits die Verschränkung von Gewalt und Heimat zu erläutern versucht, indem er jene psychischen Situationen beleuchtet, in denen das Subjekt seine eigene interne Differenz konfrontieren muß.

Bei dem Familienroman ging es Freud noch darum, daß auf Grund des Erlebnisses einer momentanen Unzufriedenheit von vielen Neurotikern an der Phantasie einer intakten Familie festgehalten wird, auch wenn er als Analytiker diese Einbildung selber als eine Überschätzung der wirklich erlebten familiären Vergangenheit hielt. Mit dem Begriff des Unheimlichen nun versucht Freud darauf hinzuweisen, daß ein Erlebnis des Unbehagens, das einen wiederholt an den Ursprungsort – die Familie, das Heim, die Heimat – zurückführt, gerade nicht auf eine ursprüngliche Intaktheit zurückgreifen kann, sondern eher den ursprünglichen Bruch in der vertrauten Lebenswelt hartnäckig zum Ausdruck bringt.

Das Unheimliche, folgert er, »sei jene Art des Schreckhaften, welche auf das Altbekannte, Längstvertraute zurückgeht«. Es ist weder neu noch fremd, sondern etwas allzu Bekanntes, das verdrängt wurde und nun zurückgekehrt ist: »Das Unheimliche ist also ... das ehemals Heimische, Altvertraute. Die Vorsilbe 'un' an diesem Worte ist aber die Marke der Verdrängung«.

Zu dieser Folgerung kommt er auf Grund seiner semantischen Analyse des Wortes »heimlich«, die ihn entdecken läßt, »heimlich ist ein Wort, das seine Bedeutung nach einer Ambivalenz hin entwickelt, bis es endlich mit seinem Gegensatz unheimlich zusammenfällt. Unheimlich ist irgendwie eine Art von heimlich«.

Das befremdend erlebte Unheimliche ist das Double von heimlich, die Marke für die Fremdheit, die immer schon dem Bekannten eingeschrieben ist. In der Tat ist für Freud die Doppelung das prägnanteste Merkmal für die Erfahrung vom Unheimlichen – egal ob man sich mit einem anderen als seinem vermeintlichen Doppel identifiziert oder ob man von einem triebhaften Drang ergriffen wird, eine Handlung zu wiederholen. Das Aufkommen der Doppelung bewirkt »daß man an seinem Ich irre wird oder das fremde Ich an die Stelle des eigenen versetzt, also Ich-Verdopplung, Ich-Teilung, Ich-Vertauschung – und endlich die beständige Wiederkehr des Gleichen«.

Ausschlaggebend ist aber auch, daß der Doppelgänger anfänglich ein Schutz gegen die mögliche Auslöschung des Selbst ist, jedoch, nachdem er diese Funktion überwunden hat, in sein Gegenteil umschlägt. Er wird zum Vorboten des Todes. Auf ähnlich doppeldeutige Weise kennzeichnet der Doppelgänger als Marke für eine unheimliche Entstellung von Vorstellungen des bekannten, vertrauten Heimischen auch die Stelle, wo das, was scheinbar überwunden wurde, nämlich eine ursprüngliche Traumatisierung, in der Gestalt des wiedergekehrten Verdrängten erneut auftaucht.

Im Kontext unserer Diskussion der rätselhaft doppeldeutigen kindlichen Verbrecherinnen, sollte man vielleicht der überhöhten Einbildung von Heimat genau solch eine unheimliche Doppelgängerfunktion zuweisen. Denn möglicherweise läßt sich der Widerspruch zwischen gutmütigem Mädchen und grausamer Mörderin, zwischen Heimweh und Verbrechen auflösen, wenn wir von solch einer unheimlichen internen Differenz und nicht einem integren Ursprungsort ausgehen.

Was man demzufolge den von Jaspers aufgeführten Fallbeispielen entnehmen könnte, ist, daß für die betroffenen Mädchen in der Fremde eine Traumatisierung zurückkehrt, die aus der Heimat altbekannt ist: Das Fremde erscheint wie die Wiederholung des Bekannten. Die Ich-Spaltung, die diese Mädchen erleben – die Doppelräumigkeit und Doppelgängerschaft – ist tatsächlich unheimlich. Sie führt einerseits zurück zu dem Unbehagen mitten im Heim, andererseits aber auch zu der Einsicht, daß Gewalt und Verbrechen der Vorstellung von Heimat und der ausschließlichen Sehnsucht danach innewohnen.

Vielleicht ist der prägnanteste Unterschied zwischen pathologischer Heimwehverstimmung und normalem Heimweh nicht so sehr nur in einer psychopathischen Veranlagung festzumachen als tatsächlich in dem Grad, in dem die Einbildungskraft ausgebildet ist. Dabei geht es aber nicht nur darum, dem Fremden gegenüber flexibel zu sein, sondern auch dafür achtsam, die Grenze zwischen Bekanntem und Fremden in all ihrer Brüchigkeit anzuerkennen.

Mit der Verschränkung von Heimweh und Gewalt produktiv umzugehen, bedeutet vielleicht, die Einsicht in die eigene Fremdheit, in das Bekannte des Fremden zu schulen, wie auch eine Anerkennung der eigenen Zerstörungsfähigkeit, wenn der psychische Haushalt in Unordnung geraten ist, wenn durch räumliche Veränderung altbekannte Traumen wiederkehren.

Diese Fallgeschichten dienen einer doppelten Mahnung: Sie lassen uns nicht nur erfahren, wie der Verlust von Heimat ganz plötzlich und unerwartet Gewalt und Verbrechen hervorrufen kann. Sie drängen uns auch die Erkenntnis auf, daß einer zur Plombe erstarrten Vorstellung von Heimat der Ausbruch von Gewalt immer eingeschrieben ist. Sich dieser Einsicht zu stellen, gibt der Schrift von Karl Jaspers auch für den heutigen Leser seine Brisanz.

Karl Jaspers

HEIMWEH UND VERBRECHEN

(1909)

VORWORT

Schon lange haben die mit unglaublicher Grausamkeit und rücksichtsloser Brutalität ausgeführten Verbrechen (Mord und Brandstiftung) Interesse erregt, die man von zarten Geschöpfen, jungen und gutmütigen, noch ganz im Kindesalter befindlichen Mädchen ausgeführt sah. Der Widerspruch zwischen Tat und Täterin, die Motivlosigkeit oder unzureichende Motivierung und darum das Rätselhafte und Unverständliche der Ereignisse erregten Mitgefühl oder Abscheu.

Längst hat man einstimmig einen Teil der Individuen als schwachsinnig oder moralisch idiotisch erkannt. Durch geringe Anlässe erregte Affekte oder blinde Impulse führen bei ihnen die Tat herbei. Vor mehr als hundert Jahren hat man daneben als eigene Ursache schon das Heimweh betrachtet. Durch die Arbeit von WILMANNS *Heimweh oder impulsives Irresein* ist die Frage nach der Bedeutung dieses Zustandes für Verbrechen und der psychiatrischen Auffassung desselben wieder angeregt worden, nachdem sie lange geruht hatte. Da Behauptungen gegen Behauptungen stehen, ohne daß die Art der Fälle überhaupt allgemein gekannt ist, erscheint es angebracht, eine zusammenfassende Bearbeitung des spärlichen Erfahrungsbestandes auf diesem Gebiet zu liefern, die vielleicht ein wenig zur Klärung der Fragen beitragen, sie allerdings nicht lösen kann.

Zu diesem Zwecke wurde zunächst historisch untersucht, was für Anschauungen über das Heimweh und seine Bedeutung geherrscht haben. Dieser Teil gewann ein gewisses selbständiges Interesse. Es erschien nicht überflüssig, auf diesem ganz kleinen Gebiet eine Vorarbeit für den künftigen Historiker der Psychiatrie zu leisten, zumal da deutlich wurde, daß das Heimweh früher in der Auffassung der Ärzte eine viel größere Bedeutung hatte als heutzutage.

Ferner wurde versucht, die bis jetzt beschriebenen Fälle von Verbrechen aus Heimweh, die zum Teil in schwer zugänglichen Schriften zerstreut sind, zusammenzustellen. Die Beschreibungen entsprechen zwar zum großen Teil nicht den Anforderungen der modernen

Psychiatrie; kaum ein Fall ist dabei, bei dem man nicht noch Fragen über Tatsächliches beantwortet haben möchte. Doch stellen sie das einzige Erfahrungsmaterial für unsere Frage dar. Zudem haben die Fälle durch ihre Eigenart und Seltenheit soviel Interesse, daß ihre fast vollkommene Vergessenheit nicht berechtigt ist. Bei der Spärlichkeit der Beobachtungen, aber auch aus historischem Interesse, sind ältere Fälle, die nur sehr kurz berichtet sind, ebenfalls wiedergegeben.

Immerhin kommen Ereignisse solcher Art auch heute noch vor, wie die in wenigen Jahren beobachteten zwei Fälle aus der Heidelberger Klinik beweisen. Der erste wurde von WILMANNS schon veröffentlicht, der zweite wird in dieser Schrift seine Stelle finden, neben einigen anderen, die nur nach den Akten wiedergegeben werden können. Für ähnliche zukünftige Fälle das Vergleichsmaterial möglichst vollständig an die Hand zu geben und die Gesichtspunkte zu erörtern, die bei ihrer Auffassung in Frage kommen, ist der Hauptzweck dieser Arbeit.

Herrn Dr. WILMANNS spreche ich für die Anregung und Unterstützung bei der Arbeit meinen Dank aus. Er hat mich auf einen großen Teil der Literatur aufmerksam gemacht und mir sein Gutachten über Apollonia S. überlassen. Insbesondere aber stammt die Auffassung, daß es zu Verbrechen führende Heimwehverstimmungen gibt, auch ohne daß die Täterinnen intellektuell oder moralisch schwachsinnig sind, von ihm.

Herrn Prof. NISSL danke ich, daß er mir die Erlaubnis gab, an seiner Klinik zu arbeiten und ihre Hilfsmittel zu benutzen und Herrn Dr. LONGARD für gütige Überlassung zweier Gutachten, die in der folgenden Arbeit wiedergegeben sind.

Das Wort »Heimweh« (Vgl. das Literaturverzeichnis bei KLUGE, 1901) ist in dem schweizerischen Dialekt des 17. Jahrhunderts entstanden, zum ersten Male durch die ärztliche Fachliteratur in der Schriftsprache gebraucht, aber trotzdem Schweizer Dialekt geblieben und erst in der Zeit der Romantik in den allgemeinen deutschen Sprachgebrauch übergegangen. Nicht nur durch diese Wortentstehung ist die Geschichte der Lehre vom Heimweh im Anfang eng verbunden mit der allgemeinen Literaturgeschichte. Neben den medizinischen Arbeiten entstanden im 18. Jahrhundert, den sentimentalen Neigungen der Zeit entgegenkommend, auch eine Menge populärer Beschreibungen der Heimwehkrankheit, die ihrerseits auf erstere zurückwirkten, sodaß im weiteren Verlauf eine Mischung poetischer Schriftstellerei mit medizinischer Beobachtung und Kritik entstand, die zwar historisch interessant, für unseren speziellen wissenschaftlichen Zweck aber recht unerfreulich erscheint.

Im 17. Jahrhundert wurde die Heimwehkrankheit als Nostalgie entdeckt. Bald wurde sie ein beliebtes Thema, das zahllose Arbeiten, insbesondere Dissertationen, hervorrief. In der Krankheitslehre gewann sie eine anscheinend enorme Verbreitung. Überall wird sie als schweres, oft tödliches Leiden erwähnt. Selbst AUENBRUGGER, der Entdecker der Perkussion, gibt für die Nostalgie einen besonderen Befund an. In vielen allgemein-medizinischen Lehrbüchern – psychiatrische gab es damals noch nicht – fand sie ihren Platz, als noch keine forensische Beobachtung vorlag.

In dieser Form wurde die Nostalgie in der französischen Literatur bearbeitet in einer großen Reihe von Schriften bis zur letzten von BENOIST. Ethnographische Gesichtspunkte, Bedeutung des Klimas, die körperlichen Erscheinungen, die Rolle der Nostalgie beim Militär werden eingehend dargestellt. Von einem forensischen Falle kann man in der französischen Forschung nichts finden. (Über MARC siehe unten)

Anders in Deutschland. Während in Frankreich die Nostalgieliteratur trotz ihres Umfanges in hundert Jahren fast auf demselben Standpunkt steht, knüpft sich in Deutschland der Fortschritt an die Forschung über die forensische Bedeutung der aus Heimweh begangenen Verbrechen. Es entstanden klare Fragestellungen, entgegengesetzte, sich bekämpfende Meinungen, die eine Stellungnahme der meisten Psychiater der ersten Hälfte des 19. Jahrhunderts zur Folge hatte. Dann schwand das Interesse für das Heimweh mehr und mehr. In gerichtlich-psychiatrischen Werken wird es noch immer kurz erwähnt. Zustände, die früher dahin gerechnet wurden, waren durch die Entwicklung der Wissenschaft abgetrennt worden, bis es zu unserer Zeit fast der Vergessenheit anheimfiel.

Nach dieser allgemeinen Übersicht folge eine spezielle Darstellung der Entwicklung der Nostalgielehre. Zunächst handelt es sich um die Heimwehliteratur in dem ganzen Umfange, den sie durch die Ausdehnung des Nostalgiebegriffs auf viele andere Krankheiten gewann, dann um ein Referat der französischen Arbeiten und schließlich um die Entwickelung der forensischen Auffassung. Diese Dreiteilung ist berechtigt, weil die einzelnen Gebiete nur wenig Einfluß aufeinander übten; französische und deutsche Arbeiten bleiben fast ganz ohne Fühlung. Auf die forensische Forschung wirkte wohl die alte Lehre von der Nostalgiekrankheit, aber sie gewann doch eine ganz unabhängige selbständige Entwickelung.

Im Jahre 1678 verfaßte JOAN. HOFER[1] unter seinem Lehrer JOAN. JAC. HARDER in Basel als Dissertation eine kleine lateinische Arbeit, in der er ein »neues Thema« ergreift, das noch von kei-

1 Der antiken Welt waren Gefühle des Heimwehs nicht fremd. Odysseus wird von ihnen gequält und trotz äußeren Wohlergehens fortgetrieben, Ithaka zu suchen. In Griechenland, insbesondere in Athen, galt die Verbannung für das größte Übel. Ovid fand später viele Klageworte für seine Sehnsucht nach Rom, das desiderium patriae. Die Verbannten Juden weinten an den Wasserbächen Babels, Zions gedenkend. Wenn es sich hier auch immer um komplexe Gemütszustände gehandelt hat, spielte doch wohl das Heimweh in unserem Sinne dabei eine Rolle. Trotzdem fehlenWort und Sache sowohl bei Hippokrates wie bei Galenus (KLUGE). Dante spricht in seiner Göttlichen Komödie von der Abendstunde, wo des Schiffers Herz voll von Heimwehtrieben weich wird. Doch beginnt erst mit HOFER die eigentliche Heimwehliteratur.

nem Arzt beschrieben sei. Es handle sich um eine Krankheit, die in Schweizer Mundart Heimweh, in Frankreich mal du pays heiße. Er prägt dafür den Namen Nostalgia. In 12 Thesen gibt er in präziser Weise seine Anschauungen wieder, die in Methode und Resultat ein Ausdruck damaliger medizinisch-wissenschaftlicher Arbeitsweise sind. Von »glaubwürdigen Leuten« hat er zwei Fälle erfahren, die ihm neben anderen Reminiszenzen die Erfahrungsgrundlage für seine Arbeit abgeben.

Ein junger Student aus Bern erkrankte in Basel, fieberte, bekam Angstzustände, schwere Symptome traten hinzu und man erwartete schon seinen Tod, als der Apotheker, der auf Vorschrift des Arztes ein Klysma geben wollte, den Zustand erkannte, ihn für Heimweh erklärte und behauptete, es gebe kein anderes Mittel als die Rückkehr in die Heimat. Zusehends besserte sich der Mann, war auf dem Wege ganz wohl und kam gesund in Bern an.

Der zweite Fall betrifft ein junges Mädchen, das krank ins Spital gebracht auf alle Fragen, alle Heilversuche immer nur die Worte hervorbrachte: »Ich will heim, ich will heim.« Zu Hause genas es in wenigen Tagen ohne Anwendung von Heilmitteln.

HOFER bemerkt, daß vor allem junge Leute von der Nostalgie ergriffen würden, besonders solche, welche zu Hause nur mit sich lebten, niemals unter Menschen gingen. Solche können sich, wenn sie von Hause fortkommen, nicht an die fremden Sitten gewöhnen. Sie können die heimatliche Milch nicht entbehren, sehnen sich Tag und Nacht nach Hause und, wenn ihr Wunsch nicht erfüllt wird, werden sie krank.

Durch vorausgehende andere Krankheiten, veränderte Lebensweise, Änderung der Luft und fremde Gebräuche wird der Ausbruch der Nostalgie befördert. Als Zeichen, die ihren Eintritt befürchten lassen, nennt er: Abneigung gegen die fremden Sitten, Neigung zur Melancholie aus Anlage, große Aufregung über kleine Scherze und Späße, die man mit ihnen macht, Fernbleiben von den fremden Vergnügungen. Symptome der ausgebrochenen Nostalgie sind: dauernde Traurigkeit, alleiniges Denken an die Heimat, gestörter Schlaf oder dauerndes Wachen, Abnahme der Kräfte, Verminderung des Appetits und des Durstes, Angstgefühle, Herzpalpitationen, beschleunigte Atmung, Stupor, kontinuierliches und intermittierendes Fieber.

Interessant sind die Vorstellungen, die HOFER über Ätiologie, Pathogenese und Sitz des Heimwehs entwickelt. Als Sitz betrachtet er den innersten Teil des Gehirns, der aus unzähligen Nervenfibrillen besteht, in denen die Lebensgeister (spiritus animales) beständig auf- und abwogen. Das Wesen der Krankheit besteht in einer gestörten Einbildungskraft, wobei die Lebensgeister nur einen Weg durch den Streifenhügel wandeln, in dem die Idee des Vaterlandes ihren Sitz hat, und so in der Seele nur diese Idee wachrufen. Dadurch werden sie endlich ermüdet, erschöpft, verwirrt, und bewegen sich ungeschickt, so daß sie verschiedene Phantasmen hervorrufen. Dies fast beständige Erzittern (vibratio) der Lebensgeister in den Fasern des Hirnmarks, in denen die Spuren der Vaterlandsideen eingeprägt sind, hat zur Folge, daß sie von anderen Dingen nicht mehr bewegt werden, oder daß, wenn es einmal geschieht, die mit den Gedanken ans Vaterland beschäftigte Seele keine Acht darauf hat. Die Symptome der Nostalgie entstehen, weil die gebundenen Lebensgeister nicht mehr in die anderen Teile des Hirns gelangen und deren natürliche Funktionen unterstützen können. Der Appetit wird nicht mehr wachgerufen, der Magensaft verliert an Lösungsvermögen für die Speisen, der Chymus tritt in roherem Zustande ins Blut, in dem dicklichen Serum entstehen weniger Lebensgeister als früher, und die wenigen werden wegen der dauernden Ekstase des Geistes im Hirn aufgezehrt. Daher versiegen die Willens- und Reflexbewegungen, die Blutzirkulation wird verlangsamt, das dickere Blut verursacht den trägeren Herzschlag, dehnt die Gefäße und ruft die Angst hervor. So tritt schließlich der Tod ein. Mit den Worten: »Das kann alles durch die Einbildungskraft allein geschehen«, schließt HOFER diesen Absatz.

Die Prognose richtet sich danach, ob man die Kranken in die Heimat zurückbringen kann oder nicht. Die Therapie bezieht sich auf die Besserung der gestörten Einbildungskraft und auf Milderung der Symptome. In bezug auf erstere, wenn sie noch keine festen Wurzeln gefaßt hat, empfiehlt er ein Purgans, wodurch der Ballast der rohen

Stoffe aus den Verdauungswegen entfernt werde. Zur Milderung der Symptome rühmt er verschiedene Mixturen.

Im Anschluß an diese Arbeit von HOFER erschienen im Laufe der Zeit mehrere Dissertationen, die, soweit das aus Referaten zu schließen ist, nichts wesentlich Neues enthalten (VERHOVITZ 1703, TACKIUS 1707). ZWINGER (1710) gab die Arbeit HOFERS in erweiterter Form heraus und ergänzte sie durch einige kurz erzählte Fälle. Er betont, daß die Ursache des Heimwehs eine rein psychische sei und oft durch Zufälle, wie das Anhören des Kuhreihens, hervorgerufen werde. Seitdem spielt der Kuhreihen in der Heimwehliteratur eine große Rolle.[2]

Eigenartig ist der Aufsatz *Von dem Heimweh*, den der durch seinen vermeintlichen homo diluvii testis berühmte SCHEUCHZER in seiner Naturgeschichte des Schweizerlandes geschrieben hat. Die eigentliche Ursache des Heimwehs ist nach ihm die Änderung des Luftdrucks. Die Schweizer leben in den Bergen in feiner leichter Luft. Ihre Speisen und Getränke bringen auch in den Körper diese feine Luft hinein. Kommen sie nun in das Flachland, so werden die feinen Hautfäserchen zusammengedrückt, das Blut wird gegen Herz und Hirn getrieben, sein Umlauf verlangsamt und, wenn die Widerstandskraft des Menschen den Schaden nicht überwindet, Angst und Heimweh hervorgerufen. Daß besonders junge Leute mit feiner Haut und solche, die mit Milch genährt sind, erkranken, dient ihm als Stütze seiner Ansicht. Zur Behandlung empfiehlt er auf Grund seiner Meinung neben psychischer Beeinflussung Transport auf höher gelegene Berge und innerliche Darreichung von Stoffen, die »zusammengepreßte Luft enthalten«, um von innen den Druck im Körper zu erhöhen, z. B. Salpeter, Pulver, jungen Wein. Anhangsweise spricht er vom Heimweh der Walfische, die in südlichen Gewässern ebenfalls infolge Druckänderungen an diesem Übel erkranken.

In einem späteren Artikel wendet er sich mit Spott gegen den Rostocker Professor DETHARDING. In einer Arbeit *Disp. de Aere Ro-*

---

2 Auch im Briefwechsel zwischen Goethe und Schiller wird er besprochen in Beziehung auf die Stelle im Tell, wo Attinghausen Rudens warnt, wie er sich dereinst »mit heißen Thränen« »nach dieses Herdenreihens Melodein« sehnen werde. (KLUGE)

stockiano (1705) schreibt dieser von der Schweizer Luft, die durch ihre Ungesund- und Grobheit die Gemüter der Einwohner ganz dumm mache. Aus eben dem Grunde bekämen die Schweizer das Heimweh, weil sie eine reinere und gesündere Luft nicht vertragen könnten »gleich denen Widhopfen, welche an den stinkenden Mist gewohnt, anderswo nicht leicht zunehmen«.

Diese ergötzliche Meinungsverschiedenheit zwischen SCHEUCHZER und DETHARDING wird von ZEDLER 1735 noch einmal wieder aufgerollt, aber nicht genug, 1781 wird in KRÜNITZENs Enzyklopädie in einem breitspurigen Aufsatze die alte Streitfrage nochmals behandelt, um dann endgültig zur Ruhe zu kommen (nach KLUGE, ebenso das folgende).

Im Anschluß an HOFER, ZWINGER, SCHEUCHZER erscheinen nun zahlreiche populäre Beschreibungen. 1716 wird in Breslau ein Aufsatz gedruckt von der Nostalgie oder dem sogen. Heimwehe. 1740 spricht KEISSLER in einer Reisebeschreibung vom sogen. Heimweh, welches sonderlich den Bernern anhängt. 1755 sind in einer Leipziger Wochenschrift 32 Seiten lang zu lesen »moralische Gedanken vom Heimweh«. Die Ende des Jahrhunderts erschienenen Werke von STILLING (*Das Heimweh*, Roman) und von UL. v. SALIS (*Bildergalerie der Heimwehkranken*) beschäftigen sich mit dem Himmelsheimweh und ähnlichem, eine Parallelisierung vermeintlich verwandter oder gar identischer Gefühle, die, von Dichtern manchmal benutzt, noch in der neuesten Broschüre MAACKs: *Heimweh und Verbrechen* eine merkwürdige Rolle spielt.

In der ärztlichen Literatur wird die Nostalgie zu einem immer von neuem erwähnten und beschriebenen Krankheitsbegriff, der für lange Zeit einen selbstverständlichen Platz im nosologischen System genießt: HALLER (1754), LINNÉ: *Genera morborum* (1763). Dieser führt unter der Klasse »morbi mentales« des ordo »pathetici« das genus »Nostalgia« auf. (Zit. nach Hettich) Er schafft die schwedische Übersetzung Hems juka. VAN SWIETEN erklärte das Heimweh für eine Ursache der Melancholie und des Skorbuts, die durch eine Veränderung der schwarzen Galle entstehe. (Zit. nach Benoist) Hervorragende Mediziner vom Ende des 18. Jahrhunderts scheinen es regelmäßig zu erwähnen, so CULLEN (Edinburgh) als Art der

Melancholie, SAUVAGES (Montpellier) ebenso, SAGAR (Wien) als ein genus der vesaniae. Dieser erzählt von sich selbst (*Syst. morb. sympt.* S. 732 zit. nach VOGEL), daß er am Heimweh gelitten habe, mit Ekel, Verstopfung, Wassersucht, Schlaflosigkeit und Schwäche. Sobald er in sein Vaterland zurückkam, genas er ohne Arznei. SAUVAGES stellte vier Symptome auf: morositas, pervigilio, anorexia, asthenia (Zit. nach Benoist) ROTH (1768), *Medizin. Handlexikon* (1782).

Es erschienen immer wieder auch selbständige Arbeiten (*Pensées d'un allemand sur la nostalgie* 1754, HUEBER 1755), und namhafte Ärzte gehen ausführlich auf diese Krankheit ein. Der berühmte AUENBRUGGER findet in seinem *Inventum novum etc.* (1761) eine Veränderung des Perkussionsschalles bei Heimwehkranken, einen »sonitus obscurus« auf der einen Seite und bei ihrer Sektion konstant eine Verwachsung und Vereiterung der Lungen. Vor einigen Jahren sei die Krankheit in der österreichischen Armee sehr oft, jetzt seltener beobachtet, seitdem die Soldaten das Versprechen bekommen, nach Ablauf ihrer Dienstzeit in ihre Heimatstaaten zurückkehren zu können.

J. B. ZIMMERMANN[3] (1774) betont, daß das Heimweh zwar von den Schweizern sich allein zugeeignet würde, aber auch sonst an vielen Orten vorkäme. Es sei beobachtet bei burgundischen Soldaten, bei den Schotten sei es nichts Seltenes. Ganz besonders häufig sei es bei den der Pressung widerstrebenden Soldaten in England. Kaum in die Heimat zurückgelangt, würden sie mit Gewalt auf ein anderes Schiff geschleppt und Tausende fänden den Tod an Nostalgie. Die plötzliche Rückkehr ins Vaterland tue therapeutische Wunder. ZIMMERMANN erzählt einen Fall, der später noch manchmal wiederholt wird.

Ein aus Bern gebürtiger Student der Medizin in Göttingen geriet im Heimweh auf den Gedanken, die größte Pulsader im Leibe solle ihm zerspringen. Darum getraute er sich fast gar nicht mehr sein Zimmer zu verlassen. Am gleichen Tage jedoch, als er von seinem Vater zurückberufen wurde, hüpfte er ganz Göttingen im Triumphe durch, nahm

3 Derselbe, der durch seine Werke über die Einsamkeit literarhistorisch bekannt ist.

von allen Bekannten Abschied, und am dritten Tage bestieg er mit außerordentlicher Munterkeit den Winterkasten in Kassel. Da er doch zween Tage vorher bei dem Anblick der kleinsten Treppe in Göttingen den Atem aus dem Bauche zog. Später an einem anderen Orte ist er noch einmal an Nostalgie erkrankt, nun ist er zu Hause munter und gesund.

CARTHÄUSER (1771) hält SCHEUCHZERs Erklärung durch Luftdruckänderung für sehr einleuchtend, doch könne diese allein nicht ausreichen. Auch psychische Einflüsse allein könnten die Nostalgie herbeiführen und heilen.

Schließlich hat 1783 der Göttinger Professor BLUMENBACH im Anschluß an eine Schweizerreise längere Bemerkungen über das Heimweh gemacht. Er findet es ohne mindeste Überlegung klar, daß es eine wahre Gemütskrankheit sei, die bloß in den inneren Sinnen und nicht, wie der sonst verdiente SCHEUCHZER meinte, in mangelnder Bergluft ihren Grund habe. Einige Kantone und zwar die gebirgigsten werden nicht von Heimweh befallen, z. B. Glarus. Am stärksten haben die Appenzeller, ein bloßes Hirtenvolk, darunter zu leiden. Die Ursache der Nostalgie liegt in der allen Menschen eingepflanzten Prädilektion für das dulce natale solum. Der empfindliche Kontrast ist genügend, um erst Einsamkeit, Sehnsucht, Schwermut, schließlich Wahnsinn auszulösen. Es entsteht rasch Appetitlosigkeit und Prostration, aber ebenso unglaublich schnell ist die Erholung. Es scheint, als wenn in solchen Zuständen, wie überhaupt beim Wahnsinn, der Körper wie eine Uhr gleichsam suspendiert ist, um nachher wieder in Gang zu kommen. BLUMENBACH bemerkt, daß Schweizer auch im Herzen der Schweiz das Heimweh bekommen. Schließlich erzählt er einige oft wiederholte Geschichten:

Eine Anzahl Entlibucher betrieb in Paris eine Sennerei. Als diese Arbeit aufhörte, verfielen sie in Heimweh. Ähnlich ging es Lappen mit Rentieren in Madrid. Als die Tiere tot waren, erkrankten sie. Grönländer sollen 1636 in Kopenhagen in verzweiflungsvoller Sehnsucht nach der Heimat mit Kajaks nach Amerika gefahren sein, wobei die meisten umkamen. Die Zurückgebliebenen starben an Nostalgie.

Nordländer und Schweizer sind für diese Erkrankung bevorzugt. Als Ursache sei die Gewöhnung an großartige Natureindrücke und die Simplizität der Sitten anzusehen.

Nach BLUMENBACH erscheint noch ein Artikel von DIEZ in der deutschen Enzyklopädie 1790. Dieser lehnt sich an AUENBRUGGER an, meint aber, daß die Schweizer ganz besonders häufig befallen würden. Dies schiebe HALLER auf die Staatsverfassung und die Gewohnheit, nur unter sich zu verkehren und zu heiraten. In ERSCH und GRUBERs allgemeiner Enzyklopädie (1828) werden im Artikel »Heimweh« alte Auffassungen wiederholt, und dazu erzählt, daß 1813 bei der Belagerung von Mainz eine Typhusepidemie in Verbindung mit Heimweh gehaust habe und durch letzteres beträchtlich verschlimmert sei.

Außer diesen kurzen Artikeln bringen in Deutschland die Jahrzehnte nach BLUMENBACH keine Heimwehschriften. In Frankreich dagegen beginnt jetzt die Reihe vieler Dissertationen über diesen Gegenstand. Die Mehrzahl derselben sind nicht zugänglich. Der Vollständigkeit wegen sind sie im Literaturverzeichnis zusammengestellt. Erst 1821 erschien von dem bekannten Arzte Napoleons, LARREY, eine vielgenannte Arbeit *Über den Sitz und die Folgen der Heimwehkrankheit,* die durch zweimalige Übersetzung ins Deutsche auch hier das Thema Nostalgie wieder in Fluß brachte.

LARREY hatte auf mehreren Feldzügen Napoleons, besonders auf dem russischen, seine Erfahrungen gesammelt. Aus seinen Krankengeschichten tritt uns ein schwacher Reflex der gewaltigen Leiden entgegen, denen damals zahllose Menschen zum Opfer fielen. LARREY behauptet, wie bei allen Irren, so wichen auch bei den Heimwehkranken zuerst die Geistesverrichtungen, dann die der Sinne und der willkürlichen Bewegung von der Regel ab. Auf der Höhe der Geistesverwirrung sehen die Kranken aus der Ferne lachende und entzückende Gemälde an dem Orte ihrer Heimat, wie rauh und öde diese in der Tat auch sein möge. Nach ihrer Aussage kommen ihre Verwandten und Freunde ihnen in reichen Kleidern und mit den freundlichsten Gebärden entgegen.

Der Ablauf der Krankheit soll in drei Stadien vor sich gehen. 1. Stadium: Aufregung, Steigerung der Wärme auf dem Kopfe, gehobener Pulsschlag, regellose Bewegungen, Röte der Bindehaut, unsteter Blick, hastiges und nachlässiges Sprechen, Gähnen, Seufzen, Verstopfung, herumziehender Schmerz. 2. Stadium: Druck und Gefühl von Zwang in allen Teilen, Magen und Zwerchfell verfallen in eine gewisse Trägheit, Symptome von Magen-Darmentzündung, das Fieber wird heftiger. 3. Stadium: Schwäche, allgemeines Sinken der Kräfte, Traurigkeit, Seufzen, Tränenvergießen, Abscheu vor Nahrungsmitteln und klarem Wasser, Selbstmord oder allmähliches Erlöschen der Lebenskraft. Auf diese Weise hat LARREY auf dem Rückzuge von Moskau eine große Menge seiner Gefährten hinscheiden sehen. Als Sektionsbefund gibt er an: Oberfläche des Gehirns, Pia und Arachnoidea entzündet, mit Eiter belegt, Hirnsubstanz angeschwollen und härter als normal. Arterien angefüllt mit schwarzem flüssigem Blut. Als sekundär betrachtet er die Überfüllung der Lungen, Erweiterung des Herzens, Ausdehnung des Magendarmkanals durch Gas und Rötung der Schleimhaut. In derselben Arbeit beschreibt LARREY einige Kopfverletzungen und findet zwischen deren Folgen und der Heimwehkrankheit eine weitgehende Ähnlichkeit.

Seine Übersetzung der LARREYschen Arbeit in FRIEDRICHs Magazin begleitet AMELUNG mit einigen kritischen Bemerkungen (1830). Das Heimweh LARREYS könne ganz aufgehen in die zwei Krankheiten des Nervenfiebers und der Melancholie. Es sei deren Ursache wie andere kummervolle Affekte, z. B. Liebesweh, sei aber keine eigene Krankheit. Außerdem kann das Heimweh als Symptom einer jeden Krankheit auftreten. »Ein jeder, der schon einmal in der Fremde bedeutender erkrankte, wird mit mir übereinstimmen, daß man nie größere Sehnsucht nach der Heimat fühlt, als wenn man sich unwohl befindet, und daß diese Sehnsucht in dem Grade steigt, je härter man erkrankt, während sie in gesunden Tagen vielleicht ganz unbekannt war.« Also sei das Heimweh nicht als Morbus genuinus anzusehen, sondern jederzeit entweder als Ursache oder Symptom eines Nervenleidens.

Derselben Auffassung wie AMELUNG ist GEORGET (1831). Das Heimweh ist keine Krankheit, sondern bloß eine Ursache von verschiedenen Affektionen, deren Behandlung sogar von dem Umstande, der zu ihrer Entstehung Veranlassung gegeben hat, unabhängig sein kann.

In merkwürdigem Gegensatz zu diesen kritischen Bemerkungen steht die etwa gleichzeitige Ansicht FRIEDREICHS (*Handbuch der gerichtl. Psychologie*, Leipzig 1835). Bei der Erklärung des Brandstiftungstriebes aus einer Feuer- und Lichtgier findet er, daß auch die Nostalgie daraus abzuleiten ist. Der Bewohner des Gebirges, der ja vorzugsweise vom Heimweh ergriffen wird, sei ein ideellerer, geisteskräftigerer Mensch, wozu er durch den vorwaltenden Einfluß des Lichtes und des Sauerstoffes im Gebirge werde. In das Tal versetzt, sei er auf einmal seinen ideellen Potenzen der vorwaltenden Lichtsphäre entrissen und so sei das Heimweh nichts anderes als die Sehnsucht nach dem der Seele verwandten Lichte. Daher auch die vielen Brandstiftungen aus Nostalgie.

Es folgen in der nächsten Zeit drei große zusammenfassende Arbeiten von SCHLEGEL (1835), ZANGERL (1. Aufl. 1820, 2. 1840) und JESSEN (1841). Viele Angaben früherer Autoren werden, nicht immer mit genügender Kritik, zusammengestellt, manches Neue hinzugefügt. Als wesentlichen Fortschritt dieser Arbeiten darf man wohl betrachten, daß sie den ernstlichen Versuch machen, ein eingehenderes psychologisches Verständnis des Heimwehzustandes zu gewinnen.

SCHLEGELs Schrift ist überfüllt mit Dichterstellen, er beschäftigt sich eingehend mit dem Heimweh verschiedener Völker[4] und der Soldaten[5]. Er behandelt auch die forensischen Fragen. Das Neue, was er bietet, ist ein Versuch psychologischer Auffassung. Nach einigen Bemerkungen, daß der Arzt sich nie über die gemeine Linie erheben werde, wenn er nicht unablässig Psychologie in enger Verbindung mit

4 BOUGAINVILLE berichtet von einem Otaheiter, der im botanischen Garten zu Paris beim Anblick des Brotfruchtbaums in Entzücken geriet und keine Ruhe hatte, bis er die Rückkehr erreichte. Die Nostalgie der Völker Sibiriens wird nach DELAPORTES' Reisen eines Franzosen berichtet. Nach FRORIEPS Notizen vom Jahre 1832 werden die Leute des Orahvolks auf Madagaskar melancholisch, wenn sie eine Zeitlang von Hause fort sind. Viele nehmen bei einer Reise etwas Erde des heimatlichen Bodens mit und flehen die Gottheit an, daß es ihnen vergönnt sein werde, selbige wieder an ihren Ort zurückzubringen. Die Indianer Südamerikas gedeihen in den Wäldern bei Hunger und Strapazen, in den Missionen bei regelmäßiger Nahrung sterben sie dahin.

5 1745/46 erkrankte in Philippeville ein ganzes Bataillon Niederbretagner epidemisch an Nostalgie. Die Leute starben massenhaft, der Rest mußte in die Heimat zurückgeschickt werden.

Physiologie als Grundwissenschaft seines Studiums erforsche, betont er, daß die Ursache der Heimwehkrankheit allein in jenem Empfindungszustand der Seele, den wir Sehnsucht nennen, bestehe, dagegen weder in Entbehrung der gewohnten Bergluft, noch in einer instinktartigen Vorliebe für das Geburtsland gefunden werden könne. Die Wirkung auf den Körper sei die unbefriedigter Sehnsucht überhaupt. Doch nicht alle Menschen haben die Anlage, in den Zustand der Sehnsucht zu geraten. »Wie ist nun der Ursprung der Heimatsliebe zu erklären, da sie kein eigentlicher Naturtrieb, auch keine bloße Frucht der Gewohnheit, noch weniger eine Folge von Überlegung ist? Die Heimatsliebe hat ihre ersten Keime in den ersten Empfindungen und Vorstellungen des jugendlichen Alters. So wie da auf das zarte Gemüt, auf das reizbare Gefühl, auf die lebhaftere Einbildungskraft alle Umgebungen einen tieferen Eindruck, einen unverlöschlicheren machen als in späteren Jahren, so hinwieder lebt der junge Mensch sich gleichsam tiefer und inniger in alle seine Umgebungen hinein. Er belebt alles, auch das Leblose mit seinen Vorstellungen. Er macht spielend Freundschaften wie mit Kinderpuppen so mit Gesträuchen, Wohnungen, Bergen und Winkeln. Jeder Tageszeit, jeder Jahreszeit, jeder häuslichen und außerhäuslichen Beschäftigung lauscht er ihre innerste Natur, ihren feinsten Reiz ab, der erwachsenen Personen kaum empfindbar ist. Gleichsam wie eine geistige Pflanze schlägt er mit seinem Gemüte Wurzeln und Ranken in und um alle Dinge seiner Jugendwelt. Er wächst gewissermaßen mit dem, was ihn umgibt, zusammen und wird eins mit demselben. Weil sich sein ganzes Wesen allem auf das zarteste anschmiegt, wird hier auch alles seinem Wesen vollkommen zusagend. Je älter aber der Mensch wird, desto mehr wird er auf sich selbst zurückgedrängt, er hat andere Bekanntschaften und Freundschaften als die mit toten unbelebten Wesen, Zeiten und Umständen. Er kann sich nicht mehr Spielen und Träumen hingeben, er gehört den Sorgen, die ihn gegen Außendinge gleichgültiger machen. So wird der Erwachsene, in Geschäften und Zerstreuungen aller Art verloren, gewissermaßen blinder gegen die Außenwelt. Er übersieht vieles, was das Kind einzeln durchdringt und beobachtet, was ihn umfängt, macht weniger tiefen Eindruck. Aber die ersten Eindrücke aus der früheren Zeit sind noch unerloschen und verlöschen nicht, wenn sie auch verdunkeln. Sie können nicht ganz verschwinden, denn sie hatten auf die bleibende Gemütsstimmung und die nachherige Geistesrichtung den folgenreichsten Einfluß und der erwachsene Mensch ist nur zu dem aufgewachsen, wozu er im zarten Beginn des Lebens und der ersten Selbsttätigkeit wird. Daher bleibt ihm auch in späteren Jahren oft ohne es zu wissen, Vorliebe zu dem, was ihm am frühesten tief zugesagt hatte. Daher kann er in späteren Jahren in der Fremde reizendere, schönere Naturen finden, aber sie ergreifen ihn weniger als die Natur der Heimat, mit welcher sein ganzes Wesen einig ist. So erklären wir uns, warum noch Greise eine heftige Sehnsucht nach den Plätzen ihrer Kinderspiele und Männer beim Anblick der Gegend, wo sie ihre Jugend verlebten, ein Gefühl haben, welches sich nicht beschreiben läßt und mit keinem anderen Gefühl verglichen werden kann.«

Das Buch von ZANGERL (nur in der vervollständigten Ausgabe von 1840 mir zugänglich) verzichtet nicht auf poetische Auslegungen und Ergänzungen, doch ist er damit beträchtlich sparsamer als SCHLEGEL.

Junge sensible Individuen sind besonders disponiert zur Nostalgie. Diese Krankheit stellt er nicht wie die meisten Autoren zur Melancholie, sondern betrachtet sie als etwas Besonderes, sowohl wegen der Art des Objektes der traurigen Leidenschaft als auch wegen ihrer furchtbaren Heftigkeit und ihres zerstörenden Einflusses auf die Gesundheit.

Er stellt der Nostalgia die Apodemialgia, das Hinausweh, gegenüber. Die Nostalgie läßt sich einteilen in ursprüngliche (bei Gesunden entstandene) und abgeleitete (aus anderen Krankheiten hervorgegangene), in psychische und somatische und komplizierte, in offenbare, verheimlichte und simulierte.

Als Vorbote des einfachen offenbaren Heimwehs kann Nachtwandeln auftreten. Tiroler sahen beim Nachtwandeln ihre Heimat und kamen drei Monate später mit Nostalgie ins Spital. (Dasselbe nach JESSEN von ISFERDINK beobachtet.)

Die Symptome entwickeln sich in folgender Weise: der Kranke spricht gern von seiner Heimat oder ist wortkarg, ernst, nachdenkend und traurig. Anfangs wagte er es kaum, sich selbst die Ursache seiner

Leiden zu gestehen und bemüht sich ernsthaft, dieselben zu bekämpfen. Er glaubt die Stimmen geliebter Personen in den Stimmen der ihn umgebenden Menschen wiederzufinden. Der Schlaf flieht ihn. Tritt er doch ein, sieht er im Traume seine Familie und erlebt die glücklichen Tage der Vergangenheit, um beim Erwachen in ein umso tieferes Meer von Traurigkeit zu versinken. Er wird empfindlich, verdrießlich, unzufrieden, erträgt kleine Neckereien und Ungemächlichkeiten mit Unwillen. Er sucht die Einsamkeit auf, alles Übrige wird ihm gleichgültig. Seine Stille wird nur zuweilen von tiefem Atem und Seufzen unterbrochen.

Längst haben sich zu den psychischen Symptomen körperliche gesellt. Diese laufen in drei Stadien ab. Im ersten bemerkt man traurigen Blick, blasse Wangen, die psychischen Symptome sind jedoch auffallender. Im zweiten tritt verminderte Eßlust, kachektisches Aussehen, mühsame und schlechte Verdauung ein. Sekretion und Exkretion sind gestört. Matter Puls, klopfender beschleunigter Herzschlag, Abnahme der Temperatur, Abmagerung, allgemeines Sinken der Kräfte. Im dritten Stadium stellt sich hektisches Fieber, Abzehrung und Durchfall ein. Wassersucht führt dann bald zum Tode. Und noch im Tode denkt der Kranke an seine heiß ersehnte Heimat.

Kurz bespricht ZANGERL seiner Einteilung entsprechend die anderen Arten von Heimweh, empfiehlt z. B. beim verheimlichten das Belauschen, erinnert beim simulierten an das Wort Senecas »curae leves loquuntur, ingentes stupent«. Beim komplizierten bemerkt er, daß sich das fieberhafte Heimweh vom Nervenfieber unterscheide durch die unglaublich schnelle Erholung, die bei gegebener Hoffnung, in die Heimat zurückkehren zu können, eintrete.

Bei der Schilderung der Entstehungsweise der Nostalgie findet ZANGERL in echt intellektualistischer Psychologie, daß zunächst das Vorstellungsvermögen, dadurch die Gefühlssphäre, schließlich das Begehrungsvermögen ergriffen werde. Der Kranke wird erst nachdenkend, vergleicht seine jetzige Lage mit der früheren in der Heimat und kommt zu dem Schlusse, daß diese jener vorzuziehen sei. Infolge dieser Vorstellung und der unangenehmen Eindrücke, die er in der Fremde empfindet, erwacht das Gefühlsvermögen, er fühlt, daß alles, was seinem Herzen teuer war und Nahrung gab, jetzt mangle und daraus entsteht dann das lebhafte Begehren, der heiße Wunsch, in sein früheres heimatliches Glück zurückzukehren. Wird diesem Wunsche nicht entsprochen, so folgt eine Reihe körperlicher Leiden.

Hat der Kranke einmal die Vorzüge der Heimat vor der Fremde erkannt, so erlangt die Tätigkeit des Vorstellungsvermögens eine einseitigere Richtung, nur jene Bilder, die Bezug auf das Vaterland haben, werden reproduziert. Durch diese Einschränkung wird er für alle anderen physischen und geistigen Eindrücke gleichsam unzugänglich gemacht. Der Verstand wird gehemmt. Diese einseitigen und so gearteten Vorstellungen rufen nach und nach einen Gemütszustand herbei, in welchem der Kranke verstimmt, traurig, verdrießlich ist, nur noch Gefühl für sein Vaterland hat, an keinen Vergnügungen mehr teilnimmt, die Einsamkeit sucht.

Durch die eine dominierende Vorstellung und durch die Macht der beherrschenden Gefühle wird die ganze Tätigkeit des Begehrungsvermögens angeregt und auf die Erfüllung eines einzigen Wunsches gerichtet, nämlich heimzukommen, auch wenn der Tod ihm droht oder ewiger Kerker.

Sekundär wird der Körper ergriffen. Durch die unausgesetzt einseitige Tätigkeit der Seele entsteht Schlaflosigkeit, lebhaftes Träumen, Kongestionen zum Kopf, Kopfschmerzen. Durch die Macht der deprimierenden Gefühle wird die Vitalität des gesamten Gefäß- und Nervensystems herabgesetzt. »Je mehr die Einbildungskraft durch ihre angestrengte Tätigkeit die Nervenkraft an sich zieht, desto mehr wird letztere antagonistisch den größeren Nervengeflechten des Unterleibs entzogen, somit auch das ganze Geschäft der Reproduktion in Unordnung gebracht.«

Andere Ansichten von der Entstehung der Nostalgie (HOFER, SCHEUCHZER, LARREY) weist er zurück.

Des weiteren zählt ZANGERL eine Reihe erregender Ursachen auf, denn das Heimweh schlummert nicht selten wie das Feuer unter der Asche und es ist unglaublich, welch eine geringe Veranlassung oft zureicht, es in helle Flammen ausbrechen zu lassen. Solch erregende Momente seien plötzliche Eindrücke, die die Erinnerung an die Heimat wecken, ein Brief, der Anblick von Landsleuten, der Nationaltracht, der vaterländischen Tiere. »Doch von allen erregenden Ursachen wirkt keine mit einem solchen magischen Zauber als die vaterländische Musik.« Bei den Schweizern ist es der Kuhreihen, bei den Tirolern das Jodeln und die Kuhglocken, bei den Steyrern der Wechselgesang über die Berge, bei den Schotten die Sackpfeife.

Die Tatsache, daß die nördlichen und die Gebirgsvölker am meisten von Heimweh ergriffen würden, gibt wieder den Anlaß zu einer psychologischen Erörterung. »Die psychische Ursache liegt in der ungleichen Ausbildung der Seelentätigkeiten dieser Völker. Jeder Mensch fühlt das Bedürfnis einer psychischen Tätigkeit. Seine Seele fordert Nahrung. Wird sein Verstand ausgebildet, so fehlt es seiner Seele nie an neuen Stoffen zur genußvollsten Tätigkeit. Ebenso steht seiner Einbildungskraft, wenn sie geübt und in gehöriger Richtung befriedigt wird, ein unermeßliches Feld zu immer neuen Reizen und Genüssen zu Gebote. Nun sehen wir aber, daß der Verstand der Bewohner der nördlichsten Gegenden und hoher Gebirge im allgemeinen nicht in jener Richtung ausgebildet ist, um in höherer Geistesbeschäftigung Reiz zu finden. Dagegen sind ihm von frühester Jugend an Gefühle der Hauptgenuß des Lebens. Abgesondert wie er lebt, heftet sich sein Herz nur an seine Familie, seine Herden, Wiesen und Alpen, diese einzigen Gegenstände seiner Liebe, seiner Aufmerksamkeit und Vertraulichkeit. Diese bilden den ausschließlichen Kreis seiner Vorstellungen, Empfindungen und Wünsche. Diese prägten sich unauslöschlich seiner beschränkten Phantasie ein und bildeten die Summe des unentbehrlichsten Lebensgenusses.

Wird ein Mensch dieser Art aus dem kleinen Kreise seiner Familie, aus dem Schoße seines einsamen und einfachen Lebens herausgerissen, so ist er nicht imstande, sich in die neuen Verhältnisse zu fügen, die fremden Gegenstände aufzufassen und zu verarbeiten. Andererseits entbehrt er alles, was seinem Herzen und seiner Phantasie teuer ist, alles was ihm die Hauptquelle des Genusses war, und findet für den ungeheuren Verlust nirgends Ersatz. So mangelt seiner Seele Stoff zur Tätigkeit. Was den Verstand und die Einbildungskraft erregen und in Übung setzen könnte, dafür fehlt die Empfänglichkeit, und was für das Herz Nahrung wäre, dazu fehlt der Stoff. Die Folge dieses Zustandes ist eine fürchterliche Leere, eine unüberwindliche Langeweile, der bald die Sehnsucht nach der Heimat folgt. Alle anderen Vorstellungen und Empfindungen verlöschen und die ganze Seelenkraft ist in dem einzigen Gefühle der Heimsehnsucht zusammengedrängt.«

Ähnliche Ansichten hat schon ALIBERT (*Physiologie des passions*, tome II. Brüssel 1825 p. 223, zit. nach JESSEN), von dem ZANGERL anscheinend unabhängig ist, geäußert: Die Liebe zur Heimat zeigt sich mit der größten Energie bei den ganz unzivilisierten Völkern. Die Lebensweise des Wilden ist durchaus geeignet, seine ersten Beziehungen zu verstärken, welche eine süße Gewohnheit ihm teurer macht als sein Leben. Der Instinkt, welcher ihn stets zur Natur zurückführt, läßt ihn in der Welt nichts erblicken als die Gegenden, wo er seine Beute erhascht, den Bach, welcher seinen Durst gestillt, das Moos, worauf er ausgeruht, die Hütte, worin er geschlafen hat. Der wiederholte Eindruck dieser Gegenstände, um so stärker je weniger sie abwechseln, identifiziert ihn mit denselben und bildet unmerklich die unzerstörbaren und rührenden Bande, welche die einfachen Völker an ihr Geburtsland fesseln.

Es folgt nun bei ZANGERL eine eingehende Betrachtung des Heimwehs bei verschiedenen Völkern, dann einige Bemerkungen über Dauer und Ausgang der Krankheit. Sie kann in Heilung übergehen, in andere Krankheiten (Melancholia attonita, Tuberkulose, Krebs, Abortus, Nervenfieber) oder in den Tod, sei es durch die Krankheit selbst oder durch Selbstmord. Schließlich kann sie auch die Ursache von Verbrechen werden.

Der Leichenbefund gibt wenig Aufschluß, die erhobenen Befunde (LARREY, AUENBRUGGER, EBEL, DEVAUX) rühren von Komplikationen her.

Die dritte größere Arbeit hat P. JESSEN zum Autor. Er faßt die Angaben früherer Schriftsteller noch einmal mit einer gewissen Kritik zusammen. Er wiederholt die Erzählungen merkwürdiger Heimwehhandlungen von Negern, von dem Otaheiter usw., insbesondere gibt er eine sehr eingehende Zusammenstellung der Symptome des Heimwehs, auf die man sich in forensischen Fällen wohl berufen hat.

Das Verlangen nach der Heimat oder, weil auch bei Veränderungen des Wohnortes vorkommend, nach den früheren Verhältnissen erzeugt Unzufriedenheit mit der Gegenwart. Der Mensch wird mutlos, niedergeschlagen, teilnahmslos und gleichgültig. Die Unlust zur Arbeit steigert sich bald zur Unfähigkeit. Das Nervensystem wird krankhaft empfindlich. Der verdrießliche Kranke verabscheut die fremden Sitten, erträgt Scherze, Neckereien und das geringste Ungemach nur mit dem größten Unwillen.

Während die wahre Ursache der Verstimmung aus Scham verheimlicht wird, schützt der Patient andere Übel vor. Still, in sich gekehrt, einsilbig, wortkarg, verdrossen wie er ist, sucht er gern die Einsamkeit und überläßt sich auf Spaziergängen in Feld und Wald seinen sehnsüchtigen Gefühlen und den Träumen seiner Phantasie.

In Blick, Miene und Körperhaltung liegt der Ausdruck des Mißmutes, der Schwermut. Die Gesichtsfarbe wird blaß, das Auge matt, häufig tränend, es wird nur mühsam geöffnet gehalten. Das Atmen wird schwer, unterbrochen, von häufigem Seufzen begleitet, der Puls ist unregelmäßig. Bei leichtester Anstrengung, geringster Gemütsbewegung klopft das Herz. Der Appetit schwindet, Verdauung und Ernährung, Sekretion und Exkretion werden gestört. Unter Kongestionen zu Kopf und Brust tritt Blässe, Kälte, Abspannung, Abmagerung, Entkräftung auf. Von den Organen wird besonders der Magen beteiligt. Auch der Geschlechtstrieb soll schwinden.

Die Schlaflosigkeit wird von leichtem Schlummer mit Träumen von der Heimat unterbrochen. Nachtwandeln, bei dem der Kranke sich in die Heimat versetzt fühlt, soll vorkommen. Im weiteren Verlauf stellen sich Delirien, Halluzinationen, Abstumpfung der Sinne, allgemeine Unempfindlichkeit ein. Hektisches Fieber kommt hinzu. »Der Tod erfolgt an gänzlicher Erschöpfung, Marasmus oder Tabes nervosa.«

Der tödliche Ausgang soll bei ausgebildeter Nostalgie die Regel sein. Auch plötzlicher Tod, wie asphyktisch, sei beobachtet (bei Soldaten, die am selben Tage starben, als ihnen der Abschied verweigert wurde). Unwiderstehliche und blinde Triebe treten bei Nostalgischen auf, um sich aus der traurigen Lage zu befreien. Sie begehen Selbstmord, stürzen sich aus dem Fenster, setzen sich den größten Beschwerden und Gefahren aus, schreiten zu Gewalttätigkeiten, Brandstiftung und anderen Verbrechen.

Im Anschluß an ALIBERT und ZANGERL findet JESSEN eine Hauptursache des Heimwehs in der Enge des Horizontes. Wer zu geistig freiem selbsttätigem Leben erwacht ist, vermag überall auf der

Welt seine eigene Existenz mit der Umgebung in Einklang zu setzen. Wer zu solcher Selbsttätigkeit nicht gelangt ist, bleibt gleichsam mit der ihn umgebenden Außenwelt verwachsen, alle Gefühle und Gedanken sind in ihr festgewurzelt und nur auf die nächste Umgebung, Wohnung, Garten, Gewerbe, Familie gerichtet. Entfernung aus der Heimat ist dann nicht mit einem Verlust von äußerlichen Dingen verbunden, sondern mit einem Losreißen von allem, worin der Mensch bisher gelebt hat, und mit seiner Heimat verliert er gleichsam die Hälfte seines Ich. Aus diesem Grunde werden Kinder und junge Leute am schmerzlichsten durch die Entfernung aus der Heimat berührt und besonders solche, deren Erziehung und Unterricht vernachlässigt wurde.

Der Ausbruch der Nostalgie erfolgt um so leichter, je größer der Kontrast der neuen Verhältnisse gegen die alten ist, je mehr die Entfernung aus der Heimat eine gezwungene und je weniger Hoffnung auf Rückkehr vorhanden ist. Sie wird befördert durch Ungemach aller Art, Strapazen, Mißgeschick, ganz besonders aber durch körperliche Krankheit.

In bezug auf das Wesen der Nostalgie kritisiert JESSEN die Ansichten von HOFER, FRIEDREICH, LARREY, BROUSSAIS (der 1828 die Affektion des Gehirns in der Nostalgie für die Folge primärer gastrischer Entzündungen erklärte) und AMELUNG. Er selbst findet besonders auffallend, daß die Nostalgie so schnell und sicher töte, während die Melancholie das Leben selten gefährde, daß bei der Nostalgie im Gegensatz zur Melancholie alle Organe gestört und ihre Lebenskräfte erschöpft werden und schließlich, daß die Nostalgie durch Beseitigung der Krankheitsursache so schnell und sicher geheilt werden könne, während die Melancholie sich lange hinziehe. Hieraus schließt er, daß bei der Nostalgie vorwiegend Medulla oblongata und Rückenmark als Träger des instinktartigen Seelenlebens ergriffen seien, während bei der Melancholie das Gehirn als Sitz der bewußten Gemütstätigkeit den locus morbi darstelle. Aus dieser Theorie erklärt er die Prädisposition unkultivierter Menschen und junger Individuen mit vorwiegend unbewußtem Seelenleben, die Möglichkeit des Schlummerns der Nostalgie, die dann plötzlich geweckt, aber auch ins Unbewußte zurückgedrängt werden kann, das Nachtwandeln und die körperlichen Folgeerscheinungen. Er hält die Auffassung HOFERs für gut, dessen Lebensgeister, zu Unrecht vergessen, das unbewußte Seelenleben repräsentieren, daß zwar zum Bewußtsein in mannigfachen Beziehungen stehe, aber gleichwohl ein selbständiges Dasein führen könne.

Im Laufe der Zeit waren neben diesen größeren Schriften auch eine Reihe von Dissertationen über Nostalgie erschienen, die unter unvollständiger Wiederholung älterer Angaben ein schematisches Krankheitsbild entwerfen mit Ätiologie, Symptomatologie, Diagnostik, Prognose, Therapie, ohne daß man ihnen einen eigenen Wert zusprechen könnte (ANDRESSE, GRUNDTMANN, MATTHEI, CHATELAIN).

Es scheint, daß trotz der zahlreichen Heimweharbeiten, obgleich auch in fast allen Lehrbüchern die Nostalgie kurz notiert war, dieser Krankheitsbegriff in der Mitte des Jahrhunderts in ziemliche Vergessenheit geraten war, wenigstens meint L. MEYER[6] (1855), daß das Heimweh noch weniger Berücksichtigung als in den Kliniken in den klinischen Handbüchern finde, worauf DAMEROW in seinem Referat der Meyerschen Arbeit die Literatur rekapituliert und hinzufügt, daß mit dem Aufhören der Ursachen des Heimwehs wegen der veränderten Reise- und Lebensverhältnisse und Anschauungen auch die Literatur darüber nachgelassen habe, wie das bei manchen anderen nach näheren oder entfernteren Ursachen benannten psychischen Krankheitsarten der Fall sei.

MEYER nun veröffentlicht 1855 fünf Fälle von Wahnsinn aus Heimweh.

Ein von jeher stilles, langsames, unbehilflîches Mädchen von 24 Jahren nimmt nach langem Zureden von Braunschweig aus einen Dienst in Berlin an. Sie kam zum ersten Male aus dem Elternhause, betrieb die Vorbereitungen zur Abreise schwerfällig und war noch am Tage der Abreise ängstlich. In Berlin wurde sie durch Besuche des dort anwesenden Bräutigams und die freundliche Behandlung in der ersten Zeit aufgeheitert, doch die Ängstlichkeit wich auch nach mehreren

6 Später Professor in Göttingen.

Wochen nicht von ihr. Sie wurde mit der Arbeit so schlecht fertig wie in den ersten Tagen. Oft saß sie verträumt im Winkel und weinte. Appetitabnahme, schlechtes Aussehen. »Es sei ihr so schwer in den Gliedern gelegen, daß sie sich zu jeder Arbeit habe zwingen müssen. Sie sei traurig gewesen ohne zu wissen warum. Alles sei ihr fremd vorgekommen. Dann sei es ihr wieder gewesen, als sei sie nur von Bekannten umgeben, daß jeden Augenblick Mutter oder Schwester hereintreten müsse.« Stimmen der Leute hielt sie für solche heimatlicher Bekannter, bis sie sich vom Irrtum überzeugte. Eine Nacht sah sie Mutter und Schwester umhergehen. Die nächste Nacht wieder. Sie stand auf, um der Schwester Geld zur Rückreise zu geben, wurde auch tatsächlich mit mehreren Talern in der Hand ins Bett zurückgebracht.

Eines Tages blieb sie im Bett, hatte Gliederschmerzen, Schwere im Kopf und im ganzen Körper, sprach wenig, aß nichts, kam in wenigen Tagen sehr herunter, fühlte sich zu schwach zum Erheben, stand aber nachts auf und phantasierte. Bei der Untersuchung starrer Blick, verfallenes Aussehen, schmerzlicher Gesichtsausdruck. Unaussprechliche Schwere in Kopf und Gliedern ohne Schmerzen. Druck am Herzen, daß der Atem benommen werde. Obstipation. Bei der Exploration wird sie lebhafter und munterer. Im Laufe von 10 Tagen gelang es durch freundliche Aufmunterung der Umgebung, sie aus dem Erstarren immer mehr herauszubringen. Zuweilen noch Angst, leichtes Weinen. Sie wird die Nostalgie wohl gänzlich überwinden, meint MEYER, so daß man ihre Krankheit als Akklimatisationskrise auffassen dürfte.

Nach der Schilderung scheint es am wahrscheinlichsten, daß es sich bei dem Mädchen um eine vielleicht durch Heimweh beförderte cyclothyme Depression gehandelt hat.

Der zweite Fall betrifft ein Mädchen, das in der zwei Monate dauernden Depression die Angehörigen sah, glaubte, vergiftet zu werden und beleidigende Stimmen hörte. Von einer typischen Heimwehpsychose liegt nichts vor. Die übrigen Patienten sollen an Nostalgie mit Verfolgungswahn, mit ekstatischer Manie und Halluzinationen gelitten haben, ohne daß Heilung beobachtet wurde.

Schon DAMEROWs Kritik betont, daß die Fälle sämtlich zweifelhaft seien. Es ist möglich, daß der ausführlicher referierte Fall jenen seltenen Vorkommnissen nahesteht, wo junge Mädchen, die zum ersten Male von Hause kommen, zunächst Heimweh haben, aus dem sich dann eine Psychose entwickelt, die auch bei Rückkehr nach Hause nicht heilt, sondern einen selbständigen Ablauf vom Typus einer cyclothymen Depression nimmt. Doch ist die Zugehörigkeit solcher Fälle zum manisch-depressiven Irresein in engerem Sinne zweifelhaft, sie könnten vielleicht in das Übergangsgebiet zwischen dieser Krankheit und den degenerativen Reaktionen fallen.

Neben seinen Krankengeschichten gibt MEYER eine kleine launige Abhandlung über die Nostalgie. Der schwärmerischen Vorstellung vom Heimweh der Schweizer werde die Poesie abgestreift durch die Erfahrung, daß die armseligsten Bewohner einsamer Nordseeinseln, ferner Eskimos ebenso an diesem Übel laborieren, das von gewissen Zuständen der Gesellschaft abhängig sei und mit der Ausbreitung und Entwicklung der Kultur immer mehr verschwinde.

In den Kliniken, wo man scharf ausgesprochene Symptome und klare Fälle liebe, werde die Nostalgie selten beobachtet. Aber für diese Vernachlässigung des zarten Gastes, zu dessen Ergreifen mehr phantasiereiches Umfassen des Ganzen als scharfes Beobachten und Klassifizieren des Einzelnen gehöre, rächt er sich wie ein neckischer Geist nicht selten an dem erfahrenen Praktiker, verwirrt ihm die Pulslehre, entschlüpft unter verschiedenen Verwandlungen. Eine solche Spukgeschichte hat MEYER unter seinem Lehrer Marcus in der medizinischen Klinik in Würzburg erlebt.

Dieser stellte einen 16jährigen ziemlich kräftigen Burschen vor, der aus einem Schwarzwälder Dorfe gebürtig, seit 4 Wochen in Würzburg war, um sein Handwerk zu lernen. Er war so bedenklich erkrankt, daß man ihn wegen Nervenfieber in die Klinik brachte. Mehrere Tage vor der Aufnahme hatte er nichts gegessen, war abgeschlagen in den Gliedern, mußte sich legen, klagte über Kopfschmerzen. Jetzt schien der Kranke sehr schwach, lag ohne sich zu rühren auf dem Rücken, Augen und Mund geöffnet, antwortete nur auf wiederholte Fragen und sehr unvollständig. Er forderte weder Speise noch Trank und aß nur, wenn ihm der Löffel an die Lippen gesetzt wurde. Die objektiven Symptome waren weniger beunruhigend, der Kopf nicht übermäßig heiß, ein kleiner weicher Puls von normaler Frequenz. Nach verschiedenen Debatten einigte man sich, die Erscheinungen als gelinde Vorläufer eines Typhus zu betrachten. Einige schlugen schon Coupiermethoden vor, als plötzlich Marcus dem Kranken lächelnd auf die Wange klopfte und ihn kräftig anredete: »Bürschle, wenn du tüchtig essen und einen Schoppen Wein trinken willst, so soll dich morgen der Stellwagen heimbringen.« »Als ich mittags in den Saal kam, spazierte der Typhuskranke lustig umher, er hatte seinen Schoppen geleert und seine nicht geringe Portion gegessen, fühlte indes noch einigen Hunger.«

In den Lehrbüchern käme die Nostalgie noch schlechter weg wie in den Kliniken, sie werde kurz erwähnt und unbestimmt geschildert. Ihr Verlauf könne durch Darniederliegen aller Funktionen tödlich werden. Es könne auch das erste Stadium der eigentlichen Stimmungskrankheit überwunden werden, oder auch es können sich wie bei allen Geisteskrankheiten (lypemanie systematisée) die entsprechenden Vorstellungsweisen zu mehr weniger bestimmten Komplexen entwickeln. Die Nostalgie wandle sich dann in Verfolgungswahnsinn, ekstatische Tobsucht, hypochondrische Melancholie usw. um.

Aber man darf die Nostalgie nicht verwechseln mit der aktiven Sehnsucht eines bewußten energischen Geistes, mit der sie keine Ähnlichkeit hat. »Der Jammer des Exilierten, dem der Sieg einer feindlichen Partei das Vaterland geraubt, die Trauerlieder eines Ovid, selbst die kläglichen Episteln Ciceros aus der Verbannung haben nichts gemein mit der betäubenden Hilflosigkeit eines Nostalgischen. Wir haben schon oben die Lächerlichkeit berührt, das Heimweh als die Sehnsucht eines zarten Gemüts nach der erhabenen Szenerie und dem idyllischen Leben einer heimatlichen Landschaft aufzufassen. Der beschränkte Bildungsgrad und die meist träge Natur der an Nostalgie Leidenden eignet sich am wenigsten für eine derartige ästhetische Auffassung. Nimmt die Poesie demnach das Heimweh in diesem Sinne zum Vorwurf ihrer Darstellungen, so entsprechen die Empfindungen, welche jene Vorstellungen erwecken, am allerwenigsten den Empfindungen des Heimwehs. Das Heimweh ist eine passive asthenische

Geisteskrankheit, ihre Symptome sind Symptome eines individuellen Mangels, sind Schwächesymptome. Es scheint in seiner ersten Entfaltung mehr die Reaktion des Gemütes gegen die Hilflosigkeit einer schwachen und seiner gewöhnlichen Stütze beraubten Intelligenz zu sein. Es ist ein testimonium paupertatis.« Daher liegt die Ursache der Nostalgie in bornierten Ortsverhältnissen und Beschäftigungen. Es handelt sich meist um eine stabile, sich im Kreise derselben Beschäftigung drehende Bevölkerung, in welcher die Disposition zum Heimweh am reichlichsten entsteht. Das isolierte Leben, der Stumpfsinn prädisponiert. Dem entsprechen Beobachtungen beim Militär. Im Garderegiment zeichne sich die westfälische Kompagnie intensiv und extensiv durch ihre Nostalgie aus. In Westfalen leben die Leute auch in isolierten Bauernhäusern hinter Bäumen und Hecken in sehr beschränktem Horizont. Solche unter dem Einflusse derselben eintönigen Formen beschränkt gewordene Individuen verfallen in eine Art Betäubung, wenn man sie plötzlich in eine ganz neue Welt bringt. Es ist zu verwundern, daß dies nicht häufiger geschieht. »So wenig ihr Geschmack den Widerwillen gegen eine fremde Speise überwinden kann, so wenig ist ihr Gehirn imstande, die große Menge fremdartiger Objekte zu bewältigen.«

Was die mitgeteilten fünf Fälle betrifft, so handelt es sich um Dienstmädchen, die ihre Heimat zum ersten Male verließen, um in Berlin ihr Fortkommen zu finden. Alle waren sogenannte gemütliche, zu rührenden Herzensergießungen geneigte Wesen. Durch die stark kontrastierenden Verhältnisse und die anfänglichen Mißhelligkeiten, die zum Teil wohl schon Symptome der Krankheit waren, kam diese zum Ausbruch, deren eigentlicher Grund von allen verborgen wurde oder dessen sie sich vielleicht auch gar nicht mehr bewußt waren. Das ist so bei allen Melancholischen, sie teilen eher alles andere mit, als die Veranlassung ihrer Krankheit. Sind doch schon im normalen Seelenleben die tiefsten Schmerzen solche, über welche man den Grund der Schmerzen vergißt. Schließlich hatten alle fünf Patienten Halluzinationen oder Illusionen von Eltern, Geschwistern oder sonstigen näheren Bekannten.

Soweit MEYER. Obgleich er das Thema von großen Gesichtspunkten anzusehen versuchte, insbesondere die Beziehung des pathologischen Heimwehs zur physiologischen Begrenztheit des Horizonts, wie ZANGERL erkannte, vermochte seine Arbeit doch nicht eine selbständige Heimwehpsychose sicher zu stellen. In Deutschland ist nach ihm keine größere Arbeit über die Nostalgie erschienen. Die Blütezeit der Heimwehliteratur war mit den drei größeren Schriften von ZANGERL, SCHLEGEL und JESSEN vorüber. Es wurde noch hier und da erwähnt, aber in größeren Kreisen immer mehr vergessen. Die Heimwehliteratur verschwand fast ganz, und die Fragen beschränkten sich auf das forensische Gebiet.

Immerhin ist es von Interesse, einige der Orte auch bei hervorragenden Psychiatern zu verzeichnen, wo die Nostalgie noch ein Dasein fristete.

Längst hatte sie einen Platz in den Lehrbüchern gefunden. ESQUIROL erwähnt den Selbstmord aus Heimweh. In deutschen Lehrbüchern wird die Nostalgie meist als Unterform der Melanolie aufgezählt. BUZORINI (1832) unterscheidet das wenn auch heftig gesteigerte Heimweh, das doch mit Beseitigung der Ursache schwindet, von den aus diesem Heimweh entstehenden selbständigen Krankheiten. BIRD (1836) macht auf die Nostalgie als auf ein eindrucksvolles Beispiel von der Wirkung der Seele auf den Körper aufmerksam, gibt ihr sonst keine selbständige Stellung, sondern betrachtet sie als eigenartige Form der Melancholie. Ebenso GUISLAIN, der ihr Vorkommen bei der Armee im Krieg, bei Reisenden, in Klöstern und Gefängnissen erwähnt. Er selbst habe es in Belgien nicht beobachtet. Als Ursache von Geistesstörungen wird das Heimweh von SCHÜLE aufgeführt. In GRIESINGERs Lehrbuch findet es als Unterart der Melancholie ebenfalls eine Stelle in allen Auflagen. Insbesondere geht er auch auf die forensische Beurteilung ein. EMMINGHAUS führt die Nostalgie als eine durch spezifische psychische Ursachen bedingte Seelenstörung auf, die symptomatologisch zur Gruppe der Melancholie gehöre. Sie komme besonders bei jungen Landmädchen weiblichen Geschlechts vor und könne je nachdem Formen von einfacher trauriger Verstimmung mit Zwangsvorstellungen, Schwermut und Angst, Sinnestäuschungen, Wahnideen, Melancholie mit Zerstörungsimpulsen annehmen. Im letzten Falle führe sie zu Gewalttaten, Brandstiftung und Mord pflegebefohlener Kinder. Appetitmangel, Schlaflosigkeit, Furcht und Angst in der Nacht seien häufige Symptome. Bei ARNDT (1883) erscheint die Melancholia nostalgica. MEYNERT (1890) sagt von der Nostalgia, daß sie sich als besondere Ursache mit der Amentia verbinden könne und noch MENDEL in seiner Abhandlung über Melancholie in EULENBURGs Realenzyklopädie referiert das alte Bild der Nostalgia als Varietät der Melancholie, bei der sich lebhafte Halluzinationen von der Heimat, Angst, Seufzen, Hitze des Kopfes, Pulsbeschleunigung, Nahrungsverweigerung, Abmagerung einstelle und nach melancholischen Delirien der Tod durch Phthise oder Selbstmord erfolge. Auch in die englische Literatur ging das Krankheitsbild über. KELLOGG (1897) schreibt, daß die Nostalgie unter der Melancholia simplex einen besonderen Platz verdiene. Sie trat in Armeen epidemisch auf, der Patient magert ab, hat Visionen der Heimat, verzweifelt, begeht Selbstmord, Mord oder Brandstiftung oder stirbt in einem deprimierten Zustand und Marasmus.

FRANZÖSISCHE HEIMWEHLITERATUR

Die französische Literatur geht ihre eigenen von der deutschen getrennten Wege. Ihre Arbeiten beruhen meist wie die deutschen auf dem ersten Nostalgieautor HOFER, berücksichtigen aber nicht die späteren deutschen Schriften. Insbesondere bleibt ihnen die forensische Heimwehfrage ganz fremd, mit Ausnahme MARCs. Dieser referiert in seinem Werke Geisteskrankheit in Beziehung zur Rechtspflege die Ansichten des MASIUS ziemlich wörtlich, ohne etwas Neues hinzuzufügen. Im übrigen zeichnen sich die französischen Arbeiten durch viel Poesie, gewandte lebendige Darstellung, aber auch durch Einseitigkeit und Kritiklosigkeit aus.

Nach der langen Reihe kleinerer Schriften, die im Laufe des Jahrhunderts meist als Thesen erschienen, wurden in den siebziger Jahren zwei umfangreiche Arbeiten (HASPEL und BENOIST) veröffentlicht, die in ziemlich verschiedener Weise die Einzelheiten der früheren zusammenfassen. Es wird genügen, wenn wir nach einer kurzen Übersicht der älteren diese beiden etwas eingehender referieren, um ein Bild der französischen Forschungen zu gewinnen. Eine vollständige Besprechung aller würde wegen der Unzugänglichkeit der meisten auch kaum möglich sein.

PINEL soll die Nostalgie in einer eigenen Arbeit behandelt haben. ESQUIROL erwähnt sie. Nach den vielen kleineren Schriften zu Beginn des Jahrhunderts erschien 1821 die oft zitierte Arbeit LARREYs, die durch zweimalige Übersetzung auch eine Verbreitung in Deutschland erfuhr und deren Inhalt schon wiedergegeben wurde. Die vielen weiteren Schriften sind aus dem Literaturverzeichnis zu ersehen. 1856 konstatiert BRIERRE DE BOISMONT 13mal Nostalgie als Ursache des Selbstmords. 1858 schreibt LEGRAND DU SAULLE eine Studie über die Nostalgie, deren ästhetischer Reiz in einem kurzen Referat nicht wiedergegeben werden kann, deren wissenschaftliche Bedeutung im übrigen nicht groß ist. Die ersten Eindrücke des zarten Jugendalters müssen sehr lebhaft sein und mit großer Kraft der Seele innewohnen, daß die schönsten Gegenden der Welt nicht die bescheidenen Orte, wo wir die Augen zuerst öffneten, zum Vergessen bringen können. In dieser Sehnsucht, die der Quell reiner und süßer Freuden ist, liegt auch der Keim einer traurigen Seelenaffektion, unter der wir in verschiedenem Grade leiden, von der aber niemand ganz befreit bleibt. »Keine Jahreszeit begünstigt so die Entwicklung des Heimwehs wie der Herbst. Das Fallen der Blätter, die Öde des Landes, die kurze Zeit, die die Sonne den Horizont erleuchtet, der unaufhörliche Regen, der Witterungswechsel und die feuchte Kälte fixieren tatsächlich oft unseren Geist auf melancholische Gedanken. Die Tagesstunde, die am meisten Anlaß zur Rückkehr des Gedankens an geliebte Gegenstände bietet, ist der Sonnenuntergang, dieser Augenblick, in welchem der Mensch eine Art ganz besonderer Müdigkeit, ein Unbehagen und eine ganz undefinierbare Verlassenheit empfindet.« Die eigentliche Nostalgie tritt besonders in dem »Alter der Illusionen« auf. Der junge Student, der Rekrut leiden daran. Der typische Ablauf wird nach MUSSET in drei Stadien bis zum Tode geschildert. Wie eine Pflanze, die in fremde Erde versetzt ist, welkt der Patient dahin. Für die Therapie verlangt LEGRAND DU SAULLE ein zartes Vorgehen, um zum Herzen des Patienten zu sprechen und sein Vertrauen zu gewinnen. Man dürfe durchaus nicht anstoßen. Der gemütskranke Mensch empört sich gegen die Vernunft, wenn sie mit hoher, strenger und großartiger Stirn an ihn herantritt.

Die jetzt folgenden Arbeiten von PETROWITSCH, JANSEN, DECAISNE enthalten wieder in alter Weise Beobachtungen von Krankheiten, bei denen Heimweh vorkam und die dann einfach zur Nostalgie gerechnet wurden (Phthise, Typhus, Ikterus bei JANSEN) und bei PETROWITSCH werden neben körperlichem Verfall bis zum Tode, neben Illusionen und Halluzinationen allerhand Monomanien, Dypsomanie usw. als Folgen des Heimwehs behauptet.

VIVIER in seiner Monographie über Melancholie schließt sich der alten Auffassung an, daß die Nostalgie eine Unterform dieser Krankheit ist. Er zählt die Symptome auf: reservierte und schweigsame Haltung, lange, faltige Gesichtszüge, Haarausfall, Abmagerung, geringes Fieber, Appetitlosigkeit, trockener Husten, Kräfteverlust, Bettlägerigkeit, Mutacismus, Sprechen mit sich selbst, Inkohärenz, hohes Fieber, Tod. Die Nostalgie käme vor im Heer, bei einfachen Völkerschaften und bei Freiheitsberaubung.

Die beiden Arbeiten von HASPEL und BENOIST erschienen auf eine Preisfrage der Akademie im Jahre 1873. Weil BENOIST als der Vorgeschrittenere erscheint, besprechen wir zuerst HASPEL.

Dieser hat auf Grund einer 40jährigen Erfahrung als Militärarzt und einer sehr eingehenden Berücksichtigung der französischen Literatur ein mit zahlreichen eigenen Beobachtungen versehenes Werk veröffentlicht, das wohl das umfangreichste ist, das je über das Heimweh geschrieben wurde.

Er hält die Nostalgie für eine sehr häufige Krankheit, wenn sie auch durch die modernen Verkehrsverbindungen und den Ausgleich der Unterschiede der Länder und Sitten abgenommen hat. Er beklagt sich, daß man sie übersehen habe über das Studium der körperlichen Folgen, ja man habe sogar das Heimweh, die eigentliche Ursache, für das Sekundäre gehalten. Hieraus geht der Standpunkt des Verfassers deutlich hervor. Wo er überhaupt Heimweh findet, hält er dieses für die eigentliche Krankheit. Was je als zusammentreffend mit Heimweh beschrieben wurde, trägt er zusammen und in der Absicht, alle Erscheinungsformen zu berücksichtigen, beschreibt er neben der »einfachen Nostalgie ohne Komplikationen von seiten der Organe des Körpers« die »akute zerebrale Nostalgie« (dazu rechnet er die Fälle LARREYs) mit Konvulsionen, Bewußtseinsverlust usw., die »chronische zerebrale Nostalgie«, ferner die »akute« und »chronische gastrointestinale«. Er konstatiert ihren ungünstigen Einfluß auf den Ablauf von Pulmonal- und Pleuralaffektionen, insbesondere auf die Phthisis, bei der schon LAENNEC die Wirkung trauriger Gemütsbewegungen betont habe. Weiter sollen Herzaffektionen, selbst Klappenfehler und Aneurysma durch Nostalgie entstehen. CORVISART habe Herzerscheinungen nach Kummer gesehen, und er schließt sich dessen Mahnung an, den »moralischen Menschen« nicht zu vernachlässigen. Schließlich soll es noch eine »hektische Nostalgie« geben. Endlich steht das Heimweh in Beziehung zum Ablauf epidemischer Krankheiten, die dadurch sehr verschlimmert werden.

Alle diese einzelnen Gruppen werden von HASPEL eingehend in großer Breite geschildert. Viele »Beobachtungen« sind eingestreut. Diese sind kurz, ohne Methode in der Untersuchung, für moderne Zwecke unbrauchbar. Trotzdem will er durch sie die »wenig genauen Beobachtungen der Ärzte des ersten Kaiserreichs (LARREY, DESGENETTES, BROUSSAIS, LAURENT und PERCY) ergänzen.

Das Vorwort, mit dem BENOIST DE LA GRANDIERE sein Buch eröffnet, ist vertrauenerweckend. Er will kein literarisches, sondern ein medizinisches Bild der Krankheit geben und die Zitate aus Dichtern durch Beobachtungen von Ärzten ersetzen. Doch sind diese Beobachtungen in keiner Hinsicht besser als die seiner Vorgänger; sie sind zahlreich, aber alle so allgemein und novellistisch gehalten, daß man nicht einmal die Überzeugung gewinnt, es liege eine Krankheit vor, oder wenn dies der Fall ist, sie rühre vom Heimweh her. Er faßt, was seine Vorgänger geschrieben haben, zusammen, das Heimweh bei verschiedenen Völkern, seine Ursache in Alter, Geschlecht, Erziehung, sozialer Stellung. Er schildert in plastischer Weise die Symptome der psychischen Alteration, vermeidet, alle möglichen Krankheiten zur Nostalgie zu zählen, betrachtet sie vielmehr als zufällige Komplikationen. Daß ein pathologisch-anatomischer Befund dem Heimweh entspräche, bestreitet er, betrachtet es als eine Neurose des Gebietes des

Zentralnervensystems, wo die Einbildungskraft ihren Sitz habe. Ziemlich eingehend berührt er die Geschichte der Heimwehlehre. Das Heimweh als Ursache von Verbrechen kennt er nicht.

Das Buch BENOISTs hat auch in Deutschland Anerkennung gefunden. Es ist in der Allgemeinen Zeitschrift für Psychiatrie eingehend referiert und neuerdings sogar in ZIEHENs Lehrbuch angeführt.

Nach BENOIST ist die Nostalgie in der französischen Psychiatrie nicht vergessen worden, DAGONET (*Traité des maladies mentales* 1876 p. 218) beschreibt sie, Ansichten von PINEL, LARREY, BENOIST referierend, eingehend als lypémanie nostalgique.

PROAL[7] findet das Heimweh bei Kindern als Ursache von Selbstmord. Bei der Rückkehr der Zöglinge ins Lyzeum nach den Ferien entstehe manchmal ein Kummer bis zum Lebensüberdruß. Er führt RENAN an, der in seinen *Souvenirs d'enfance* erzähle, daß er im Lyzeum krank wurde und nahe daran war, an Heimweh zu sterben. Besonders furchtsame und zarte Naturen werden ergriffen, die den Verkehr mit den fremden oft moquanten Kameraden nicht vertragen. Auch LAMARTINE soll so heftig an Heimweh gelitten haben, daß er daran dachte, sich das Leben zu nehmen.

In der französischen Literatur hat das Heimweh der Soldaten ein bevorzugtes Interesse erregt, haben doch besonders die Militärärzte sich mit dem Thema beschäftigt. Es scheint auch tatsächlich im Heere eine Rolle zu spielen. Was darüber heutzutage gesagt werden kann, findet sich bei STIER[8]. Nach ihm gilt die Nostalgie in der französischen und italienischen Armee noch heute als eine selbständige sogar häufige Krankheit, die in Frankreich als Nostalgie persistante sogar dienstunbrauchbar macht.

---

7 L'education et le suicide des enfants. Paris 1907. p. 55.

8 Fahnenflucht und unerlaubte Entfernung. Halle 1905. p. 13 ff.

Die Geschichte der forensischen Heimwehliteratur ist eng verknüpft mit der Lehre von der Pyromanie. Man beobachtete bewußt seit Ende des 18. Jahrhunderts die rätselhaften Handlungen von Kindern und von Individuen in der Pubertätsentwicklung, die nicht an einer der bekannten und benannten Geistesstörungen litten. Solche Fälle wurden damals, der Neigung der Zeit nach Rätselvollem und Seltenem folgend, in ziemlich großer Anzahl veröffentlicht. Und bald begannen Ärzte und Psychiater auf Grund solcher Beobachtungen Begriffe zu bilden, die zu langwierigen Kontroversen führten, bis sie wieder der Vergessenheit anheimfielen.

Die Tatsache, daß manche Verbrechen Jugendlicher aller verständlichen Motivierung entbehren und daß die Betreffenden bei eingehender Untersuchung nachher doch keine geistigen Störungen mehr erkennen lassen, führte PLATNER zur Aufstellung seiner Amentia occulta. Er konnte sich nicht entschließen, diese Menschen für zurechnungsfähig und gesund zu halten, er kannte keine Krankheit, in die er sie einordnen konnte, also machte er aus dem Dilemma, daß die vermutete Störung nicht zu erkennen ist, die Krankheit Amentia occulta.

Derselbe PLATNER brachte auch schon eine Tatsache in noch jetzt gültiger Weise zum Ausdruck, daß diese jugendlichen Verbrecher sich noch in der Entwicklungsperiode befinden und der psychischen Reife entbehren. Er konstatierte die »Fatuitas puerilis« und billigte den Inkulpaten die »venia aetatis« zu.

Seine Amentia occulta begegnete heftigen Widersprüchen und war bald aus der Literatur verschwunden. Anstatt dessen schloß HENKE aus 20 Fällen, die er aus PLATNERS und KLEINs Annalen zusammenstellte, daß bei Jugendlichen in der Pubertätsentwicklung oft eine Neigung zum Brandstiften vorhanden sei, und MECKEL machte daraus einen Brandstiftungstrieb. Ein einzelnes Symptom war zu einer Krankheit gemacht worden.

Dazu paßten Begriffe, die seit ESQUIROL in Frankreich sich entwickelt hatten, die Monomanie raisonnante und die Monomanie instinctive. Unter ersterer Krankheitsbezeichnung wurden Persönlichkeiten verstanden, die auf den Beobachter einen vernünftigen Eindruck machten, aber an »partiellem Wahnsinn« litten, unter letzterer ebensolche, die unerklärliche triebartige Handlungen ausführten. Jetzt ist die Monomanie instinctive zum impulsiven Irresein geworden. Damals fand sie, wie gelegentlich jetzt dieses, eine sehr verlockende Anwendung auf die merkwürdigen jugendlichen Brandstifter, und MARC schuf für diesen Spezialfall der Monomanie instinctive den Namen Pyromanie.

Wie man sich über die Existenz eines Brandstiftungstriebes einmal klar zu sein glaubte, vermutete man als Ursache eine triebartige Lust am Feuer. Bald waren auch entsprechende Beobachtungen da. In der Freude junger Leute an Feuer und glänzenden Gegenständen, bei denen ein von Lustgefühlen begleitetes Anstaunen der Flamme nicht selten ist, entdeckte man einen krankhaften mit der Pubertätsentwicklung zusammenhängenden Trieb zum Feuer (z. B. FRIEDREICH). Eine einwandfreie derartige Beobachtung scheint dagegen nicht vorzuliegen.[9] So verband sich falsche Begriffsbildung mit ungenauer oder verfälschter Beobachtung zu einem in der Geschichte der Psychiatrie mächtig gewordenen Irrtum.

Doch in Deutschland regte sich schon früh die Kritik. FLEMMING (1830), MEYN, RICHTER, CASPER bekämpten die Lehre von der Pyromanie und sie blieben Sieger.

Bei diesem über Jahrzehnte sich hinziehenden Streit wurde die Kasuistik vermehrt und wurden insbesondere die Faktoren aufgedeckt, die bei den kriminellen Handlungen der Pubertätsjahre in Frage kommen. Man erkannte die Abschattierungen zwischen Frevel, kindischem oder kränklichem Affekt, Verstandesschwäche, leichter Verwirrung und völliger Unfreiheit (RICHTER). Man suchte sich Klarheit zu verschaffen über die Reihe der Affekte, die mitwirken: Rachsucht, Bosheit, Haß, Neid, Mutwillen, den Drang, seine Persönlichkeit geltend zu machen. Man fand die Mitwirkung von Verstimmungen,

---

9 Vgl. übrigens EMMINGHAUS, der die Sucht nach Feuer als vielen Kindern eigentümlich bezeichnet. Diese gierige Spielerei lassen sich gesunde Kinder leicht abgewöhnen. Doch nennt er auch eine krankhafte Sucht nach Feuer, wo trotz aller Strafen die Neigung zum Anzünden fortbesteht. Dieser Trieb bei Kindern wird aber von EMMINGHAUS wohl nicht zur Erklärung von Brandstiftungen verwertet

Beängstigungen und schließlich in einer Reihe von Fällen betonte man die ausschlaggebende Bedeutung des Heimwehs. Nur mit dieser letzteren Seite der Fragen beschäftigen wir uns im folgenden eingehender.

Zum erstenmale wird das Heimweh als mitwirkend bei Verbrechen in KLEINs Annalen 1795 erwähnt. »Die meisten Brandstiftungen rühren von Mädchen her, welche aus dem väterlichen Hause in fremde Dienste gegeben werden.« Auch wird schon die Bedeutung der Jugend, der Einfalt bemerkt und es werden Vorschläge an Pfarrer zur Ermahnung junger Dienstboten gemacht.

Doch die eigentliche Begründung der Lehre vom Heimweh in forensischer Beziehung rührt von PLATNER her. In dem Gutachten über eine jugendliche Brandstifterin (vgl. den Fall Roßwein) geht er auf die Faktoren ein, die an dem Zustandekommen des Verbrechens mitgewirkt haben. Er findet mehr den Charakter der kindischen Einfalt als den der Bosheit, nicht Zorn und Rachgier, sondern allein den Zweck, bei der in dem Hauswesen der Dienstherrschaft entstehenden Bestürzung und Verwirrung den Abschied zu erhalten, um zu den Eltern zurückzukommen. Er beschreibt diese aus Hilflosigkeit und Furchtsamkeit zusammengesetzte Anhänglichkeit an das elterliche Haus, die verbunden mit der Abneigung vor dem Leben unter fremden Leuten, in den Kindern, zumal vom weiblichen Geschlecht, gerade die allerheftigste und in Wahrheit auch die allernatürlichste Leidenschaft ist, welche sehr oft selbst in sonst beherzten Knaben, wenn sie auf eine auswärtige Schule oder zur Erlernung der Kaufmannschaft in die Fremde geschickt werden sollen, bald in die heftigste Betrübnis, bald in die entschlossenste Widersetzlichkeit überzugehen pflegt. Er unterscheidet dieses Heimweh von dem Schweizer Heimweh, der Nostalgie, in ihrer gelehrten medizinischen Bedeutung.

Neben dem Heimweh betont er den Einfluß der Pubertätsentwicklung, einer Zeit, in der ein närrischer Kopf, nebst den zuweilen daraus entstehenden verzweifelten Entschlüssen und tollkühnen Handlungen, öfter von geheimen Beunruhigungen der Nerven und des Gehirns als von einer moralisch bösen Gemütsart herrührt.

Als Hauptfaktor betrachtet er aber die psychische und moralische Kindheit, die kindische Einfalt. Die Inkulpatin ist nicht imstande, das

Heimweh, »diese mit der ganzen Natur und Empfindungsart eines Kindes und besonders eines Mädchens verwebte Leidenschaft« zu bekämpfen. Bei dem unvernünftig ergriffenen Mittel dachte sie nur allein an sich und an den Wunsch, bei ihren Eltern zu bleiben, nicht an das Unglück, das dadurch für andere entstehen konnte. Sie dachte nicht an die Gesetze der natürlichen und christlichen Sittenlehre, die die Entstehung eines so sinnlosen Gedankens sogleich zu unterdrücken vermöchten. Als ein unerfahrenes und unverständiges Kind war sie nicht fähig, die außer ihrem Plane liegenden zufälligen Folgen des Feueranlegens, das Unglück der dadurch geschädigten Menschen in Erwägung zu ziehen, dazu wäre einerseits mehr Kenntnis des Wertes der zeitlichen Güter, mehr Aufmerksamkeit auf Glückseligkeit und Elend der Welt und auf den in dieser Rücksicht unterschiedenen Zustand der Menschen, andererseits ein höherer Grad von moralischer Überlegung und Selbständigkeit erforderlich gewesen. Solche Kinder lassen oft die kleinsten Einfälle zu den heftigsten Affekten werden und führen sie vermöge der ihnen eigenen gedankenlosen Einseitigkeit durch die kühnsten Wagstücke mit Gefahr für sich und, ohne boshafte Absicht, mit Gefahr für andere aus. So habe auch die Inkulpatin ihr eigenes Unglück ebensowenig wie das anderer in Betracht genommen.

Schließlich meint PLATNER, daß sich die an Heimweh leidenden Kinder, wie auch zuweilen Blödsinnige und Narren, unwiderstehlich gedrängt fühlen, durch einen starken sinnlichen Reiz, wie ihn der Ausbruch einer großen Flamme hervorbringt, das drückende Gefühl der Niedergeschlagenheit zu bekämpfen.

Nachdem, wie bemerkt, HENKE (Kopps Jahrb. 1817) an der Hand von 20 Fällen eine besondere Neigung zum Brandstiften bei Knaben und Mädchen im Pubertätsalter nachgewiesen hatte, wobei neben der Hauptursache der Entwicklungsvorgänge verschiedene Motive, unter anderem auch das Heimweh eine Rolle spielte, machten MECKEL 1820 und MASIUS 1822 daraus zwar einerseits einen besonderen Brandstiftungstrieb, trennten jedoch von den Fällen, in denen dieser vorliege, diejenigen ab, wo Bosheit, Zorn, Ärger, Rache, Heimweh im Spiele sind. Nach MECKEL genügt der Zustand des Heimwehs allein, erst recht die dadurch entstandene Krankheit, die Unzurechnungsfähigkeit der jugendlichen Brandstifter zu erweisen, während MASIUS nicht das Heimweh als solches, sondern auf dem Boden desselben erwachsene krankhafte Zustände die Unzurechnungsfähigkeit bedingen läßt. Solcher unterscheidet er zwei:

Einmal könne das Heimweh einen an Melancholie grenzenden schwermütigen Zustand mit beängstigenden Gefühlen erzeugen; dabei könne der Gedanke, durch den Anblick einer großen Flamme die innere Angst zu bekämpfen, zum unfreiwilligen Drange werden und in eine unfreie Handlung übergehen. Die Kinder entwichen dann nicht, fühlten sich hingegen nach ihrer Aussage von der heftigsten Angst befreit. Andererseits kann nach MASIUS bei dem noch ohne gehörige Überlegung handelnden Kinde das Heimweh einen heftig gereizten Gemütszustand mit Zorn und Trotz hervorrufen und so die Idee der Brandstiftung als eines Mittels, aus dem verhaßten Dienst zu kommen, erregen, die dann in dem gereizten mindestens an Unfreiheit grenzenden Zustande ausgeführt wird.

Aber MASIUS betont, daß das Heimweh bei weitem nicht immer solche Wirkungen auf das Gemüt habe, sondern es lege sich der kindischen Einfalt das Feueranlegen oft bloß als ein Mittel dar, um aus dem Dienst entlaufen und zu den Eltern zurückkehren zu können. Auch werde das Heimweh manchmal vorgeschützt, wo Rachsucht und dergleichen der eigentliche Grund waren.

Auf ähnlichem Standpunkt wie die beiden genannten Autoren steht VOGEL (1825). Auch er führt neben dem Brandstiftungstrieb das Heimweh besonders an als Grund der Unzurechnungsfähigkeit. Er hebt besonders hervor, daß das Heimweh die verschiedensten Grade annehmen könne, daß nicht jedes Verlangen in die Heimat eine gesetzwidrige Handlung entschuldige, daß dies dagegen wohl der Fall sei beim echten Heimweh, der Nostalgia, wenn es sich zu furchtbarer Höhe, zum wütendsten Wahnsinn oder zur tiefsten Schwermut steigere.

FLEMMING (1830, Horns Arch. I. Bd. p. 256 ff., zit. nach HETTICH) bestreitet die Meinung des MASIUS, daß die Brandstiftung zur Lösung der Angst bei Heimweh erfolgen könne. Er hält sie vielmehr immer für ein Mittel, um nach Hause zurückzukehren, hervorgegangen aus der Überlegung, mit Zerstörung der häuslichen Verhältnisse der Dienstherrschaft werde auch das Dienstverhältnis aufgehoben. FLEMMING bestreitet überhaupt die Existenz der Pyromanie und ließ dieser vermeintlichen Krankheit auch keinen Platz beim Entstehen der Brandstiftung aus Heimweh.

Daß, wenn die Pyromanie auch sonst vorkommen möge, sie jedenfalls bei den Verbrechen aus Heimweh keine Rolle spiele, bewies HETTICH (1840). Da nicht nur Brandstiftungen, sondern auch Mord und Brandstiftung vom selben Individuum oder nur Mord aus Heimweh begangen würden, könne die Ursache davon eben nicht in einer Pyromanie, sondern nur im Heimweh selbst liegen, sei es nun, daß wirkliche Verbrechen, um nach Hause zu kommen, vorlägen, oder auf dem Boden des Heimwehs erwachsene unzurechnungsfähige Zustände. HETTICH stellt die beiden Sätze auf: 1. Das Heimweh kann einfach wie alle exzitierenden oder deprimierenden Affekte und Leidenschaften als Liebe, Zorn, Kummer usw. Begehung solcher Verbrechen, welche als Mittel dienen, sich einer unangenehmen Lage zu entledigen, also zu einem selbstsüchtigen Zwecke verübt werden, veranlassen, ohne dadurch Zurechnungsunfähigkeit zu bedingen, so wenig als jene Zustände. 2. Das Heimweh kann aber entweder für sich oder in Verbindung mit anderen Umständen (Jugend, Entwicklungsperiode, vorangegangene oder zurzeit vorhandene Krankheiten) eine Alteration erzeugen, welche sich als wirkliches Irresein, oder wenigstens als das erste Stadium desselben (Mania affectiva, folie raisonnante, moral insanity) ausspricht, somit eine vollkommene oder teilweise Aufhebung der Zurechnungsfähigkeit bedingt.

Bei Beurteilung der Heimwehfälle rät HETTICH zu beachten: erbliche Anlage, Alter, Geschlecht (das weibliche herrscht vor), lymphatische Konstitution. Als negative Merkmale dürfen nicht in Anspruch genommen werden: ein besonderes Temperament, die Versetzung in eine bessere Lebensweise und eine geringe Entfernung vom Heimatsort.

In den Handbüchern der gerichtlichen Psychologie wird regelmäßig die Nostalgie erwähnt, sei es für sich, sei es unter der Pyromanie. MENDE z. B. wiederholt, daß der unwiderstehliche Trieb, sich durch eine außerordentliche Begebenheit von dem unerträglichen Gefühle eines tiefen Unbehagens zu befreien, eine maßgebende Rolle spiele. Er beschreibt, wie das Heimweh dieses Unbehagen hervorruft, wie es eine beständige geistige Unruhe und tiefe Traurigkeit schafft, die den Patienten für alles Äußere gleichgültig macht. Sein Vorstellungsvermögen wird schwach, die Gedanken verwirren sich. In diesem Zustand wird der fast blinde Trieb allmächtig, sich aus seiner gegenwärtigen Lage herauszureißen und der Drang, in die früheren Verhältnisse zurückzukehren. Zur Befriedigung dieses Triebes greift er, ohne auf anderes die mindeste Rücksicht zu nehmen, da ihm alle Beurteilungsfähigkeit geschwunden ist, zu den tollsten Mitteln, die ihn selber und andere in große Gefahr bringen und wohl gar ins Verderben stürzen. MENDE betont, daß bei solchen Heimwehakten von Bosheit keine Rede sein könne.

FRIEDREICH referiert in dem Kapitel über die Zurechnungsfähigkeit der Heimwehkranken Ansichten von ZANGERL, PLATNER, MENDE und MECKEL. Er fordert die Beachtung des Grades des Heimwehs zur Entscheidung der Zurechnungsfähigkeit.

MARC gibt nur die Ansichten von MASIUS über Heimweh wieder.

Auch GRIESINGER verlangt einen solchen Grad von Heimweh, bei dem die allgemeinen Merkmale einer psychischen Krankheit vorhanden sind, zum Zustandekommen der Willensunfreiheit.

WILBRANDT (1858) sagt vom Heimweh, daß es als vollständig ausgesprochene Krankheitsform unter die Psychosen, und zwar unter die Melancholie zu rechnen ist. So wenig indessen jeder Trübsinn als Geistesstörung zu betrachten sei, so wenig auch jedes Heimweh. Beide führen in ihrer Steigerung zu Geisteskrankheit. Da aber das Heimweh in hohem Grade die Zurechnungsfähigkeit ganz ausschließe, können auch geringe Grade desselben, bei welchen der Grund der Verschuldung weniger in böslicher Absicht als in dem vorhandenen Heimweh zu suchen sei, einen Strafmilderungsgrund abgeben.

FLEMMING (*Allgem. Ztschr. f. Psychiatrie 1855*) ist der Ansicht, daß Heimweh auch stärksten Grades die Strafe nicht ausschließe, daß man vielmehr nachweisen müsse, Heimweh sei die Ursache einer echten Geistesstörung geworden.

RICHTER findet bei seinen Brandstiftern sehr oft den Wunsch, aus dem Dienst zu kommen, und Heimweh. Doch bringt er nur wenig Fälle, wo dieses im Vordergrund steht. Bei diesen unterscheidet er nach PLATNER den Affekt Heimweh von der Krankheit Nostalgie, dem Schweizerheimweh. Letzteres macht sicher, ersteres oft unzurechnungsfähig.

Entgegen der kritischen und vorurteilsfreien Art RICHTERs geht CASPER in großer Einseitigkeit in seiner Abhandlung, das »Gespenst des sogenannten Brandstiftungstriebes« darauf aus, alle früher der Pyromanie zugerechneten Handlungen als psychologisch wohl verständliche Verbrechen darzustellen. Das Heimweh werde, wie bekannt, von jungen Verbrechern sehr oft als Veranlassung der Tat angegeben. Eine eigentliche Nostalgie mit den charakteristischen Symptomen habe er dabei nicht beobachtet. Heimwehstimmungen kämen vor, aber zu nostalgischen Gemütsverstimmungen käme es bei dem keine nachhaltigen Eindrücke gestattenden Kindes- und Jugendalter kaum. Es handle sich meist um Trägheit und Arbeitsscheu, um Widerwillen gegen einen harten Dienst, um Drang nach Freiheit und Ungebundenheit. Da erscheine die Brandstiftung ihm gar nicht zweckwidrig, er findet nichts von Verkehrtheit und Unzurechnungsfähigkeit. Es handle sich um Bubenstücke arbeitsscheuer, leichtsinniger, ungezogener und unerzogener Mädchen und Knaben. Heimweh und den Wunsch, aus dem Dienst zu kommen, erklärt er in bezug auf Brandstiftung für fast ganz zusammenfallend.

Die Kenntnisse über jugendliche Brandstifter in mustergültiger Weise kritisch zusammenfassend hat JESSEN (1860) auch des Heimwehs gedacht, das neben Rachsucht, Furcht, Unzufriedenheit und Mutwillen zu den für dies Verbrechen ursächlichen Affekten gehört. Er weist darauf hin, daß man nur einen reinen Affekt Heimweh nennen dürfe, daß dieser sowohl in normalen als auch in abnormen Geisteszuständen auftrete und an sich keine pathognomische Bedeutung habe. Der Nachweis, daß eine Handlung aus Heimweh hervorgegangen sei, beweise weder die Gesundheit noch die Krankheit des Handelnden. Übrigens scheine das Heimweh durchaus nicht eine der häufigsten Veranlassungen von Brandstiftungen zu sein, wie das wohl behauptet würde. An vier referierten Fällen (nach ZANGERL, RICHTER und HOHNBAUM) weist er den allmählichen Übergang vom Heimwehaffekt zur Psychose nach. Er schließt daraus, daß das Heimweh sowohl im normalen Zustand wie als Symptom von psychischen

Störungen, die zwischen diesem und der ausgebildeten Melancholie liegen, vorkommen kann. Heimweh entsteht oft aus der Präcordialangst, besonders nahe Beziehungen hat es zum Wunsch, aus dem Dienst zu kommen, von dem es jedoch prinzipiell geschieden werden muß.

Auch in neuere forensisch-psychiatrische Werke ist das Heimwehverbrechen übergegangen. KIRN (*Maschkas Handbuch.* IV. Bd. p. 260, 1882) erwähnt bei der in der Pubertätszeit auftretenden eigenartigen Melancholie, daß diese nicht grade selten in Verbindung mit Chlorose bei jungen Mädchen im Dienst eintrete. Sie äußere sich dann inhaltlich als Heimweh (Nostalgie) und führe, wenn sie unbeachtet bleibe, zu unwiderstehlichen Zwangshandlungen, namentlich Brandstiftung.

KRAFFT-EBING führt unter der Gruppe der an psychischer Depression Leidenden die Heimwehkranken auf, die aus einfacher schmerzlicher Verstimmung, aus Angstgefühlen oder Zwangsvorstellungen verbrecherische Akte begehen.

Für MÖNKEMÖLLER ist das Heimweh nur ein Symptom. Er schreibt: »Ist die Pubertätsentwickelung durch körperliche Anomalien gestört, am häufigsten durch schwere Grade der Bleichsucht, so werden leicht psychische Verstimmungen ausgelöst, die mit quälender Angst und einem ungeheuren inneren Drucke einhergehen. Dieses Druckgefühl entladet sich nicht selten durch triebartige Handlungen. Grade um diese Zeit macht sich die unter dem krankhaften Drucke befindliche Psyche besonders gern in Brandstiftungen Luft. Das Heimweh, welches bei den jugendlichen Kranken als Symptom dieser krankhaften Verstimmungen aufzufassen ist und eine gewisse Ähnlichkeit mit der Melancholie hat, treibt sie von dem Orte fort, an dem sie sich grade befinden, und wird dann als böswilliges Verlassen des Dienstes, als Vagabondage mißdeutet.« Ferner meint MÖNKEMÖLLER, daß das Heimweh auch in stärkstem Maße bei Schwachsinnigen auftrete, endlich, daß es häufig vorgetäuscht werde.

Der Vollständigkeit wegen sei noch eine kleine Broschüre von MAACK erwähnt: *Heimweh und Verbrechen.* Es ist eine populäre, nur halb ernst zu nehmende Schrift, die das Heimweh als einen Suggestivzustand auffaßt, in dem durch eine gesteigerte psychische Empfänglichkeit die Gedanken an verbrecherische Taten leichter zur Ausführung gelangen. Aber nicht nur das heimwehkranke Mädchen in der Pubertät, sondern in gewissem Grade jeder Mensch befinde sich infolge seines Himmelsheimwehs in solchem Autosuggestivzustand.

In den neuesten Lehrbüchern der gerichtlichen Psychiatrie von CRAMER und HOCHE ist über Heimweh nichts zu finden.

Dagegen sind in kriminalpsychologischen Werken einige bemerkenswerte Ausführungen.

KRAUS referiert im wesentlichen JESSEN. Er bezweifelt nicht, daß echtes Heimweh innerhalb geistiger Gesundheit Ursache von Verbrechen werden könne, wenn auch ein solcher Fall in seiner eigenen Erfahrung nicht vorgekommen sei, und bei JESSENS Fällen somatische Quellen nicht ausgeschlossen werden können. Das Heimweh sei von dem Wunsche, aus dem Dienst zu kommen, schwer ganz zu trennen.

GROSS, der sich auf MECKEL beruft, hält Heimwehverbrechen für außerordentlich häufig. »Man denke an Heimweh in allen Fällen, wo kein rechtes Motiv für eine Gewalttat zu finden ist und wo man als Täter einen Menschen mit den oben genannten Qualitäten (Leute aus kulturfernen Gegenden, die eben in Dienst gekommen sind) vermutet.« Solche nostalgische Kranke gestehen nach seinen Erfahrungen die Tat leicht, das Motiv des Heimwehs niemals, weil sie es wahrscheinlich selbst nicht wissen. Nach seiner Meinung ist in jedem Falle der Arzt zu fragen, wenn man Heimweh als Grund des Verbrechens vermutet.

Feine Bemerkungen finden sich auch bei STADE *Frauentypen aus dem Gefängnisleben*. Ihm ist die jugendliche Brandstifterin aus Heimweh eine bekannte Figur. Für manches weiche, ungefertigte, vielleicht auch mangelhaft erzogene junge Menschenkind ist es ein überaus schroffer Wechsel, wenn es gleich nach Austritt aus der Schule auch das Elternhaus verläßt, um in dienende Stellung zu gehen. Die Durchschneidung aller bisherigen Bande ruft das Gefühl völliger Haltlosigkeit und bittersten Heimwehs hervor, einen Zustand, der schließlich den Charakter von etwas Pathologischem gewinnen kann. Ein quälendes Heimweh von solcher Stärke versetzt das junge Wesen fast in eine Art von Zwangszustand. Furcht vor üblem Empfang im Elternhause, Scham und Eitelkeit wegen rascher Stellenaufgabe verhindern es, einfach seinen Dienst zu verlassen. Die Brandstiftung erscheint als das bequemste Ausfluchtsmittel. Ist das Haus abgebrannt, ist es ja mit dem Dienst vorbei. STADE findet die Täterinnen durchaus nicht geistig beschränkt, er findet in den Verbrechen die Charakteristika des weiblichen Handelns, die Verfehlung aus einem Überschwange des Gefühls, aus bloßen Gemütsimpulsen und augenblicklichen Stimmungen.

Wir sind am Ende unseres historischen Referates. Die Geschichte des Heimwehs ist mehr eine Geschichte von Irrtümern als die Geschichte haltbarer Anschauungen, die jetzt irgendwie fest gegründet wären. In der älteren Literatur wurde Heimweh manchmal in weitestem Sinne genommen. Die Gefühle, die jeden Menschen sein Leben lang an seine Heimat fesseln, die eigentümlichen Gemütsbewegungen, die jemanden nach langer Abwesenheit bei der Rückkehr ins Vaterland erfüllen, das Heimweh der Naturvölker, Psychosen, bei denen Heimweh geäußert wurde, körperliche Krankheiten, bei denen dasselbe geschah, schließlich die Hilflosigkeit noch fast im Kindesalter stehender junger Menschen, wenn sie in die Fremde kommen usw., alles dies wurde gemeinsam behandelt, obgleich wohl manchmal keine andere Ähnlichkeit vorhanden war als die, daß der Sprachgebrauch in allen Fällen dasselbe Wort zur Bezeichnung wählte. Während diese Literatur endgültig ausstarb, lebte die Lehre vom Heimweh fort in forensischen Arbeiten, die den Kreis ihrer Betrachtungen auf die Heimwehverstimmungen junger Menschen beschränkten, die, früh in Dienst gekommen, manchmal in diesen Verstimmungen zu Verbrechen veranlaßt werden. Damit ist nicht mehr jeder beliebige Zustand gemeint, den die Sprache Heimweh nennen würde, sondern nur diese charakteristische Verstimmung junger Wesen, die in fremden Dienst kommen. Mit dieser werden wir uns weiterhin beschäftigen.

Das Erklärungsbedürfnis des menschlichen Geistes hat, seitdem über dies Thema geschrieben wurde, auch gleich »Theorien« aufzustellen versucht über das Wesen des Heimwehs. Es ist vielleicht von Interesse, diese für unsere Auffassung so naiven Anschauungen, die doch gar nicht so weit zurückliegen, hier noch einmal zu wiederholen. HOFER sah das Wesen des Heimwehs in der Beschränkung der Lebensgeister auf die Bahnen für die Ideen des Vaterlandes im Hirnmark,

SCHEUCHZER erklärte es durch veränderten Luftdruck, durch Zusammenpressung der Hautfäserchen usw., LARREY durch Gehirnausdehnung, BROUSSAIS durch primäre gastrische Störungen, die die Gehirnaffektion zur Folge hätten. FRIEDREICH betrachtete die Nostalgie als Sehnsucht zum Licht und Sauerstoff bei erhöhter Venosität des Blutes, wodurch die Brandstiftungen verständlich würden. JESSEN schließlich, dem HOFERs Lebensgeister als Ausdruck für das unbewußte Seelenleben imponieren, verlegt das Heimweh als unbewußten Zustand in die niederen Nervenzentren (Medulla oblongata und Rückenmark) im Gegensatz zur Melancholie, die als bewußter Gemütszustand in der Hirnrinde entstehe.

Trotz dieser teilweise abstrusen Gedanken findet man gelegentlich bei den alten Autoren gute, besonders psychologische Bemerkungen (z. B. ZANGERL, JESSEN) viele besonders in der forensischen Literatur.

Bemerkenswert erscheint auch, daß schon früh (AMELUNG, GEORGET) ganz richtige kritische Anschauungen ausgesprochen wurden, die alles Unsinnige von sich wiesen. Wir dürfen wohl die Heimwehlehre im 19. Jahrhundert, abgesehen von der forensischen und ganz besonders die französische als einen Ausläufer veralteter Gedankenrichtungen auffassen, die sich, wie manchmal, in einigen Köpfen noch halten, während vorgeschrittenere Kritik sie längst abgetan hat.

Bevor wir nun auf die forensischen Fälle eingehen, möge im nächsten Kapitel das Wenige Platz finden, was wir über das normale oder auch an der Grenze des Psychopathischen stehende Heimweh, welches nicht zu Gewaltakten führte, beibringen können.

DAS NICHT ZUR ENTLADUNG IN VERBRECHEN FÜHRENDE HEIMWEH

Trotzdem soviel von Heimweh geschrieben ist, die veröffentlichten Fälle betreffen fast nur solche, die zum Verbrechen führten und bei denen die Vorgänge retrospektiv untersucht und beurteilt wurden. Bei JESSEN (Art. Nostalgie) findet man einen kurzen Fall beschrieben, der nicht zur verbrecherischen Entladung führte.

Ein in Schleswig geborenes und von Pflegeeltern schlecht erzogenes Mädchen wurde von Heimweh befallen, als es nach erreichtem 15. Lebensjahre in derselben Stadt bei einer rechtlichen, gutmütigen und nachsichtigen Herrschaft in Dienst trat. Obgleich sie sich über nichts beklagte und keine Veranlassung zur Unzufriedenheit hatte, wurde sie still, in sich gekehrt, einsilbig, verschlossen, unlustig zur Arbeit, weinte viel, suchte Einsamkeit, verlor die Eßlust. Sie schien selbst nicht zu wissen, was ihr eigentlich fehle, konnte aber in ihrem Dienste nicht bleiben und war wieder gesund, sobald sie zu ihren Pflegeeltern zurückkehrte.

In medizinischen Schriften habe ich keinen anderen Fall von Heimweh gefunden. Dagegen besitzen wir von RATZEL (in den *Grenzboten* 1904 und wieder abgedruckt in *Glücksinseln und Träume.* 1905. Artikel »Heimweh«) eine Selbstschilderung von so feiner psychologischer Darstellung, daß ihre eingehende Wiedergabe in diesem Zusammenhange berechtigt erscheint, wenn auch eine medizinische Beobachtung im engeren Sinne nicht vorliegt. Da RATZEL auf anderen Gebieten ein so ausgezeichneter Forscher war, gewinnt seine Darstellung etwas mehr Wert als die eines beliebigen ungeschulten Menschen. Man könnte wünschen, eine ärztliche Ergänzung, die sich auf Konstitution und Eigenschaften des ganzen Menschen erstreckte, zu haben. Doch wird man auch ohne das wohl annehmen dürfen, von ihm die Schilderung eines normalen aber intensiven Heimwehs zu besitzen.

RATZEL kam zum erstenmal aus seinem Elternhause zur Lehre in eine Apotheke eines entfernten Dorfes. Von seinen Eltern wurde er hingebracht. Die Trennung im Zimmer der fremden Apothekersleute stand drohend bevor. Bei der Mahlzeit waren die »Bissen so sonderbar schwer, ihre Süße so aufdringlich, fast anwidernd, und sie schienen im Munde zu wachsen«. Obgleich seiner gesunden Natur die Freude an den Farben des Quarkkuchens nicht schwand, verdichtete sich doch seine schmerzliche Verstimmung zu einer »Vision ausschließlich in die Höhe:

Das grau tapezierte Zimmer, worin ich stand, hatte seine Decke verloren, seine Wände waren ungeheuer weit nach oben gewachsen, die blauen Wellenlinien darauf schlängelten sich ins Unendliche hinaus und brachen endlich nackt wie Drähte in der Luft ab. Ich kam mir wie in einem Schornstein vor, der oben nicht ganz fertig ist, und richtig, nun schauten auch von ganz weit oben her die Sterne herein, von denen ich gelesen hatte, daß man sie bei Tage durch einen Schornstein erblicke. Je höher das Zimmer wurde, desto langsamer ging es mit dem Quarkkuchen. Diese Vision schnürte mein ganzes Ich und damit natürlich auch meine Kehle zusammen. War es ein Wunder, daß mir plötzlich zwei heiße Tränen über die Wangen liefen, da ich fühlte wie ich immer länger und schmäler wurde? Es legte sich mir jetzt auch eine sonderbare Schwere auf die Brust und den Leib.«

Der Wagen mit seinen Eltern rollte die Chaussee entlang fort. Es war Sonnenuntergang. Die Stimmung in der Landschaft nahm ihn gefangen: »Ich wüßte heute nicht zu sagen, was daran mit der Stimmung in meinem Innern harmonierte. Den heißen Augen und Wangen mag die stille Abendluft wohlgetan haben, die allmählich kühler wurde, und daß die Nacht so zögernd kam, mag als Hinausdehnen dieses Tages gefühlt worden sein, denn der morgen kommende war ja der erste in der Fremde.«

»Der erste Abend in einem fremden Hause gehört für ein junges Gemüt zu den geheimnisvollsten Erlebnissen. Was mag alles in diesem Dunkel liegen. Wenn dieses junge Gemüt wund ist, gibt es nichts Lindernderes als den Schleier, in den sich abends die fremde Welt hüllt, denn er legt eine Wand um das Gemüt. Die Fremde bleibt draußen, sie berührt mich nicht mehr, sie läßt mich endlich, endlich allein mit mir. Wie kühlt das die Augen, so weit offen in ein Dunkel zu schauen, wie schwinden die Entfernungen, die mich von den Lieben trennen, wenn alles das Nächste und Nahe hinuntergesunken ist, das sich sonst zwischen uns drängt!

Heimweh! Wer dich nicht kennt, wie vermöchte der die Tiefe der Schmerzen zu erfassen, die du bringst? Unmöglich kann er sich eine Vorstellung von dir machen, so wenig wie sich jemand die Liebe einbilden kann, der sie nicht erlebt hat. Heute, wo lange, lange mein Heimweh hinter mir liegt, unter so viel anderen Lebenserfahrungen fast begraben, freue ich mich auch dieses Leiden durchgemacht zu haben. Wohl ist die Freude keine stolze Freude, denn, um offen zu sein, besiegt habe ich das Heimweh nicht. Es verließ mich einfach eines Tages, als es meine Seele wie ein Vampir ausgesogen hatte. Aber dieser Tag leuchtet wie ein ewiger Sonnenaufgang in meinem Leben und das frohe Licht seiner Erinnerung wird mir nie verblassen.

Ich bin niemals tränenreich gewesen, aber weiß der Himmel, wie es kam, ich hatte damals trockenen Auges beständig das Gefühl zu weinen, doch ging dieses Weinen nach innen und mein ganzes Wesen wurde vertränt. Mein Auge blickte trüb, die Welt lag so sonderbar bläulich, so einförmig und einfarbig vor mir, sie war mir so gleichgültig, ich kam mir wie in Wasser gesetzt vor. Wenn ich sprechen sollte, legte sich mir ein eiserner Ring um die Kehle. Ich konnte jedoch handeln und da mich mein junger Beruf dazu zwang, wurde ich glücklicherweise jeden Augenblick inne, daß ich noch ein Mensch von Fleisch und Bein, kein tränendurchfeuchtetes Gespenst sei. Ich richtete nun mein Leben so ein, daß es von Morgen bis Abend in demselben Rahmen und denselben Zeitabschnitten dahinfloß wie das meiner Lieben in der Heimat. Soweit es möglich war, begleitete ich sie im Geist zu allen Genüssen und Arbeiten des täglichen Lebens, stand mit ihnen auf und setzte mich mit ihnen zu Tische, weilte in ihren Zimmern und wandelte in ihrem Garten. Ich begann nichts, ohne sie im Geiste zu fragen, und vollendete nichts, ohne es ihnen in Gedanken vorzustellen und mich ihres Urteils zu freuen. Wenn etwas von Westen herüberhallte, klang es mir wie ein Gruß. Ich horchte den ganzen Tag in ihrer Richtung hinaus und ließ Gedanken über Gedanken in den Abendhimmel steigen.« »Und es flog das Rasseln der Eisenbahn, auf deren Lokomotive sich meine Gedanken schwangen, um sie immer und immer wieder heimwärts zu lenken, wie eine Kette von müden Windstößen widerwillig hoch durch die Luft, und jeder Raubvogelruf klang wie ein Klagen. Nahrung für mich! Das Fädlein Fremdsein und Alleinsein fand kein Ende. Ich spann zu allen ruhigen Stunden daran fort, es war ein düsterschönes Gefallen an diesem planlosen Phantasieren, das mich selbst immer tiefer einspann und alle Menschen um mich her draußen ließ, während dieselben Fäden, die ich mir ums Haupt zog, die Bäume und die Pflanzen, die Wolken und die Sterne mitumspannen und an mich heranzogen. Dieses willkürliche Aussondern des Nahen und Heranziehen des Fernen, dieses Vergesellschaften und Befreunden mit einer fernen reichen Welt war nun im Grunde doch nur ein beschönigendes Ausstaffieren der selbstgewollten Einsamkeit.«

»Es war ein seltsames Doppelleben, von dem ich zwar recht wohl fühlte, daß es wie alles Doppelseelische nicht bestimmt war zu dauern, in das ich mich aber für den Augenblick um so tiefer einzuspinnen strebte. Es war eine höchst unbillige, ja eine unkluge Teilung meines Innern: das Beste in die Ferne, den trüben Rest an die Nähe. In diesem Alter ist das Gefühl der Pflicht schwach entwickelt, sonst hätte diese sich einer solchen Teilung widersetzen müssen Aber so kam es, daß ich alles tiefe Fühlen und alles Mitdenken und Miterleben mit Seelenanteil der Heimat vorbehielt, mit allem mechanischen Tun, aller Handwerksmäßigkeit, allem Auswendiggelernten meine nächste Umgebung abspeiste. Die ganze Liebe ins Erinnern, so daß für das Tun des Tages nichts mehr übrig blieb.«

»Das 'wer nie sein Brot mit Tränen aß' ergreift mich, wenn ich es lese oder höre, heute wie am ersten Tag und wird nie seine Wirkung verlieren. Doch meine ich, wenn ein Dichter das Elendgefühl besungen hätte, das uns vor dem Tageslicht bangen, das uns den Morgen verwünschen und die Nacht segnen macht, das uns darum das Verlassen des Lagers wie ein Hinaustreten aus warmer schützender Hütte in einen stürmenden Wald von Widerwärtigkeiten und Gefahren fürchten läßt, er würde aus den Tiefen von noch viel mehr Herzen herausgesprochen haben und von noch viel mehr verstanden worden sein. Dort hängen die Kleider, zieh sie nicht an, du hast es aufgegeben, anderen Menschen zu begegnen! Hier liegt die angefangene Arbeit, berühre diesen Sisyphusstein nicht, er wird zurückrollen, wie du ihn auch bewegst! Es gibt kein Heil als das Bett, wo du dem Schicksal die kleinste Angriffsfläche bietest; es sind Augenblicke, wo du dich nicht einmal zu strecken wagst, gekrümmt zu liegen, die Decke über die Augen gezogen, das gibt das letzte Gefühl von Sicherheit.«

In dieser andauernden eigenartigen Verstimmung kam es zu einem Selbstmordversuch, dessen psychologische Entstehung meisterhaft geschildert ist.

»Ich fühlte mich berechtigt, geistig zu wandern, und hoffte es mit der Zeit noch dahin zu bringen, meine sterbliche Hülle allein hier zu lassen und mit der Seele dort zu weilen, wo es sie hinzog. Die Beschäftigung mit den Giftstoffen der Apotheke war sehr geeignet zu Betrachtungen über die tötenden und die bloß betäubenden Mittel. Es schien mir ja gar nichts so Unvermitteltes und Unvorbereitetes mehr, was man Sterben nannte. Ist Sterben denn notwendig immer der Tod? Was wissen wir denn überhaupt vom Tode? Das Sterben allein ist gewiß, vom Tode der dahinter steht, wissen wir nichts. Wie wenn sich nun die freigewordene Seele aufschwänge und zu den lieben Orten flöge, an denen ohnehin meine Gedanken weilen. Dann wäre ja der Tod das Schönste, was zu denken ist. Körperlich bin ich für vier lange Jahre an diese Stelle gebunden, seelisch steht mir die Welt offen. Versuche ichs nicht einmal zu fliegen? Hier steht in steinernen Krügen Kirschlorbeerwasser, ein blausäurehaltiges Präparat, dessen scharfer Duft etwas Elegantes hat. Der Totenkopf über dem altmodisch geschnörkelten »Aqua laurocerasi« schreckt mich nicht, der Blausäuregehalt des Destillats ist nicht sehr stark, vielleicht ist die Wirkung nur Betäubung. Traum und Rückkehr, vielleicht allerdings auch Sterben. Was macht mir das für einen Unterschied! Ein langer Zug und noch einer, ich meine beim zweiten schon die Hände zittern zu fühlen, doch stelle ich den Krug ordnungsmäßig an seinen Platz und steige wie im Traum die Kellertreppe hinauf.

Ich erwache aus meinem langen Schlaf, die Glieder zerschlagen, der Kopf dumpf, aber mit unzweifelhaftem Lebensgefühl.« Die Leute sind um ihn versammelt, Briefe liegen da. »Der erste Gedanke, der mir halbwegs klar wird, ist die Erwägung, daß es noch Menschen gibt, denen mein Dasein nicht gleichgültig ist.« Aber das Glücksgefühl der Genesung war ihm nicht vergönnt auszukosten. »Habe ich nicht freventlich diese Krankheit heraufbeschworen, ich fange an, wie ein Fremder auf meine Tat hinzusehen und ich schäme mich derselben vor diesen Fremden, ich wünsche, daß sie verborgen bleibt.« Es überfiel ihn ein so heftiges Gefühl der Reue, daß er sich selbst hätte entfliehen mögen und er weinte Tränen der Scham.

Diese Erlebnisse RATZELs haben zweifellos Berührungspunkte mit den Heimwehzuständen unserer Verbrecherinnen, die wir später kennen lernen werden. Doch sind auch maßgebende Unterschiede vorhanden. Die reiche Veranlagung RATZELs führte zu einer Differenzierung der Gemütsbewegungen, wie wir sie später nicht finden werden. Sein beobachtender Verstand, seine Tatkraft hindern ihn, daß er ganz zugrunde geht. Die Entstehung des Selbstmordversuches, der halb gewollt, halb nicht gewollt wurde, mit den kindlich-naiven Überlegungen ähnelt sehr den ähnlich unreifen Gedankengängen der Heimwehverbrecherinnen. Wir werden später noch manchmal auf RATZELs Schilderungen zurückkommen.

Im Anschluß hieran mögen einige Stellen aus einem Briefe angeführt sein, den ein junges Mädchen nachträglich über ihr Heimweh in der Pensionszeit schrieb.

»Ich erinnere mich, daß ich am ersten Morgen nicht einmal ein Hörnchen herunterkriegen konnte und daß mir das die ganze Zeit hindurch schwer wurde.« »Ich fühlte mich überhaupt so beengt, daß ich mich auch rein äußerlich genierte etwas zu essen. Nachmittags der Kaffee schmeckte mir immer am besten, da fühlte ich mich relativ am wohlsten.« »Ich fühlte mich immer bedrückt, hielt mich für ganz unfähig, ich fühlte, daß ich allen Pensionärinnen vollständig unterlegen war in jeder Beziehung und doch fühlte ich, falls ich von jenem Druck befreit wäre, würde es anders sein.« »Es war eigentlich so, daß ich zu einem viehischen Wesen durch Verhältnisse, die so lächerlich waren, herabgedrückt wurde. Und ich konnte nicht dagegen an.« »Geschlafen habe ich stets gut, nur wachte ich morgens meist vor der Zeit auf, um dann Briefe zu schreiben. Die Menschen, mit denen ich dort verkehrte, sind mir eigentlich fremd geblieben, weil ich vollkommen urteilsunfähig war und nur wußte, daß ich dort nicht sein mochte. Ich war ein totes Wesen, das empfand ich, nur zu Hause war für mich Leben. Ich hatte einen Egoismus in der Richtung, daß ich nur mich fühlte und bejammerte und verachtete.«

Das Mädchen, das diese Darstellung ihres Heimwehs gab, war damals noch auf kindlicher Enwicklungsstufe, körperlich gesund, doch sehr zart, geistig zwar interessiert aber wenig leistungsfähig. Sie war früher ungern in die Schule gegangen, war manchmal aus der Schule nach Hause gelaufen, aus Heimweh zur Mutter, täuschte sogar trotz tadellosen Charakters gelegentlich Krankheit vor, um zu Hause bleiben zu dürfen. Nachdem sie aus der Pension zurückgekehrt war, fühlte sie sich viel wohler, blieb aber schüchtern und wenig selbstbewußt. Als Braut machte sie trotz im ganzen sehr glücklicher Verhältnisse wegen einiger gemütlicher Unzuträglichkeiten einen längeren leichten Depressionszustand durch, bei dem sie viel schlief, ungern allein, morgens manchmal ängstlich war, zuweilen fürchtete, gemütskrank zu werden. Die morgens beim Aufwachen entstehende Ängstlichkeit, sorgenvolle oder hoffnungslose Stimmung, die schon beim Ankleiden schwindet, hat sie auch später manchmal bekommen. Hypomanische Zustände sind nie beobachtet, sie ist ein sensitives, gemütsweiches Geschöpf, im praktischen Leben nüchtern und real denkend, geistig wenig aktiv, doch von vielseitigen Interessen und mehr als durchschnittlicher Fähigkeit zur Einfühlung. Zurzeit ist sie körperlich und geistig vollkommen gesund, wenn auch im ganzen etwas schwächlich.

Es ist bedauerlich, daß vom Heimweh nur so wenig Tatsächliches bekannt ist. Ärztlich beobachtet und veröffentlicht wurden, wie gesagt, nur solche Fälle, die durch Entladung in Verbrechen dazu aufforderten. Die wahrscheinlich zahllosen Fälle schweren Heimwehs, das die Befallenen unsagbar quält, bei denen auch manchmal verbrecherische oder doch unsittliche, mit dem Wesen der Kranken kontrastierende Impulse auftreten mögen, sind bisher der Öffentlichkeit entgangen. Es ist möglich, daß manches junge Wesen im Heimweh durch solche Impulse heftig erschreckt wird, sehr wahrscheinlich aber leiden viele unter der Abstumpfung des Gefühls für alles, was nicht die Heimat und das Elternhaus angeht. Die Worte »ich war ein totes Wesen, ich verachtete mich«, erscheinen recht bezeichnend. Fast jeder hat einmal

Heimweh, wenn auch in geringem Maße empfunden. Manche mußten es wie eine Krankheit durchmachen. Das ist so häufig, daß man sich in seinem Bekanntenkreise leicht von Fällen erzählen lassen kann, in denen das Heimweh merkwürdige Gestaltungen annahm, übertriebene Gefühlsausbrüche, schleunige Reisen usw. zur Folge hatte. Leider ist es mir nicht gelungen, solche Fälle zu gewinnen. Ihre Veröffentlichung mit möglichst eingehender Schilderung wäre wohl für die Klärung auch der forensischen Fälle von großer Wichtigkeit.

DIE VERBRECHEN AUS HEIMWEH
GESCHICHTSERZÄHLUNGEN UND BEURTEILUNG

Wir erzählen zunächst einen noch nicht veröffentlichten Fall.[10] Da er wohl der bisher am besten beobachtete und an Menge der Zeugenaussagen reichste ist, mag die Ausführlichkeit in der Wiedergabe berechtigt sein.

Apollonia S. wurde 1892 als 3. Kind eines Steinhauers geboren. Sie hat 8 Geschwister von 1 1/2 bis zu 18 Jahren. Die Eltern leben in ärmlichsten Verhältnissen vom täglichen Verdienst. Der Vater soll zuweilen etwas trinken, die Mutter hat einmal einen Diebstahl begangen, doch läßt sich sonst Ungünstiges über beide nicht aussagen. Die Frau ist seit langem nicht unehrlich, der Mann nicht eigentlich trunksüchtig, sondern tut seine Pflicht. Die Erziehung der Kinder wird aber als eine mangelhafte bezeichnet.

Apollonia machte alle Klassen der Schule durch. Die Angaben der Lehrer und Geistlichen schwanken etwas. Von den einen wird sie zu den ziemlich guten, mittelbegabten Schülerinnen, von anderen zu den über mittelbegabten, von dritten (Vikar) zu den schlechtesten Schülerinnen gezählt. Über mangelnden Fleiß, ja Faulheit wird mehrmals geklagt, der Lehrer aber, der sie sieben Jahre unterrichtete, sagt: Das Mädchen war stets fleißig und konnte ich mit ihr alle Zeit zufrieden sein.

Ihr Benehmen war immer schüchtern und zurückhaltend, bei Strafe war sie leicht beleidigt und trotzig, bei Tadel sehr empfindlich und länger als andere Kinder unzugänglich und unzufrieden. Von Eigensinn und Starrköpfigkeit sei aber nicht die Rede gewesen.

10 Die folgende Darstellung nach dem Gutachten von WILMANNS, den danach noch erhobenen vielfachen Zeugenaussagen und den späteren Beobachtungen in der Klinik. Die Einzelheiten wurden in chronologischer Folge angeordnet, ohne daß bei jeder die betreffende Zeugenquelle namhaft gemacht wäre. Woher die einzelnen Angaben stammen, geht aus dem Zusammenhang ungefähr hervor. Das Wichtigste stammt aus dem Munde der Täterin in vielen Verhören, das Übrige von den zahlreichen Zeugen, deren einzelne Nennung keinen Zweck hätte. Was als Vermutung hinzugefügt wurde – übrigens nur weniges – ist leicht als solches zu erkennen.

In den letzten Schuljahren besorgte sie die Wartung ihrer jüngeren Geschwister, die mit großer Liebe an ihr hingen. Zuletzt hat sie den Haushalt sozusagen allein geführt, da die Eltern meist beide auf Erwerb aus waren. Sie wird von Eltern und Angehörigen einstimmig als still und bescheiden, fleißig und artig bezeichnet, Neigung zu Lüge, Unehrlichkeit, zu Grausamkeit oder Quälereien ihrer Geschwister zeigte sie niemals.

Als Apollonia 14jährig die Schule verließ, zwangen sie die elenden häuslichen Verhältnisse sogleich zu fremden Leuten in Dienst zu gehen. Sie ging gern und freute sich auf die Stellung. Die Eheleute Anton waren wohlhabende Leute, die sie gut behandelten. Kost und Unterkommen waren bedeutend besser als sie es gewohnt war. Die drei Kinder waren freundlich und zutraulich zu ihr. Ihre Pflichten waren nicht größer als diejenigen, die schon seit Jahren auf ihr geruht hatten.

Trotz alledem hatte sie gleich vom ersten Tage an arges Heimweh, sie sehnte sich nach ihren Eltern und den ärmlichen Verhältnissen zurück. Als sie die Mutter, die sie gebracht hatte, verließ, brach sie in Tränen aus und alle folgenden Tage sah man sie ihren Schmerz im Weinen stillen. Bald verlangte sie dringend nach Hause. Das Ehepaar, auf das sie einen guten Eindruck machte, tat alles, um ihr den Aufenthalt angenehm zu machen. Man sprach ihr gütlich zu, die Frau suchte sie mit Kuchen zu erfreuen, der Mann versprach ihr ein Paar Schuhe, wenn sie sich ordentlich führe. Doch auf jeden Zuspruch fing sie an zu weinen oder sie änderte ihr Wesen nicht und gab keine Antwort.

Bald ließen ihre Leistungen nach. Sie vernachlässigte ihre Arbeit, kümmerte sich wenig um die Kinder, wurde mürrisch, unfreundlich und widerwillig. Zwar tat sie, was ihr aufgetragen war, manchmal mußte man es ihr mehrere Male sagen, niemals tat sie es freudig und an der nötigen Genauigkeit ließ sie es fehlen. Für die Kinder hatte sie kein Interesse, spielte nicht mit ihnen, nie sah man sie im Verkehr mit ihnen lachen oder Scherze machen. Wenn sie unbeaufsichtigt war, blieb sie ganz untätig.

Ihr Appetit war gering; es kam zuweilen vor, wenn man zu Tische ging, daß sie weinend abseits stand und sich weigerte, etwas zu essen. Manchmal wurde sie dazu gebracht, sich zu setzen und etwas zu genießen. Vereinzelte Male hat sie gar nichts gegessen und aß erst, wenn die Frau ihr nachher etwas mitgab.

Sie besuchte während ihrer Dienstzeit die Fortbildungsschule. Hier fiel sie dem Lehrer nicht als trübsinnig oder unglücklich auf. Einer Mitschülerin erschien sie traurig, sie habe auch nach der Schule nicht die Gesellschaft der übrigen gesucht. Eine andere erklärt die Ap. für frech, sie habe viel gelacht und sie wegen eines Fehlers beim Schreiben geneckt.

Am ersten Sonntag (22. 4.) nach dem Diensteintritt (17. 4.) ging sie nach Hause. Als ihre Herrschaft ihr das gestattete, war sie sehr erfreut und lachte, was später kaum mehr vorgekommen ist. Als sie zu Hause ankam, war sie außerordentlich froh, sie küßte und herzte ihr jüngstes Brüderchen, dann fing sie an zu weinen, und als sie sich ausgeweint hatte, sagte sie, sie könne sich gar nicht eingewöhnen, und bat die Mutter flehentlich, sie nicht wieder fortzuschicken. Diese schlug ihr den Wunsch sofort bestimmt ab, ebenso der Vater und Ap., eingedenk der Schläge, die ihr Bruder Eugen erhalten hatte, als er mehrmals wegen Heimweh aus dem Dienste fortgelaufen war, fügte sich ins Unvermeidliche. Sie hörte auf zu weinen, ohne Abschied ging sie fort. Die Mutter begleitete sie noch ein Stück Wegs.

Am Abend hörte sie von der Ehefrau Anton, daß in der Medizin für den kleinen Knaben Gift sei. Der Apotheker habe gesagt, man dürfe dem Kinde nicht mehr als einen Löffel geben, wenn es zwei Löffel bekäme, täte es nicht mehr aufstehen. Am nächsten Mittwoch (25. 4.) vormittags war die ganze Familie zum Streumachen auf dem Felde. Sie allein war zu Hause. Wieder ergriff sie heftiges Heimweh. Da kam ihr der Gedanke: Wenn ich dem A. jetzt mehr als 2 Löffel voll gebe, so stirbt er und ich darf wieder nach Hause gehen. Um dem Kinde keine Flecken ins Kleid zu machen, legte sie ihm Lumpen unter das Kinn und gab ihm dann mehrere Eßlöffel Arznei. Von verschütteter Flüssigkeit beschmutzte Tücher und die Flasche versteckte sie dann sorgfältig. Ihre Absicht, das Kind zu töten, schlug aber fehl. Die Arznei schadete offenbar nicht.

Die Dienstherrin hatte nun schon bemerkt, daß Ap. nach dem ersten Besuche zu Hause viel trauriger geworden war, und sagte ihr deshalb, wenn sie sich nicht eingewöhnen könne, könne sie nach Hause gehen. Dasselbe wiederholte sie einige Tage später. Beide Male erhielt sie keine Antwort.

Am nächsten Sonntag (29. 4.) rief Ap. einen fremden Mann, der in der Richtung nach ihrem Heimatdorfe ging, an und bat ihn auszurichten, daß einer von ihren Eltern sie doch jeden Sonntag besuchen möchte. Am selben Tage kam ihre Schwester Tekla, eine Krankenpflegerin, zu ihr zu Besuch, redete ihr zu und tröstete sie, sie selbst habe auch früh fort müssen und jeder müsse sich an den Dienst gewöhnen. Nachher war Ap. entschieden munterer, doch das hielt nicht an.

Am nächsten Sonntag (6. 5.) wurde ihr Verlangen, nach Hause zu dürfen, abgeschlagen. Man bemerkte wohl, daß es ihr leid tat, doch blieb sie stumm und klagte nicht. Ihre Stimmung blieb fortgesetzt finster und traurig. Einmal bat sie, man möchte sie doch mit aufs Feld nehmen, zu Hause allein bekomme sie zuviel Heimweh.

Während sich nach außen in der nächsten Woche ihr Zustand eher besserte, tauchte, als nun die Sehnsucht nach Hause hoffnungslos wurde, wieder der Gedanke in ihr auf, sich des jüngsten Kindes zu entledigen, um, auf diese Weise überflüssig geworden, nach Hause geschickt zu werden. In der Überzeugung, daß sie auch am nächsten Sonntag keinen Urlaub bekommen werde, beschloß sie am Samstag Abend, in der folgenden Nacht das Kind in den Fluß zu werfen, um so am Sonntag ungehindert nach Hause gehen zu können.

Mit diesem Gedanken ging sie um 1/2 9 Uhr ins Bett und schlief bald ein. Sie erwachte, als es schon hell wurde. Sofort erhob sie sich mit der Absicht, die Tat auszuführen, zog Unterrock, Kittel, Oberrock und Strümpfe an und schlich vorsichtig und leise die Stiege hinunter durch die Küche und die Kammer in das Schlafzimmer ihrer Herrschaft. Ohne diese zu wecken, hob sie den Knaben aus dem Kinderwagen und gelangte durch Kammer und Küche, durchs »Ehrle«, die Waschkammer, den Stall und die Futterkammer ins Freie. Alle Türen ließ sie offen, sie sagt, das Kind sei wach gewesen, habe die Augen offen gehabt und nicht geschrien. Schnell lief sie mit ihm zum Fluß, über die Brücke aufs andere weniger steile Ufer und warf es dort ins Wasser. Ohne sich weiter umzusehen, eilte sie auf demselben Wege zurück, entkleidete sich und legte sich ins Bett.

Eine Viertelstunde später sprang ihr Herr die Treppe hinauf und schrie, das Kind sei fort. Sie zog sich wieder an, beteiligte sich am Suchen des Kindes, war ruhig und verriet durch nichts ihre Schuld. Gleich frühmorgens 3 3/4 Uhr erschien der Vater des Kindes beim Polizeidiener und teilte mit, daß sein jüngster Sohn in dieser Nacht geraubt worden sei. Da bei näheren Nachforschungen auf niemanden ein Verdacht fiel, so nahm man an, daß einer der Eltern das Kind beiseite geschafft hätte, und am nächsten Tage wurden beide als am meisten verdächtig festgenommen. Bei deren Abführung ins Gefängnis brach die zurückbleibende Ap. in Tränen aus. Der Mord erregte im Dorfe das größte Aufsehen, der Geistliche in der Kirche betete für die Entdeckung des Täters.

Aber erst drei Tage später bei einer neuerlichen Vernehmung legte Ap. ein Geständnis ab, indem sie angab, was eben erzählt wurde. Sie fügte hinzu: »Sie wisse, daß sie ein großes Unrecht begangen und daß sie durch ihr Leugnen ihre Herrschaft ins Gefängnis gebracht habe, sie würde die Tat gleich am Montag gestanden haben, habe aber gefürchtet, eingesperrt zu werden. Sie sei sich wohl bewußt gewesen, daß das Kind seinen Tod im Fluß finden werde, aber sie habe eben um jeden Preis nach Hause gewollt. Daß man einen Menschen nicht töten dürfe, wisse sie, sie kenne die 10 Gebote. Daß sie deswegen mit dem Tod bestraft würde, habe sie nicht gewußt, wohl aber, daß man sie einsperren würde. Den Vergiftungsversuch leugnete Ap. anfangs und erfand eine Geschichte, sie habe mit einer Stopfnadel gegen das Glas gestoßen, so daß die Medizin ausfloß, diese habe sie mit einem Tuche aufgewischt usw. Später gestand sie auch diese Tat.

Die Eheleute Anton wurden sofort auf freien Fuß gesetzt, Ap. verhaftet. Die Leiche des kleinen Jungen war inzwischen im Flusse gefunden.

Das Heimweh, das offenbar durch den Schrecken über die Furchtbarkeit der Tat, über das Unglück, das sie heraufbeschworen hatte, durch die Furcht vor der Entdeckung und endlich durch ihre Fortführung ins Gefängnis in den Hintergrund gedrängt worden war, entwickelte sich allmählich wieder, ohne aber wohl die verzweifelte Schwere wieder zu erreichen. In der ersten Zeit ihres Aufenthalts im Gefängnis war sie sehr deprimiert und hat viel geweint. Nach dem Grunde gefragt, sagte sie: »ich will heim«, sonst sprach sie nicht. Bald ging es ihr besser. Sie erfüllte fleißig, willig und anstellig die ihr übertragenen Pflichten.

Das Rätselhafte der Tat, der Widerspruch zwischen ihrem gutmütigen Charakter und kindlichen Wesen und der Grausamkeit des Verbrechens veranlassen die Einholung eines Gutachtens zunächst vom Bezirksarzt und auf dessen Antrag von der Heidelberger Psychiatrischen Klinik.

Beobachtung in der Klinik: Körperliche Untersuchung: 14jähriges kleines, grazil gebautes Mädchen in gutem Ernährungszustand. Noch kindliche Formen, die Brüste wenig entwickelt, Schamhaare spärlich, Achselhaare kaum angedeutet. Die Menstruation ist noch nicht eingetreten.

Ap. zeigte sich als ein außerordentlich schüchternes und scheues Kind. Während der ersten Tage, an denen sie noch im Bett gehalten wurde, sprach sie überhaupt nicht aus eigenem Antrieb. Ihre Stimmung schien traurig und ängstlich, sie weinte viel vor sich hin. Zur Beantwortung selbst einfachster Fragen war sie nicht zu bewegen. Sie suchte von selbst keinen Verkehr mit anderen, sondern wich jeder Annäherung aus. Dabei war sie aber nicht unfreundlich und unzugänglich, sondern sie folgte im Gegenteil jeder Aufforderung, die an sie gestellt wurde, und verrichtete die ihr übertragenen kleinen Hausarbeiten nicht nur zur vollsten Zufriedenheit, sondern bezeigte für ihr Alter ungewöhnlichen Fleiß und Ausdauer. Bei den Explorationsversuchen brachte sie schließlich auf langes Drängen halb weinend mit leiser Stimme einige Worte heraus, fuhr man sie scharf an, brach sie in Tränen aus, und man erreichte nichts. Dabei hatte man niemals den Eindruck, daß dieses Verhalten aus bösem Willen, aus Trotz oder Verstocktheit zu erklären wäre, sondern vielmehr aus einer übergroßen kindlichen Schüchternheit, Beklommenheit und Ängstlichkeit. Bestätigt wird diese Vermutung durch eine Äußerung der Angeklagten der Pflegerin gegenüber, zu der sie allmählich ein größeres Vertrauen faßte und der gegenüber sie ihre Scheu einigermaßen überwand. Ihr gab sie auf den Vorhalt, den Ärzten doch besser Auskunft zu geben, weinend zur Antwort: »Wenn die Ärzte mich fragen, steigt es mir immer so auf, daß ich dann nichts mehr herausbringe.« Im Laufe der 6 Wochen überwand Ap. zum Teil ihre Furchtsamkeit und gab schließlich sogar ausführlichere zusammenhängende Antworten. Über ihre Straftat macht sie unter lautem Schluchzen dieselben Angaben wie früher. Als Motiv gab sie wieder an, sie habe so arges Heimweh gehabt, daß sie nicht mehr gewußt habe, was sie tun solle; sie würde nach Hause gelaufen sein, der Vater würde sie aber nur geschlagen und wiedergebracht haben, wie er es mit dem Eugen gemacht habe, der aus Heimweh einige Male aus dem Dienste und nach Hause gelaufen sei. Schließlich habe sie gedacht, wenn eines der Kinder stürbe, dürfe sie nach Haus, deshalb habe sie sich an dem Kind vergriffen. Sie habe gehofft, es käme nicht heraus, als aber ihre Herrschaft ins Gefängnis gekommen sei, habe sie alles gestanden. Nach Aufforderung schrieb sie über den Hergang der Sache in sauberer Schrift orthographisch richtig folgendes auf:

»Meine Mutter hat gesagt, ich soll zu Antons in den Dienst. Ich bin gerne hingegangen. Meine Mutter hat mir meine Sachen gepackt und ist mit mir nach N. gegangen. Die Kinder sind nicht gleich zu mir gegangen. Den zweiten Tag habe ich das Heimweh bekommen, am weißen Sonntag bin ich heimgegangen. Wie ich heim gekommen bin, war meine Mutter in die Kirche gegangen. Mittags bin ich mit meiner Mutter nach G. gegangen. Unterwegs habe ich zu ihr gesagt, ich hätte es gut bei Anton, aber ich hätte das Heimweh, ich möchte wieder heim. Die Mutter sagte: sie könnte mich nicht daheim brauchen. Um 4 Uhr bin ich wieder allein nach N. zurückgegangen, aber ich habe immer noch Heimweh gehabt. Am Sonntag nach dem weißen Sonntag hat mich meine Schwester besucht. Ich habe zu ihr gesagt, ich hätte das Heimweh. Sie hat gesagt: sie hät auch zu fremden Leuten gemußt. Ich soll recht beten und fleißig und gehorsam sein, dann würde das Heimweh vergehen. Wie sie fort ist, bin ich mit ihr bis nach F. gegangen. Wie ich von ihr fort bin, habe ich wieder das Heimweh bekommen. Acht Tage nachher habe ich zu Antons gesagt, sie sollen mich einmal heimlassen, sie haben gesagt, sie nehmen die Kinder auch nicht alle Sonntag, ich solle dableiben und es sei auch schon spät. Am andern Sonntag ist mir der Gedanke gekommen, das jüngste Kind fortzutun. Ich habe gedacht, wenn das Kind fort ist, dann darf ich heim. Am Sonntag morgen um 3 Uhr habe ich das Kind geholt und habe es in den Fluß geworfen und dann bin ich wieder ins Haus zurückgegangen. 3 Tage nachher habe ich es erst gesagt, daß ich das Kind fort habe. Ich habe es darum nicht gleich gesagt, weil ich dachte, ich werde eingesperrt. Gleich nachher hat mich der Schutzmann ins Gefängnis gebracht. Nachher hat es mich sehr gereut, daß ich das getan habe. 10 Wochen nachher hat mich der Schutzmann hierher gebracht.«

Die Kenntnisse des Mädchens entsprechen wohl im allgemeinen ihrem Alter und ihrer Vorbildung. Im Rechnen übersteigen ihre Kenntnisse und Fähigkeiten das gewöhnliche Maß sehr beträchtlich. Ihre Kenntnisse auf anderen Gebieten sind dürftig, vom Krieg 1870/71 weiß sie nichts, außer Deutschland kann sie nur Italien und Frankreich und nach langem Stocken Schlesien als Länder Europas angeben. In ihrer engeren Heimat weiß sie besser Bescheid. Sie nennt die Nebenflüsse des Neckars, kennt den Katzenbuckel, die Einwohnerzahl ihres Dorfes, nennt eine große Reihe von Dörfern und Städten der Nachbarschaft, sie kennt Himmelsrichtungen, Maß und Gewicht, den Kalender, die religiösen Zeremonien, sie weiß, was man auf den Äckern baut. Aufgefordert, einen Aufsatz über Ostern zu schreiben, liefert sie folgendes Schriftstück:

»An Ostern bin ich mit meiner Schwester in T. gewesen. Da war es sehr schön. Das Wetter war auch sehr schön. Wir haben auch allerlei schöne Sachen gesehen. Es waren noch viele andere von unserm Dorf dabei. Wir waren auch in der Kirche. Der Herr Pfarrer hat sehr schön gepredigt. Die Natur war sehr schön. Bäume und Blumen haben geblüht. Es hat uns sehr gut gefallen. Wir waren sehr müde wie wir heimgekommen sind. Heidelberg, den 31. August 1906. Ap. S.«

Auch die gewöhnlichen moralischen Begriffe sind der Angeklagten nicht fremd. Sie weiß, daß man seine Feinde lieben soll, daß man nicht lügen und nicht stehlen darf usw. Fragen, die ihr ihre jetzige Lage in Erinnerung bringen, wie z. B. nach ihrer Heimat, ihren Eltern und Geschwistern oder solche, die irgendwie in Beziehung zu ihrer strafbaren Handlung stehen, lösen jedesmal einen neuen Tränenerguß aus. Doch ist ihr Reueaffekt zwar im Augenblick sehr tiefgehend, aber flüchtig und nicht nachhaltig. Von einer eigentlichen, auf völliger Einsicht in die Tragweite und die Bedeutung der Tat beruhenden tiefen Reue, kann wohl nicht die Rede sein. Zeichen von häßlichen Charaktereigenschaften traten in der Klinik nie hervor. Auch als sie ihr scheues Wesen abgelegt hatte, blieb sie artig und bescheiden. Niemals suchte sie durch Erzählungen der Straftat Interesse zu erwecken, sondern suchte diese ängstlich vor den Mitkranken geheim zu halten. Erwähnte eine der Pflegerinnen auf ärztliches Geheiß diese Dinge, so brach sie gleich in Tränen aus. Sie vertrug sich gut mit den Kranken, war nachgiebig und lenksam. Trotz vieler Anlässe zu Streitigkeiten beteiligte sie sich nicht daran, nur einmal beklagte sie sich mit Recht über die Gehässigkeiten eines moralisch sehr tiefstehenden Mädchens. Überhaupt beurteilte sie die Umgebung richtig, schloß sich mit Vorliebe den besonnen arbeitenden Kranken an und half ihnen ohne Aufforderung.

Ihre Stimmung, die anfänglich so sehr deprimiert war, hellte sich allmählich etwas auf. Die traurigen Verstimmungen wurden seltener und traten vorzugsweise abends auf, wo sie dann auch häufig die Nahrung verweigerte, nüchtern zu Bett ging und stundenlang vor sich hinweinte. Sie klagte dann regelmäßig über Heimweh. Allmählich trat dieses ganz zurück. Zwar rollten ihr, sobald man ihre Heimat erwähnte, sofort die Tränen über die Backen, sich selbst überlassen, besonders bei ihrem Zusammensein mit den Pflegerinnen und Kranken, wurde sie heiter und frisch. Vorübergehend konnte sie sogar ganz vergnügt plaudern.

Auch über ihre Zukunft machte sie sich Gedanken. Der Arzt hatte ihr gelegentlich erklärt, daß, selbst wenn der Richter sie freisprechen sollte, sie doch nicht nach diesen Vorgängen in Freiheit werde bleiben dürfen. Die Mutter könne sie bei ihrer Armut nicht brauchen und in Dienst werde sie der Richter kaum mehr lassen. Wenige Tage später erklärte sie der Pflegerin, wenn sie doch nicht wieder heimdürfe, so wolle sie gern hierbleiben und in der Küche helfen.

Mit den erwähnten Ausnahmen war Appetit und Schlaf ungestört, das Körpergewicht nahm von 76 auf 80 Pfd. zu, um dann wieder auf 79 zu sinken. Irgendwelche Zeichen, die auf Epilepsie oder Hysterie schließen ließen, wurden nicht beobachtet.

Das Gutachten konstatierte das Vorliegen einer Heimwehmelancholie, die in solchem Grade als krankhafte Störung der Geistestätigkeit im Sinne des § 51 St. G. B. zu betrachten sei.

Von Interesse für die Auffassung unseres Falles sind die Einwendungen des Staatsanwalts, die gegen das Gutachten erhoben wurden. Er betont als für den Charakter der Täterin bezeichnend, daß sie durchaus nicht freiwillig das Geständnis abgelegt habe, sondern erst nach längeren seelischen Einwirkungen, wobei ihr vorgehalten wurde, ein wie großes Unrecht sie tue, durch ihr Leugnen ihre Herrschaft ins Gefängnis zu bringen. – Beim Verhör sei Ap. durchaus nicht still und scheu gewesen, sondern habe präzise Antworten gegeben. Sie leugnete rasch und entschieden, erst beim Geständnis wurde sie langsamer und zurückhaltender. – Es wird die auf Tatsachen begründete Feststellung vermißt, daß das Heimweh der Ap. so stark war, daß die sonst beim geistig vollwertigen Menschen wirkenden psychischen Hemmungen versagten und sie dadurch zur Verübung der Tat hingerissen wurde. Freilich stehe die Grausamkeit der Tat in keinem Verhältnis zum Motiv. Das letztere erkläre sich aber aus dem beschränkten Gesichtskreis der jugendlichen Täterin.

Infolge dieser Einwände wurde von einer anderen Autorität ein erneutes Gutachten erbeten. Ap. wurde in das Amtsgefängnis des neuen Aufenthaltsortes überführt. Hier weinte sie unaufhörlich, verweigerte oft die Nahrung, sprach nichts, man bekam nur ein »ja«, oder »nein« oder »ich weiß nicht« aus ihr heraus.

Der neue Gutachter schließt sich seinem Vorgänger vollkommen an. Er nimmt ein quantitativ sehr heftiges Heimweh an, das einen psychisch abnormen Zustand von der Art einer melancholischen Depression darstelle, von so großer Intensität, daß die freie Willensbestimmung im Sinne des § 51 St. G. B. ausgeschlossen sei.

Auf Grund dieses erneuten Gutachtens wurde das Verfahren eingestellt und Ap. kam auf den Rat von WILMANNS als Dienstmädchen in die psychiatrische Klinik Heidelberg am 6. 11. 06, wo sie sich zur Zeit noch befindet.

Fast immer hat sie ihre Arbeit ordentlich verrichtet, war fleißig und willig gegenüber ihren Vorgesetzten. Nachdem sie anfangs noch sehr schüchtern gewesen war und öfters über Heimweh klagte, wurde sie bald lebhafter, trumpfte wohl auch gelegentlich auf: »Ich lasse mir von den Wärterinnen nichts gefallen.«

Zeitweise war sie mürrisch, arbeitete nicht mehr so viel, stand herum und klagte über Heimweh. Eines Tags lag sie im Bett, hatte keinen Appetit, klagte über Schmerzen auf der Brust. Objektiv wurde kein Befund erhoben, Temperatur normal. Am nächsten Tag stand sie ohne Erlaubnis wieder auf, sagte, es ginge ihr gut, sie könne schon wieder arbeiten.

Zuweilen trifft man sie weinend an, sie weint einen halben Tag ohne genügende Gründe anzugeben, z. B. sagte sie einmal, der Pfarrer habe vom Weinberge gepredigt, das habe sie so angegriffen. Eine besonders tüchtige Pflegerin, der sie vor den anderen nahesteht und der gegenüber sie sich im Gegensatz zu den übrigen auch nie Widersprüche erlaubt, gab an, daß Ap. ihr manchmal angedeutet habe, weswegen sie so weine. Sie denke an ihr Verbrechen, das sie nicht vergessen könne. Sie habe auch mehrere Male gesagt, wenn sie aus der Klinik komme, wolle sie sich etwas antun. Anderen gegenüber hat Ap. solche Andeutungen nie gemacht.

Im Laufe der Zeit meinte Ap., sie wolle nicht immer Hausmädchen bleiben, sondern das Nähen lernen. Letzteres tat sie mit Geschick bei einer Krankenwärterin.

April 1907 trat zum ersten Male die Menstruation auf. Sie war sehr müde, aber sonst normal.

Im Juni war sie manchmal sehr gereizt, schlug die Türen laut zu, machte Schwätzereien unter dem Personal, gab den Wärterinnen »schnippische Antworten«, wenn sie eine Arbeit verrichten sollte oder wenn sie etwas gefragt wurde. Einen Tag aß sie fast gar nichts, sagte, man habe ihr etwas ins Essen getan, sie könne fast nichts mehr sehen. Später sagte sie darüber, sie habe gemeint, man habe ihr Schlafpulver hineingegeben, um sie zu ärgern. (Sie hat oft gesehen, daß die Pat. Medikamente in den Mahlzeiten bekommen.)

Von ihren Verstimmungen, die manchmal alle Wochen kämen, sagte sie, sie dauerten 1/2 – 1 Tag, sie weine ohne Grund, denke an nichts, sei nur traurig, habe keine Angst dabei. Die letzten Tage vor dem Unwohlsein sei sie meist gereizt. »Ich mag dann nichts hören.« Sie merke dann, daß die Regel wiederkomme. Am ersten Tage der

Menstruation sei sie traurig, weniger gereizt, am 2. Tag wieder ganz wohl.

Sie hat sich, abgesehen von dem Erwähnten, immer zur Zufriedenheit betragen. Die Oberwärterinnen und die Pflegerinnen äußern sich sehr günstig über sie, alle halten sie für einen guten Charakter, nur sei sie gelegentlich etwas gereizt und trotzig. Ärzten gegenüber besteht immer noch die Schüchternheit, sie spricht wohl, aber man merkt immer ihre Befangenheit. Den andern Mädchen gegenüber soll sie lebhaft sein.

Vor kurzem schrieb Apollonia einige gereizte und sentimentale Briefe an ihre Schwester. Solche Äußerungen, die Art ihrer Verstimmungen, ihre schnippischen Antworten, die Vergiftungsidee usw. erinnern an das, was man wohl hysterischen Charakter nennt, weil diese Abnormität häufig bei Hysterischen zu finden ist. Man wird natürlich weit entfernt sein, darauf die Diagnose »Hysterie« zu gründen. Es handelt sich um allgemein psychopathische Eigentümlichkeiten, die auch außerhalb des begrenzteren Kreises der Hysterie häufig vorkommen.

Einen analogen, doch nicht ganz so klaren Fall veröffentlichte WILMANNS. Da er leicht im Original nachzusehen ist, mag er hier nur in ein paar Stichworten referiert werden.

Eva B. 13 $^{2}/_{3}$ Jahre alt. Über Charakter und Unterricht wird nur Günstiges ausgesagt. Eltern, Lehrer, Gefängnisverwalter rühmen sie einstimmig. Leumund der Familie tadellos. Gute Erziehung. Um Ostern kam sie zum ersten Male einige Stunden vom Heimatsort in Dienst. Pfingsten flehte sie die Mutter unter Tränen an, daheimbleiben zu dürfen. 14 Tage später erster Versuch, das anvertraute Kind zu töten, 4 Wochen später zweiter Versuch, der durch frühzeitiges Erwachen eines anderen Kindes vereitelt wird. Bei den Taten planmäßiges Vorgehen. Vorher Klagen über Brustschmerzen und Stechen im Rücken, vielleicht simuliert. Nach der Tat machte sie einen ratlosen verzweifelten Eindruck. Später schüchtern, doch ruhig-heiteres Wesen und kindlich-sorglose Stimmung. Mangel einer nachhaltigen Reue. Bei den Vernehmungen viele Widersprüche, doch bleibt ihre Angabe, daß sie unter allen Umständen aus dem Dienst entlassen sein wollte, immer dieselbe. Nur kurze Zeit Leugnen, bald Geständnis.[11]

WILMANNS Gutachten nahm an, daß sich Eva B. mit Wahrscheinlichkeit in einem willensunfreien Zustande infolge von Heimweh befunden habe.

Den Staatsanwalt[12] überzeugte die Begründung dieser Anschauung nicht. Es wurde ein weiteres Gutachten und schließlich ein Obergutachten von einer dritten Persönlichkeit eingefordert. Beide hielten die Täterin für zurechnungsfähig. Ein Heimweh sei nicht bewiesen, von Eva B. nur WILMANNS gegenüber angegeben. Dagegen sei die Unlust am Dienst sicher gestellt. Um nichtige Motive, um ein paar Glas Bier würden von Erwachsenen Meineide und Morde begangen, es sei darum wohl annehmbar, daß auch Eva B. aus verbrecherischem Willen heraus gehandelt habe. Insbesondere wurde hervorgehoben, daß ein pathologisches Heimweh sich durch Symptome verraten müßte. (Appetitverlust, Schlafstörungen usw.)

In den Gründen des Gerichts wird u.a. angegeben: Die Gutachten, welche Zurechnungsfähigkeit annehmen, vermögen eine hinreichende psychologische Erklärung nicht zu geben. »Nach dem anerkannten Satz vom zureichenden Grunde angewandt auf die menschliche Handlung, müssen die Gründe einer Handlung schwer genug sein, um die bei einem sittlich und verstandlich normalen Menschen die der Entschließung entgegenstehenden Bedenken aufzuwiegen.« Zur Erklärung des schreienden Widerspruchs zwischen Motiv und Schwere der Handlung reiche die noch nicht reife sittliche und verstandliche Entwicklung der Täterin nicht aus. Die Fälle, in denen um geringe Ursachen schwere Verbrechen begangen werden, gehörten den eigentlichen Verbrechernaturen an. Um eine solche handle es sich nach den zahlreichen Zeugenaussagen bei Eva B. nicht. WILMANNS Meinung, die Tat sei der Ausfluß eines bis zur Ratlosigkeit gesteigerten

11 Diesen Fall, den WILMANNS eingehend untersuchte, hat auch ASCHAFFENBURG gesehen. (Gaupp's Cbl. 1908, p. 354.) Er hat sich nicht davon überzeugen können, daß das Kind nicht schwachsinnig sei. Er soll sie jedoch nur eine halbe Stunde kurz untersucht haben. Das genügt bei einem schüchternen Kinde nicht, um ein maßgebendes Urteil abgeben zu können.

12 Die im Verlaufe des Prozesses geäußerten Ansichten mögen kurz referiert werden, weil ihre Kenntnis in künftigen Verfahren vielleicht von Wert sein könnte.

Heimwehdranges erschien annehmbar. Nach dem Grundsatz in dubio pro reo, der auch bei § 51 St. G. B. gelte, erkannte das Gericht auf Freisprechung.

Eva B. ist, nachdem sie eine Zeitlang zu Hause war, nun schon längere Zeit wieder als Dienstmädchen in Stellung. Man hat nichts Ungünstiges über sie gehört, sie arbeitet fleißig.

Um, soweit es die bisher bekannten Krankengeschichten gestatten, bei diesen Heimwehzuständen das Typische vom Individuellen unterscheiden zu können, mögen zunächst eine Anzahl Fälle Platz finden, die darin mit Ap. wie Eva B. übereinstimmen, daß eine intellektuelle oder moralische Minderwertigkeit nicht bewiesen und unwahrscheinlich ist. Der folgende Fall hat manche Ähnlichkeit mit Eva B.

SPITTA: *Prakt. Beiträge zur gerichtsärztl. Psychologie.* Rostock und Schwerin 1855. S. 25. Heimweh. Melancholie. Tötung.
R., Tochter eines Kuhhirten, kam Ostern 1850, 13 Jahre alt, auf Wunsch der Eltern als Kindermädchen zu einem Schäfer.

Nach 14 Tagen besuchte sie ihre Eltern. Abends kehrte sie zurück. Der Schäfer bezeugt mit ihr zufrieden gewesen zu sein. Sie habe auch immer guten Appetit und gesunden Schlaf gehabt. Trübsinn oder Weinen habe er nicht bemerkt. Doch schon am folgenden Tage verlangte sie wieder zu ihren Eltern, weil sie Magenschmerzen habe. Der Besuch wurde ihr nicht gestattet. Sie ging darum heimlich nach Hause, nachdem sie ihr bestes Zeug angezogen, ihre übrigen Sachen aber zurückgelassen hatte.

Am folgenden Tage kehrte sie in Begleitung einer Tante zu ihrer Herrschaft zurück, erklärte aber, daß sie auf keine Weise länger dort bleiben werde. Da auch die Herrschaft keinen Wert mehr darauf legte, löste sich das Dienstverhältnis.

Schon am 17. April nahm sie wieder einen Dienst bei der Tagelöhnerfrau G. in S. an. Sie war zunächst zufrieden und schien gern hinzugehen. Am Montag 22. April besuchte sie ihre Eltern, um ihre Wäsche zu wechseln, blieb nur kurze Zeit und sprach sich zufrieden aus.

Am 25. Mai ließ sie ihrem Vater sagen, er möge ihr doch etwas entgegenkommen, da sie ihn zu sprechen wünsche. »Die Mutter, die ihrem Manne hiervon nichts sagte, stellte in der Voraussetzung, daß ihre Tochter nach Hause zurückkehren werde, einen Stock zu ihrer Züchtigung zurecht. Wirklich erschien die Tochter auch abends, und als sie auf die Frage der Mutter nach ihrem Begehr nicht gleich antwortete, vielmehr auf die Äußerung, sie wolle wohl schon wieder aus dem Dienste laufen, zu weinen anfing, ward sie von der Mutter mit dem Stocke tüchtig durchgeprügelt und wieder nach S. zurückgeschickt.« Die Inkulpatin erklärte, daß sie damals schon den Wunsch gehegt, wieder nach Hause zu kommen, daß sie eben ihrem Vater die Mitteilung, daß sie es dort gar nicht länger auszuhalten vermöge, habe machen und ihn bitten wollen, er möge sie wieder nach Hause nehmen. Der G. hatte sie vorgelogen, ihr Vater habe sie gebeten, ihm abends, wenn er zum Holzholen ausginge, etwas entgegenzukommen, um mit ihm zu sprechen.

Ihr lebhafter Drang nach dem elterlichen Hause fiel der Herrschaft auf. Oft stand sie abends und über Tags plötzlich auf, lief aus dem Hause und ging am Torfschauer auf und ab, nach der Richtung des Heimatsdorfes blickend. Einmal sagte sie, dort sei es doch besser. Auf näheres Fragen meinte sie dann nur, die Häuser seien dort schöner. Durch solche Beobachtungen veranlaßt, fragten die Eheleute das Mädchen öfter, ob es ihr denn bei ihnen auch wohl gefiele, was sie stets bejahte und hinzufügte, das Essen und Trinken sei noch besser als zu Hause. Wegen des plötzlichen Hinauslaufens befragt, schützte sie Durchfall vor. Sonst gibt der Mann an, die R. habe gut gegessen und geschlafen, sei nicht merkbar traurig gewesen und habe nicht geweint. Sie habe sich stets gut betragen, sei ordentlich, folgsam und arbeitslustig gewesen. Der Frau schien es mitunter, namentlich auch am Abend des 27. April so, als wenn die R. geweint hätte. Allein Inkulpatin stellte dies in Abrede, schob die Tränen auf den stattgehabten Rauch und erklärte sich mit ihren Verhältnissen durchaus zufrieden. Die R. selbst bezeugt, daß sie abends nicht habe einschlafen können, auch manchmal an beängstigenden Träumen gelitten habe, morgens aber sei der Schlaf gut gewesen.

Am nächsten Sonntag, 28. April, war sie wieder zu Hause und durfte sogar die Nacht dort bleiben. Von neuem erklärte sie, es in ihrem Dienste gar nicht aushalten zu können, und bat, wieder zu

Hause die Gänseherde hüten zu dürfen. Doch die Mutter war dagegen. Auf deren Befehl, wiewohl sichtlich ungern, machte sie sich wieder nach S. auf. Die Mutter ist von ferne bis zu einem am Wege liegenden Teiche nachgegangen, weil ihr unerklärlich bange gewesen sei, die Dirne möge sich ein Leid antun.

Als sie am Montag, 29. April, morgens wieder bei ihrer Herrschaft war, wurden ihr die Kinder zur Wartung übergeben, doch sie scheint nicht mehr bei der Sache gewesen zu sein: als der 2-jährige Junge einmal umfiel, ließ sie ihn unbekümmert liegen und wurde deswegen zurechtgesetzt.

Nach einiger Zeit kam sie in den Garten und sagte, das Kindchen läge in der Wiege und stöhne, sie wisse auch gar nicht, was ihm fehle, sie habe ihm nichts getan. Das Kind starb in kurzer Zeit. Die aufgeregte Mutter bedeutete ihr, sie könne nur fortgehen. Nun könne sie sie nicht mehr gebrauchen. Sie erwiderte, dann wolle sie erst ihre Mutter holen, denn das Kind habe es von selbst bekommen.

Obgleich das tote Kind längst begraben war, steigerte sich der Verdacht der unglücklichen Mutter, daß das Kindsmädchen daran schuld sei. Das gerichtliche Verfahren wurde eingeleitet und nach vielen Widersprüchen legte die Täterin endlich ein Geständnis ab.

Am 22. Mai behauptete sie noch, durch einen Zufall, den sie eingehend beschreibt, die Wiege umgeworfen zu haben. Am 30. Mai erklärte sie unter Weinen und mit der Versicherung, die Wahrheit sagen zu wollen, sie habe gedacht, wenn sie das Kind schlecht behandle, werde man sie gehen lassen, dann habe sie es mehrere Male auf den Boden geworfen.

Schließlich kam sie zu folgenden Angaben, bei denen sie im wesentlichen blieb. An jenem Morgen sei der Wunsch fortzukommen plötzlich recht lebhaft in ihr aufgetreten, sie habe nach Wegnahme des deckenden Tuches dem Kinde wohl 10 Faustschläge an den Kopf, ins Gesicht, auf Nase und Mund gegeben, darauf habe sie es aus der Wiege genommen und zweimal mit dem Hinterkopf auf den Boden geschlagen. Da das Kind Kot unter sich ließ, habe sie es gereinigt und ein neues Hemde genommen. Bald habe sie dem Kinde dann noch einen Schlag in den Nacken gegeben, sodann habe sie den Mund mit den Fingern zugehalten, auch das Kind um die Rippen gefaßt und in der Wiege geschüttelt. Wiederholt äußerte sie sich, ihre Absicht sei Tötung des Kindes gewesen, weil ihr dies als das sicherste Mittel erschien, fortzukommen.

Im Laufe der Zeit brachte sie im Gefängnis immer mehr Klagen über ihre Herrschaft und die Behandlung bei ihnen vor, die in Widerspruch mit ihren eigenen früheren Angaben und denen der Herrschaft selbst stehen. Es scheint, als wollte sie auf diese Weise eine bessere Motivierung finden. Immer wieder äußerte sie ihre Sehnsucht nach dem elterlichen Hause. Als der Gerichtsdiener sie ins Gefängnis abführte, machte sie einen vergeblichen Versuch, ihm zu entlaufen. Einmal bat sie, einen Gesang aus dem Gesangbuche auswendig lernen zu dürfen, den sie den Richtern rezitierte, um wieder frei zu kommen. Als ihr Verbrechen betrachtete sie, daß sie das Kind geschlagen habe. Sie vergoß Tränen, aber anscheinend mehr aus Unbehaglichkeit über den Arrest als aus Reue. Als man ihr das große Unrecht vorhielt, erklärte sie unter Weinen dies einzusehen, versprach niemals wieder vom rechten Wege abzuweichen, und bat, daß man ihr ihr Unrecht und ihre große Sünde vergeben möge.

Sie machte auf das Gerichtspersonal den Eindruck eines ganz im Kindesalter stehenden Mädchens mit guten Geistesanlagen. Ihre Antworten waren schnell und treffend. Ihre Äußerungen bei den Verhören konnten fast wörtlich wiedergegeben werden. Sie legte einen guten und raschen Verstand an den Tag. Sobald auf ihr Unrecht die Rede kam, fing sie an zu weinen. Zu einer wahren Reue schien es nicht gekommen zu sein.

Über ihren Charakter sagt der Vater, daß sie gelegentlich einen Trieb zur Widersetzlichkeit zeigte, doch nie log, mit ihrer jüngeren Schwester immer in Frieden lebte und sich selbst überlassen, ein heiteres Gemüt zeigte. Die Mutter bezeichnet sie als friedfertig und wahrheitsliebend. Sie sei fleißig und folgsam gewesen. Dasselbe bestätigen andere.

Der Lehrer äußerte sich, sie habe wenig Fleiß, Aufmerksamkeit und Auffassungskraft bewiesen, woran besonders ihre Harthörigkeit schuld sein möge. Sie sei stets still und einsam für sich gewesen, habe mit ihren Mitschülerinnen in Frieden und Eintracht gelebt, während des Gebetes aber wenig Aufmerksamkeit gezeigt. Die Unwahrheit habe sie nie gesagt.

Das zarte Geschöpf hat von Jugend auf öfter am Magen gelitten. Vor 5 Jahren hat es ein Kopfgeschwür gehabt, das ihm Harthörigkeit verursachte und noch jetzt einen Ausfluß aus dem Ohre bewirkte.

Das Gutachten schließt angeborenen Schwachsinn aus. Es erklärt die Inkulpatin für unzurechnungsfähig zur Zeit der Tat infolge heftigen Heimwehs bei körperlicher Krankheit und kindlicher Entwicklungsstufe. Das Urteil ist nicht mitgeteilt.

Das kindliche Wesen der Täterin ist sehr auffallend. Sie führt insofern hinüber zu den beiden jungen Kindern (9 $^1/_2$ und 10 Jahren), über die später referiert werden wird. Es ist ein Mangel, daß SPITTA die Täterin nur nach den Akten begutachtete, ohne daß Psychiater oder auch nur ein Arzt sie untersucht hätte.

Dieser Fall wurde von FLEMMING (*Allg. Zeitschr. f. Psychiatrie* XII, S.470 ff. 1855) einer Kritik unterzogen, deren Inhalt merkwürdige Ähnlichkeit mit den Ansichten einiger der Gutachter Eva B.s hat. Er findet kein einziges von den Symptomen deutlich ausgesprochen, welche als charakteristisch für das Heimweh gelten. Die Inkulpatin ist im Hause ihrer Dienstherrschaft überhaupt nicht krank gewesen, hat die Mahlzeiten mitgemacht und gut geschlafen. Von Niedergeschlagenheit, Traurigkeit, Weinen wurde nichts bemerkt. Es beruhe daher das Erachten, daß ein höherer Grad des Heimwehs vorliege, durch den die Freiheit der Selbstbestimmung schwer gefesselt sei, auf sehr unsicherer Grundlage.

HETTICH 1840. I. Fall. Mord aus Heimweh.[13]

Marie Katharina M., 16 Jahre alt, war körperlich schwächlich, litt seit langem an skrophulösen Beschwerden, Augenleiden, Schnupfen, Schwellung der Oberlippe usw. Mit 14 Jahren hatte sie ein halbes Jahr lang fast täglich Erbrechen. Oft wurde sie von Nasenbluten befallen, mit Anschwellung und Verstopfung der Nase. Zugleich fühlte sie dann Hitze im Kopf, Druck an den Schläfen und an der Stirne und Kälte in den Füßen. Sie hatte noch nicht menstruiert und befand sich überhaupt in einem gehemmten Entwicklungszustand.

13 Wegen der großen Seltenheit der Dissertation HETTICHs und der guten Geschichtserzählung wird der Fall ausführlich, meist wörtlich wiedergegeben.

Im elterlichen Hause war sie immer munter und heiter, oft zum vielen Schwatzen aufgelegt, aber fleißig und gehorsam. Auffallend war ihr ausgeprägter Trieb zu religiösen Übungen.

Vom Pfarramte bekam sie das Zeugnis guter Fähigkeiten und guter Fortschritte. Sie habe Aufmerksamkeit und Empfänglichkeit gezeigt, der Gerichtsarzt kommt nach der Untersuchung zu dem Schluß, »daß der Kreis ihrer Vorstellungen und ihres Auffassungsvermögens in nichts über den bei einer älteren Dorfschülerin gewöhnlichen hinausgehe, und daß Reflexion, Beurteilung und berechnende Klugheit nur in geringem Maße bei ihr entwickelt seien«.

Zwei Jahre vor dem Verbrechen stand sie schon einmal ein $^1/_2$ Jahr lang in ihrem Geburtsorte bei dem Lindenwirt O. in Dienst. Dieser rühmte sie als flink, fleißig, dienstwillig. Sie wäre für ihn durch ein Feuer gesprungen.

Nachdem sie wieder über ein Jahr lang zu Hause gewesen, trat sie März 1836 in einer nur wenige Stunden von ihrem Geburtsort entfernten Oberamtsstadt in Dienst bei einem Weingärtner Br. Hier wurde ihr insbesondere die Pflege der beiden Kinder von 1 und 6 Jahren anvertraut.

Nach dem Zeugnis der Br.schen Eheleute zeigte sie sich in ihrem Dienst immer gutwillig zur Arbeit, ohne Widerrede, wollte immer mehr tun als ihr befohlen wurde, war liebreich gegen die beiden Kinder und bei diesen beliebt. Ihre Frau bemerkte keine böse Neigung an ihr und hatte an ihr eine wahre Freude. Als ein Beweis ihres kindischen Wesens wird angeführt, daß sie sich in diesem Dienste vor dem ins Haus kommenden Kaminfeger fürchtete und vor ihm ebenso wie das 6jährige Kind, das sie zu hüten hatte, davonlief.

Gleich in den ersten Tagen ihres Aufenthalts in der Stadt wurde sie vom Heimweh ergriffen und dieses nahm von Tag zu Tag zu. Als begünstigende Momente zum Entstehen des Heimwehs lassen sich die Veränderungen in ihren psychischen und äußeren Lebensverhältnissen im März und April anführen, nämlich ihr Übergang aus der freien Luft des Dorfes in die eingeschlossene der Stadt, aus dem beweglichen Leben in ihrer Heimat zu Hause unter vielen Geschwistern und meist auf dem Felde unter Menschen in die Stube des Weingärtners Br., in welcher sie fast anhaltend und sehr oft allein mit den zwei kleinen

Kindern sich aufzuhalten und an der Wiege des kleineren Kindes zu sitzen und zu spinnen hatte, wo sie nur selten aus dem Zimmer kam und mit anderen Mädchen außer ihrer Landsmännin Sch. keinen Umgang hatte.

Am 2. Tage ihres Aufenthalts in der Stadt äußert sie gegen die Dienstmagd W., daß sie an Heimweh leide und spricht mit derselben in der ersten Zeit viel und traurig von ihrer Heimat. Der Magd Karoline, der sie durch ihr betrübtes Äußeres auffällt, gesteht sie dasselbe. Am 8. oder 9. Tage wird sie von ihrer Dienstfrau mit rotgeweinten Augen angetroffen, sie bringt unter einem Strom von Tränen eine fingierte Erzählung vor. Am 14. Tag bricht sie beim Ankommen und Abschied ihrer Schwester in lautes heftiges Weinen aus. Von jenen ersten Zeiten an kam sie, wenn sie allein war, mit ihren Gedanken an allerlei herum und mußte oft denken, wie sie es mache, daß sie heimkomme. – Mehrere Mägde sahen sie, wenn sie Milch von ihrer Herrschaft in die betreffenden Häuser brachte, immer düster, schweigsam und in sich gekehrt. Dem Arzt, der wegen schwerer Krankheitsfälle oft das Haus besuchte, fiel das immer düstere in sich Gekehrte, Teilnahmlose des Mädchens auf.

In der Charwoche (der vorletzten vor ihrem Verbrechen) zur Zeit des schweren Krankheitsanfalles jenes Kindes sagte sie zur Magd W. (gegen die sie sonst immer geäußert hatte, daß sie jenes Kind so gern habe, es sei so gescheit) ihr Kind sei so krank, ihrer Frau seien schon zwei Kinder am Zahnen schnell weggestorben. Wenn nun dieses Kind auch sterbe, so dürfe sie doch heim. Das letztere sagte sie in der letzten Woche oft, gewöhnlich zweimal täglich zu ihrer Landsmännin Sch., auch einmal zu Margar. P. Das charakteristische Zeichen des Heimwehs, das Streben des Kranken, sein Leiden zu verbergen, sprach sich bei der M. in folgenden Umständen aus: am Tage vor ihrem Verbrechen nachmittags traf sie ihre vom Felde heimkehrende Dienstfrau wieder mit rotgeweinten Augen an, wobei sie ihr Geweinthaben verleugnete. Sie verneinte öfters das Heimweh auf Befragen, erschien in Gegenwart ihrer Dienstherrschaft oder anderer Personen oder auf der Straße heiter, das Bestreben, ihr Gefühl zu unterdrücken, wurde noch gesteigert durch die Scheu, ausgelacht zu werden, wie ihr von ihrer Dienstfrau und den Gespielinnen angekündigt war. Umso stärker wurde sie von jenem Gefühl befangen, wenn sie allein war. Von ihrer Dienstfrau wegen ihrer trüben Miene befragt, lachte sie wieder. Ebenso, bei Besuchen aus der Heimat, von Heimweh und Tränen überwältigt und berufen, lachte und weinte sie abwechselnd.

Es wird erwähnt, daß sie auffallend wenig bei ihrer Dienstherrschaft gegessen habe.

Die Qualen des Leidens wurden bei der M. noch dadurch gesteigert, daß ihr die Rückkehr in ihre Heimat, welche sie gegen den Willen ihrer Eltern verlassen hatte, teils gewissermaßen durch moralischen Zwang, teils durch die Furcht, vor ihrem als sehr strenge und rasch im Strafen bezeichneten Vater übel empfangen und wohl gleich zurückgeschickt zu werden, gleichsam abgeschnitten war. Nachdem sie dessenungeachtet einen Versuch zu entkommen, den sie durch eine einfältige Notlüge zu beschönigen suchte, gemacht hatte, zog ihre Dienstfrau den Schlüssel zu der Kammer, wo ihre Kleider aufbewahrt waren, ab, und nun wagte sie vollends nicht mehr, ohne Kleider und Lohn in ihre Heimat zurückzukehren.

Ihr Leiden hatte so einige Wochen gedauert, als ihr mit dem Mitte März eingetretenen Erkranken, besonders aber mit dem am Charfreitag erschienenen höchst gefährlichen Krankheitsanfall des jüngeren Kindes, dessen Wartung und Pflege ihr Hauptgeschäft bildete, und um dessentwillen sie eigentlich in Dienst genommen war, ein Hoffnungsstrahl anbrach. Ihr gegen mehrere Personen geäußerter und in den Verhören eingestandener Wunsch, das Kind möchte an dieser Krankheit sterben, und die darauf gebaute Hoffnung, als-dann nach Hause zu kommen, wurde noch genährt durch die fortdauernde sichtbare und auch ärztlich konstatierte Schwächlichkeit des Kindes, sowie durch den ihr bekannten Umstand, daß früher zwei Kinder der Br.schen Eheleute im nämlichen Alter am Zahnen gestorben waren.

Am 2. und 3. April, an welchen Tagen sie mehrmals zur Kirche ging, fiel der Dienstfrau ihr häufiges Seufzen unter der Arbeit besonders auf. Es war nach der Erklärung der M. die Folge des steten Denkens an ihre Mutter und daran, wie diese gewollt, sie solle zu Hause bleiben, sie selbst aber ihren Willen nicht befolgt habe.

Während sie bis zum Ostermontag in der Wohnstube ihrer Dienstherrschaft in einem Bette mit dem älteren Kinde geschlafen hatte, mußte sie von da an allein in einer Dachkammer, deren Fensteröffnungen weder mit Fenstern noch mit Läden versehen waren, schlafen. Hier wirkte noch die Furcht und die Kälte nachteilig auf sie ein. »Ferner fielen in jene Tage bedeutende Bewegungen und Schwankungen in der Atmosphäre.«

Am Donnerstag 7. April morgens beim Aufstehen befiel sie das Heimweh besonders heftig, und es stieg ihr zum ersten Male der Gedanke an eine Tötung des Kindes auf. Es fiel ihr ein, daß sie einmal in ihrer Heimat gehört habe, man müsse von Vitriolöl sterben und sie wolle davon dem Kinde geben. Das Vitriolöl kam ihr nur aus einer dunklen unbestimmten Erinnerung her in den Sinn, sie kannte es durchaus nicht näher, sie dachte sich unter demselben ein Mittel, durch welches das Kind ruhig einschlafen und sterben werde. Jene beiden Gedanken kamen ihr zumal in die Seele. Den Vormittag über kämpfte sie mit diesem Gedanken und nach ihren späteren Aussagen kreuzten sich bei ihr von nun an folgende Ideen. Sie dachte, der Gedanke werde ihr wieder vergehen, konnte ihn aber nicht aus dem Kopfe bringen. Daß ihr Vorhaben eine Sünde sei, daran dachte sie auch. Hinsichtlich der Strafbarkeit hatte sie aber ganz dunkle verworrene Vorstellungen. Auch dauerte sie wohl das Kind, aber sie sah dasselbe aus den oben angegebenen Gründen ohnedies als dem Tod verfallen an, und es kam ihr eben immer wieder: »jetzt kann es nicht mehr anders sein«. Sie wußte sich nicht mehr anders zu helfen. Keine andere Empfindung kam in ihr empor, als der Gedanke, jetzt heimzukommen. Auch kam ihr der Gedanke, vielleicht käme ihre Mutter bald sie abzuholen, damit aber immer wieder heftigeres Ergriffenwerden vom Heimweh, und, zumal nun bei dem sich ankündigenden Herannahen des Frühlings, von der Erinnerung, wie sie jetzt, wenn sie zu Hause wäre, auf dem Felde mit ihren Leuten schaffen dürfte.

Nachmittags, als die Br.schen Eheleute wieder aufs Feld gegangen waren und sie, allein mit den Kindern zurückgeblieben, an der Wiege saß, ergriff sie das Heimweh auf das Peinlichste, sie mußte immerfort weinen, immerfort denken, wenn sie bis Sonntag nicht heimkomme, so müsse sie sterben. Endlich kam es ihr mit einem Male: »sie wolle es doch tun«. Sie ging, Vitriolöl zu kaufen, in eine Apotheke, es wurde ihr versagt, weil es etwas Arges sei. Aber der Gedanke, Vitriolöl zu kaufen, verließ sie nicht mehr. Sie mußte, so oft sie allein war, aus Heimweh weinen und denken, ob sie es tun solle oder nicht. Und es kam ihr eben immer wieder: »Jetzt kann es nimmer anders sein.« Als sie am späten Abend die Milch noch in einige Häuser tragen mußte, dachte sie, sie könne jetzt das Vitriolöl mitnehmen. Sie erhielt es in einer anderen Apotheke und stellte bei der Nachhausekunft das Kölbchen in eine Ecke auf die Bank in der Küche. Sie aß mit ihren Leuten zu Nacht und spann nachher noch. Während Br. den Abendsegen las, dachte sie wohl, sie sollte es bleiben lassen.

Nachdem sie von 9 ½ – 12 Uhr geschlafen hatte, mußte sie von da an wachen bis an den Morgen und vor dem ärgsten Heimweh weinen. Als sie nun am Freitag aufstand, kam ihr eben der Gedanke: »Du tust es doch, dann darfst du heim.« Um 5 ½ Uhr von ihrer Kammer in die Wohnstube herabgekommen, traf sie die Kinder im Bette. Die Eltern beide waren ausgegangen. Das jüngere Kind schlief noch. Das ältere schlief, während sie sich ankleidete, wieder ein. Sie ging das Kölbchen in der Küche zu holen. In diesem Augenblick fing das kleine Kind zu weinen an. Sie kommt zurück mit dem Kölbchen, geht grade auf die Wiege zu und gießt dem Kinde von dem Vitriolöl einen Schluck in den Mund.

Sogleich, nachdem sie dem Kinde das Vitriolöl eingeschüttet hatte, überfiel sie, als sie das am Mund und Kinn des heftig schreienden Kindes herabgeflossene abwischen wollte und es sich nicht abwischen ließ, die Reue und der Jammer. Als sie die nach wenigen Minuten sich verbreitenden zerstörenden Wirkungen des Vitriolöls auf Mund, Kinn und Hals des Kindes und auf Tuch und Kopfkissen erblickte, wußte sie sich vor Jammer nicht mehr zu helfen. Das lebhafte Mitleid mit dem Kind und dessen Mutter, das vorher ganz tot in ihr gewesen war, erwachte. Sie rief die Hausbewohner, die Nachbarn eilig herbei, damit man noch helfe, wenn es möglich sei. Zugleich erwachte aber auch die Furcht in ihr, daß man Verdacht auf sie werfen möchte. Die Frage, ob sie dem Kinde etwas gegeben habe, verneinte sie mit anscheinender Ruhe, versicherte aber dabei, daß sie ganz allein bei dem Kinde gewesen sei. Bei der Erklärung des Wundarztes, daß das Kind sterben werde und daß dem Gerichtsarzte eine Anzeige gemacht werden müßte, erschrak sie, jammerte und weinte, faßte sich jedoch bald wieder. Dem Arzte erschien sie wie sonst düster, in sich gekehrt.

Zu ihrer Landsmännin Sch. kam sie zwischen 7 und 8 Uhr morgens in rechter Angst, sodaß sie die Worte fast nicht herausbringen konnte. Übrigens besorgte sie noch Geschäfte, z. B. im Stall, am Brunnen, bis das Gericht ankam. Über ihr an jenem Morgen und auch am Morgen des nächsten Tages fortgesetztes einfaches Leugnen aller Wissenschaft von dem Hergang des Todes des Kindes, über die sodann am Nachmittag des letzteren Tages und obschon mit größter Mühe, noch am 3. Tage versuchte halb wahre, halb erdichtete Darstellung des Hergangs, daß sie nämlich dem Kinde aus reiner Unkenntnis, um es beim Weinen zu beruhigen, etwas von dem zur Schuhwichse erkauften Vitriolöl an den Mund gebracht habe, äußerte sie später: sie habe eben geglaubt mit diesen Angaben sich helfen zu können. Sie habe anfänglich so hartnäckig ihre Handlung geleugnet, weil sie sich so arg geschämt habe und wegen der Sünde.

Als die M. später nach Stuttgart gebracht worden war, um von einer Deputation des Kgl. Medizinalkollegiums beobachtet zu werden, äußerte sie gegen die Mitglieder desselben: daß sie von der vollbrachten Tötung des Kindes an das Heimweh verlassen habe, weil sie immer habe an das denken müssen, was sie getan habe. Sie versicherte, jenes Gefühl des Heimwehs nicht mehr zu haben. Dabei war höchst auffallend, daß bei Nennung ihres Geburtsortes oder ihres elterlichen Hauses oder ihrer Mutter im Verlaufe des Gesprächs ein Strom von Tränen aus ihren Augen brach. Das Gefühl des Heimwehs schien mit einer wehmütigen Scheu vor ihrer Heimat wegen des Geschehenen teils im Konflikt teils in Verbindung zu stehen.

Gutachten: Der psychische Zustand der M. war bei der Tat ein auf der äußersten Grenze des Übergangs zum Irresein stehender, ein Zustand, der in seiner Wirkung, bei der im Drange des krankhaften Gefühls und des Triebs sich zu retten höchst beschränkten Fähigkeit, das hierzu ergriffene Mittel richtig vorzustellen und zu würdigen, dem wirklichen Irresein nahezu gleich zu taxieren ist.

Straferkenntnis: In Berücksichtigung sehr verminderter Zurechnung 4 Jahre Arbeitshausstrafe.

Besonders bemerkenswert erscheint, wie das Heimweh in diesem Falle ohne allen Zweifel ist, wie das Zustandekommen der verbrecherischen Tat ähnlich einer Zwangshandlung auf dem Boden des Heimwehs geschildert wird (im Jahre 1840, wo man Zwangsvorgänge noch nicht kannte) ferner, daß nach der Tat das Heimweh sofort schwindet, indem es von Reue und anderen Gemütsbewegungen ganz verdrängt wird. Beträchtlich anders ist der folgende von RICHTER veröffentlichte Fall:

RICHTER: *Über jugendliche Brandstifter* 1844.
Juliane Wilhelmine Krebs war 14 Jahre alt. Von 7 Geschwistern war eine Schwester am Fuße lahm, ein Bruder taubstumm und am ganzen Körper gelähmt. Vor ihrer Geburt hatte die Mutter einen heftigen Schreck durch den Anfall eines Hundes, sodaß sie bettlägerig wurde. Sie war von jeher klein und schwächlich, von skrophulösem Habitus. Längliches, bleiches Gesicht, aufgetriebener Unterleib, belegte Zunge. Bis zum 8. Jahre Enuresis nocturna. Von Kind auf kränklich, häufig Kopfschmerzen, besonders nach Körperanstrengungen. Sie litt öfter an geschwollenen Halsdrüsen, Ohrenreißen, Ohrensausen, Ohrenausfluß. In der Schule bemerkte man an ihr Nervenreizbarkeit und Kopfkongestionen. Durch die Kopfschmerzen wurde sie häufig am Schulbesuch verhindert. Ihre körperliche Entwicklung befand sich zur Zeit der Tat noch auf kindlicher Stufe: keine Scham- und Achselhaare, unentwickelte Brustdrüsen, noch keine Menstruation.

Ihre Eltern sind gute, fleißige Leute, die für ihre Erziehung besorgt waren. Wegen der Ärmlichkeit ist ihr keine ärztliche Behandlung zuteil geworden. Die letzten zwei Sommer vor ihrem Diensteintritt hat sie die Kühe gehütet.

Sie ist der Liebling ihrer Eltern und Geschwister, wird als friedfertig, sanft und folgsam, ihren Eltern zugetan, ohne Bosheit geschildert. Schullehrer und Geistlicher loben sie einstimmig. Ihre Verstandesleistungen sind normal. Sie hat die nötigen Schulkenntnisse, doch sei ihr Verstand nicht besonders ausgebildet. Sie sei in geistiger Hinsicht ein großes Kind.

Vier Tage vor der Tat trat sie ihren Dienst als Kindermädchen, eine Stunde vom heimatlichen Dorfe entfernt, in wehmütiger Stimmung aber doch gerne an. Sie kam zum erstenmal aus dem Elternhause, schnell fühlte sie sich bei den fremden Leuten ganz anders, unfreundlicher und rauher behandelt als zu Hause, sie wird angetrieben »fix zu machen«. Mit ihrer Neigung, sich auszusprechen und zu schwätzen, findet sie bei der Hausfrau keinen Anklang, sondern wird barsch abgewiesen. Dazu hatten fremde Leute kurz nach dem Diensteintritt ihr eingeredet, daß sie in eine schlechte Stellung käme. Schließlich war sie gar nicht gewohnt, allein zu sein, sie war über Tag mit den vielen Geschwistern zusammengewesen und hatte nachts auch mit einer Schwester im Bett geschlafen. Infolge aller dieser Dinge wurde sie zurückgeschreckt, wurde bange und sehnte sich nach Hause. Diesen Zustand von Ängstlichkeit und Heimweh scheute sie sich merken zu lassen. Aber wenn sie allein war, beim Wasserholen, abends im Bett, da mußte sie sich ausweinen. Um das zu verbergen, wusch sie sich nachher mit kaltem Wasser die Augen. Sie verlor den Appetit. Am Tage vor dem Brande aß sie so wenig, daß die Hausfrau fragte, es sei ihr wohl bange. Ihre bezeichnende Antwort war: »Nein, mir ist nicht bange, auf den Sonntag will ich einmal nach Hause gehen.« Später hat sie angegeben, daß es ihr allerdings sehr bange gewesen sei, aber sie habe sich geschämt, es zu sagen. Gleich nachher habe sie hinausgehen und sich ausweinen müssen. Zeugen, die deutlich die einzelnen Symptome der Verstimmung wahrgenommen haben und angeben, behaupten, nach Heimweh direkt gefragt, davon nichts gemerkt zu haben.

Am Tage der Tat, vier Tage nach dem Diensteintritt, erwartete das Mädchen ihre Mutter, die ihr eine Lade für ihre Sachen bringen sollte. Als sie das ihrer Herrin erwähnte, wurde sie abgewiesen, sie habe gar keine Lade nötig. In dieser Erwartung war sie mittags beim Wasserholen allein, als sie plötzlich deutlich die Stimme ihrer Mutter hörte. Sie blieb stehen und sah sich um. Als sie merkte, daß sie sich getäuscht hatte, brach sie in heftiges Weinen aus. In solcher Stimmung kam ihr noch am selben Tage plötzlich der Gedanke, Feuer anzulegen. Sie wußte auch sofort, wie sie es machen wollte, ohne an etwas anderes zu denken. Sie wurde getrieben von dem Gefühle der Bangigkeit, sie habe sich nicht anders zu helfen gewußt. Der Gedanke wich nicht von ihr, nach drei Stunden führte sie ihn aus. Sie warf eine glühende Kohle auf den Boden, wo, wie sie wußte, brennbares Viehfutter lag. Dann habe sie etwa gedacht: »Mag es nun brennen oder nicht, im letzteren Falle habe es auch nichts zu bedeuten.« An die möglichen Folgen, an das Verbrecherische ihrer Tat, an die große Gefahr für das in der Oberstube liegende Kind habe sie nicht gedacht.

Nach der Tat beschäftigte sie sich mit häuslicher Arbeit. Als Feuerlärm entstand, half sie mit retten. Auf Befragen leugnete sie, den Brand gelegt zu haben. Als sie, von ihrer Herrschaft nach dem Brande gleich entlassen, zu Hause ankam, war sie krank. Sie hatte alle Eßlust verloren, klagte über Schmerzen in Kopf und Gliedern und mußte einige Tage zu Bett liegen. In der letzten Zeit vor dem Diensteintritt und während desselben war sie ohne Krankheitsgefühl gewesen.

Vom Gendarm befragt, gestand sie nach beharrlichem und hartnäckigem Leugnen die Tat. Als sie verhaftet war, wurde durch ihr elendes Befinden das Verhör wiederholt verhindert, sie hatte heftiges Ohrensausen, »als ob es wittere«. Eine Haftgenossin sagte aus, daß sie einmal aufgesprungen sei und gerufen habe: »da laufen sie herum, die Luders«. Ein andermal: »Herrgott, was war das für ein Knall in meinen Ohren.« Die frühere Bangigkeit und Sehnsucht soll sie im Gefängnis nicht mehr empfunden haben. Sie zeigte Reue. Schon beim Ausbruch des Feuers war sie erschreckt und hatte Gewissensbisse. Später gab sie an, es sei eine schlechte, sehr schlechte Tat, sie wolle es in ihrem Leben nicht wieder tun.

Es handelt sich um einen viel schwerer pathologischen Fall als den vorhergehenden. Die Handlung ist eine deutlich impulsive. Die Neigung zur Steigerung normaler Verstimmungen ins Psychotische zeigt sich auch in der Andeutung einer Haftpsychose.

Kürzer erzählt KAUPLER folgende Tat (FRIEDREICHs *Blätter f. gerichtl. Medizin* 1886):

Die Schneidertochter M. H., 13 1/2 Jahre alt, verübte dreimal Brandstiftung.

Die Eltern leben in engen Vermögensverhältnissen, erfreuen sich aber des besten Leumunds. 8 Geschwister, davon keines gestorben. Der Lehrer schildert H. als braves, gutes Mädchen, von mittleren Fortschritten und guter Begabung. Sittliches Betragen I., Klassenplatz

13 unter 32. M. H. war verschlossen, sehr leicht erregbar, sie hatte keine Freundinnen, blieb immer zu Hause. Sie mußte die kleinen Geschwister besorgen, auch nachts. Nach Angabe der Eltern war sie im allgemeinen gesund, aber nachts sehr unruhig, ist oft aufgestanden, herumgegangen und erst auf Anrufen aufgewacht. In letzter Zeit viel Nasenbluten.

Körperliche Untersuchung: Größe 136 cm, mager, aufgeschossen, Vergrößerung der Schilddrüse. Brustdrüsen gering entwickelt. Keine Achsel- und Schamhaare. Herzstoß stark und in größerem Umfang fühlbar. Beim ersten Ton Geräusch, Klappentöne stark klingend. Sie ist noch nicht menstruiert. Klagen über Druck in der Herzgegend, wenig Appetit, angehaltener Stuhl.

Dieses Kind kam am 25. Mai zum ersten Male vom elterlichen Hause weg zu ihrem Oheim B., anscheinend in einem nahen Dorf. Das kinderlose Ehepaar ist vermögend, von bestem Ruf und hätte das Mädchen gern behalten. Der Oheim gibt an, daß M. H. wenig gegessen habe, daß sie nachts sehr unruhig war und daß sie Heimweh hatte. Unter solchen Umständen hat sie am 27., 28. und 31. Mai in der Behausung ihrer Verwandten Stroh, Reisig und Heu angezündet. Sämtliche Brände sind am Tage gelegt, sogleich entdeckt und im Entstehen gelöscht worden. Anfangs leugnete sie die Brandstiftung, dann hat sie gestanden. Zu Zorn oder Rache lag nicht der mindeste Grund vor, sie selbst sagt, sie sei wegen länger dauernder Brustschmerzen in Aufregung gewesen und habe nicht die klare Besinnung gehabt, ferner, sie habe Heimweh nach den Kindern gehabt und habe um jeden Preis wieder nach Hause zurückgewollt. Die Brustschmerzen bestätigt die Untersuchung, das Heimweh der Oheim.

Schließlich sei hier noch mit wenigen Änderungen ein Gutachten über eine junge Brandstifterin aus den 90er Jahren angereiht.[14] Diese steht durch Rätselhaftigkeit, durch unklare Angaben betreffs Heimweh und durch Fehlen krankhafter Symptome Eva B. und dem Fall SPITTA nahe.

---

14 Dasselbe wurde von Herrn Dr. LONGARD gütigst für diese Arbeit zur Verfügung gestellt.

Magdalene Rüsch war von April bis September 1895 zum ersten Male in Dienst. Sie gibt an, dort habe sie es gar nicht aushalten können und habe viel Heimweh gehabt. Von Dezember 95 bis April 96 war sie zu Hause, dann kam sie von neuem in Stellung. Obgleich sie es hier sehr gut hatte, legte sie am 5. Mai an vier verschiedenen Stellen Feuer, und zwar in einem Kleiderschrank, auf dem Speicher ebendaselbst an einem Korb mit Wäsche, in einer Kiste und endlich an dem Strohsack ihres Bettes. An den folgenden Tagen warf sie in den Briefkasten eines Hauseinwohners Drohbriefe, durch die der Schein erweckt wurde, daß verschiedene Personen bei der Brandstiftung im Spiele seien. An den ersten Tagen leugnete die Rüsch die Tat, später gestand sie ein. Vor der Tat ist an dem Mädchen nichts Besonderes aufgefallen, direkt nach der Tat eilte sie nach unten und meldete das Feuer, welches gelöscht wurde. Nach der Tat soll sich die Rüsch vollkommen unauffällig und ruhig benommen haben.

Einen direkten Grund für die Brandstiftung konnte die Rüsch nicht angeben, sie sagt, sie habe es bei ihrer Dienstherrin gut gehabt, doch habe sie nicht mehr dienen wollen, sie hätte nach Hause gewollt, habe Heimweh gehabt und habe sich durch den Brand die Möglichkeit verschaffen wollen, nach Hause zu kommen. Die Drohbriefe habe sie geschrieben, um den Verdacht von sich abzulenken.

Die Dienstherrschaft stellt der Rüsch ein gutes Zeugnis aus, sie sei treu und fleißig gewesen und habe sich um niemanden gekümmert, sie habe häufig Heimweh gehabt, doch habe sie nie über Unzufriedenheit geklagt oder den Wunsch nach Hause zu gehen geäußert. Der Pfarrer des Heimatsortes stellt ihr ein vorzügliches Zeugnis aus. Sie sei allzeit brav und fleißig gewesen und konnte als Muster für ihre Mitschülerinnen gelten. Auch nach der Schulzeit habe er nur Gutes von ihr gehört, die Eltern seien durchaus brave Leute. Dasselbe vorzügliche Zeugnis gibt ihr die Lehrerin, sie habe sich durch Fleiß und besondere Leistungen sowie durch gutes Betragen in jeder Hinsicht ausgezeichnet. Dasselbe geben der Bürgermeister des Heimatsortes und ihr Vater an. Allen ist es ein Rätsel, wie die Angeklagte zum Verbrechen gekommen ist, und sie können sich nur denken, daß sie in einem Zustand von Geistesstörung die Tat begangen hat.

Die Inkulpatin, 16 Jahre alt, ist ein wohlproportioniert gebautes

Mädchen. Die inneren Organe sind gesund. Zeichen einer organischen Nervenstörung bestehen nicht. Zeichen von Schwangerschaft sind nicht vorhanden. Das Jungfernhäutchen ist gelappt ohne Narbe und Einrisse mit weiter Öffnung. Die Rüsch hat die Periode in den Tagen der Verhaftung erwartet, dieselbe blieb aus. Ebenso blieb sie aus Mitte dieses Monates. Vorher war sie angeblich regelmäßig da, sie will niemals eine Liebschaft gehabt haben.

Die Rüsch macht einen ruhigen, stillen und bescheidenen Eindruck. Die Aufseherin meldet, daß sie ein vortreffliches Verhalten an den Tag lege und sich durch ihr Betragen vor allen Gefangenen auszeichne. Sie liest, schreibt und rechnet gut, auf alle Fragen gibt sie prompte und sinngemäße Antworten. Ihr Gedächtnis ist gut, ebenso ihr Urteil. Sie hat keine krankhaften melancholischen Ideen. Ihre Umgebung und die Lage, in der sie sich befindet, beurteilt sie richtig. Ihre Antworten, ihr Verhalten, ihr Tun und Treiben lassen nicht im mindesten vermuten, daß sie heute geistig nicht völlig normal ist.

Bei den ersten drei Besuchen leugnete sie hartnäckig, daß ihre früheren Angaben, sie hätte das Feuer angelegt, um nach Hause zu kommen, auf Wahrheit beruhen. Sie habe sich vom Polizeikommissar einschüchtern lassen und habe dieses auch gesagt, weil sie gehofft hätte, sie würde nach diesem Geständnis nicht in Untersuchungshaft behalten, sondern sie dürfte dann zu den Eltern. Sie leugnete hartnäckig die Vorsätzlichkeit und betont besonders dieses Wort. Offenbar hatte sie sich auf den Begriff und die Ausrede einstudiert. Sie stellte stets den Vorgang so dar, sie hätte immer Angst gehabt, es könne jemand zu ihr kommen, da der Schlüssel zu ihrem Schlafzimmer fortgekommen sei. Sie habe täglich deshalb unter ihr Bett geleuchtet, wobei der Strohsack sich entzündet hätte. Oben auf dem Speicher hätte sie aus dem Schrank etwas holen wollen und dabei seien im Schrank die Kleider in Brand geraten. Wie das Feuer an den Wäschekorb kam, weiß sie nicht anzugeben. Die Drohzettel habe sie geschrieben, um den Verdacht von sich abzulenken. Daß letzteres so schlimm sei, habe sie nicht gewußt, sondern erst von ihrer Mutter gehört. Heimweh habe sie nicht gehabt. Bei einem 4. und 5. Besuch gesteht sie die Brandstiftung teilweise zu, sie hätte häufig starkes Heimweh gehabt, so auch an dem fraglichen Abend. Tags zuvor sei sie zu Hause gewesen, habe auch zu Hause geschlafen. Da sei abends das Heimweh wieder über sie gekommen und sie habe die Kleider angesteckt, damit ihre Herrin sie als unbrauchbar nach Hause schicke. Einen gefährlichen Brand habe sie nicht verursachen wollen, deshalb habe sie auch sofort Hilfe geholt.

Sie gibt an, stets gesund gewesen zu sein. Krampfartige Zustände habe sie nicht, auch sei sie niemals verwirrt. Auch an dem fraglichen Abend sei sie bei Sinnen gewesen. In Untersuchungshaft werde sie ganz verwirrt, sie denke stets über die Sache nach und grüble, was sie sagen solle, sie wisse es selbst nicht.

Das Gutachten lautete: Magdalene R. ist offenbar ein braves Mädchen von tadelloser Führung, Motive zur Tat fehlen völlig oder sind unbekannt. Man ist gezwungen, Heimweh als Motiv anzusehen. Magdalene ist 1. zurzeit geistig völlig gesund, 2. es besteht aber die Möglichkeit, daß sie zur Zeit der Begehung der Tat sich nicht im Besitze der klaren Überlegung und freien Willensbestimmung befunden hat.

Das Verfahren wurde eingestellt.

Katamnestische Erhebungen blieben erfolglos.[15]

---

15 Den bis jetzt erzählten Fällen schließt sich die packende Darstellung von KURZ »Die blasse Apollonia« an (*Das Arcanum und andere Novellen,* Reclam Nr. 4175). Nach den Angaben von ISOLDE KURZ in ihrer Biographie des Dichters hat diesem ein wirkliches Ereignis vorgeschwebt, das er in seiner Jugend erlebte. Sein Vater hat in dem Prozeß als Richter fungiert. Die Novelle mag kurz referiert sein:
Ein Mädchen von seltsam rührender Blässe, das »blasse Appele«, war in gleichgültig kühler Umgebung aufgewachsen, hütete als Kind die Schafe, hatte Neigung zur Einsamkeit, weinte oft ohne Grund. Mit 15 Jahren kam sie als Kindermädchen in Dienst. Obgleich nur eine Stunde von Hause entfernt, ergriff sie das heftigste Heimweh, sie vergaß das ärmliche Häuschen, das schlechte Essen, das rohe Betragen der Ihrigen. Die Heimat wurde das Feenland ihrer Gedanken. Einen Entschluß zum Entlaufen gab sie aus Furcht vor dem Vater wieder auf. Kummer bei Tag und schlaflose Nächte untergruben ihre Gesundheit. Da kam sie auf den Gedanken, wenn das Kind stürbe, würde sie als unnütz nach Hause geschickt werden. Zufällig hörte sie im Wirtshaus, wie Leute sich unterhielten, daß man an Vitriolöl sterbe. Es verging ihr alles Denken und Fühlen, sie sah starr drein, nur ein dunkler Trieb beherrschte sie, nur eine Stimme rief es ihr beständig ins Ohr »sie müsse es tun«. Nach vollbrachter Tat ließ die Starrsucht ihres Gemütes nach. Auf den Knien liegend schluchzte sie und gab auf Fragen nur eine Antwort: »Heim«. Eine völlige Verwandlung ging bald mit ihr vor. Sie zeigte keinen Widerwillen gegen Gefangenschaft und Kerker, keine Sehnsucht mehr zu den Ihrigen. Sie erlitt den Tod auf dem Blutgerüst.

Betrachten wir nun die bisher erzählten sieben Fälle gemeinsam. Es sind die einzigen bis jetzt bekannten, bei denen intellektueller und moralischer Schwachsinn mit überwiegender Wahrscheinlichkeit ausgeschlossen werden kann.

Man muß dabei den Unterschied zwischen Schwachsinn und kindlicher Entwicklungsstufe klar gegenwärtig haben, ersterer ist ein irreparabler Defekt, letztere eine normale Etappe im Entwicklungsprozeß der menschlichen Psyche. Diese wird mit Sicherheit überwunden, kann aber etwas Abnormes durch die Verlangsamung der Entwicklung erhalten. Die Ursache dieser Hemmung kann die Beschränktheit der geistigen Einflüsse, die Enge des Milieus – physiologische Entwicklungshemmung – oder eine degenerative Veranlagung sein. Im Einzelfalle ist es wohl manchmal schwierig, die prognostisch so wichtige Unterscheidung zwischen Schwachsinn und kindlicher Entwicklungsstufe durchzuführen. In zweifelhaften Fällen kann erst der Verlauf entscheiden. Doch wird die Forderung berechtigt sein, daß man bei jungen Mädchen von 13 bis 16 Jahren, um die es sich für uns hier handelt, den Schwachsinn erst nachweisen, – wie das in den Fällen, die später referiert werden sollen, geschehen ist – das Vorhandensein einer kindlichen Entwicklungsstufe dagegen als näherliegend betrachten muß. Ein kindlicher Zustand des Seelenlebens ist in dieser Zeit entweder selbstverständlich oder, wenn noch dazu ein körperlicher Infantilismus nachweisbar ist, als Entwicklungshemmung leicht zu verstehen. Man darf dann nicht gleich auf Schwachsinn schließen, zumal wenn das Urteil der Lehrer und Pfarrer und anderer Beobachter keinen besonderen Tiefstand der Schulleistungen und der Denkfähigkeit ergibt und die psychiatrische Intelligenzprüfung keine auffallenden Defekte nachweisen kann. Die Lebensführung, das Verhalten der Motive, im späteren Leben vielleicht eines der wichtigsten Erkennungsmittel der Imbezillität, darf in kindlichem Alter noch nicht durchweg in diesem Sinne verwendet werden. Es wäre dogmatisch, nach der Art der Tat und ihrer Ausführung ohne andere Grundlage leichten Schwachsinn zu konstatieren. Diese Diagnose ist nicht widerlegbar und nicht beweisbar, jedenfalls hemmend für eine eingehende Analyse der Fälle. Leichter Schwachsinn ist überhaupt ein Terminus, über den man sich in endlose Streitigkeiten verlieren kann. Ein klar definierter

Zustand ist er wenigstens für den nicht, der unsere Heimwehverbrecher, weil manche imbezill sind, alle unter denselben bringt. Es müßte denn sein, daß er die überwiegende Mehrzahl der Menschen mit dieser Bezeichnung versähe.

Während wir also meinen, daß von Imbezillität in den 7 Fällen nicht die Rede sein könne, ist das Vorhandensein einer kindlichen Stufe des Seelenlebens allerdings charakteristisch. Schon PLATNER erkannte die kindische Einfalt, die »Fatuitas puerilis« in den hierher gehörigen Fällen. Später wurde sie oft als das Maßgebende für die Entwicklung mancher Verbrechen erwähnt. Ein Zusammenwerfen mit Imbezillität würde einen Rückschritt bedeuten, der schon gewonnene Differenzierungen zur Vergessenheit brächte. Die Neigung, überall Schwachsinn anzunehmen, ist der Auffassung der Heimwehverbrechen schädlich.

Die immerhin schon vorgerücktere Stufe kindlichen Seelenlebens, in der die Heimwehverbrecherinnen leben, ist charakterisiert durch ein Überwiegen des Gemütslebens über das Verstandesleben. Die Affekterregbarkeit ist eine stärkere, die Affektschwankungen sind größer als in späteren Jahren. Obgleich Denkprozesse, Verständnis allgemeinerer Begriffe schon eine Rolle spielen, ist ihre Gefühlsbetonung doch noch zu gering, um ihnen unter allen Umständen die Wirksamkeit im Handeln zu sichern, die ihnen in späteren Jahren zukommt. Wenn auch altruistische Gefühle, insbesondere Mitleid, gelegentlich lebhaft sind, ohne allerdings nachhaltige Wirkung zu haben, wiegen doch egoistische Triebe vor. Zur Erreichung von Lust- oder zur Vertreibung von Unlustgefühlen werden leicht impulsive Handlungen begangen, bei denen in erstaunlicher Weise eine Unfähigkeit, den Erfolg zu übersehen, hervortritt. Unter normalen, gleichmäßigen Verhältnissen zeigt das Kind an der Grenze der Pubertät wohl schon eine dem Erwachsenen ähnliche ethische Entwicklung. Aber unter dem Einfluß mächtiger Affekte treten plötzlich, der Umgebung meist ganz rätselhaft, die geschilderten Eigentümlichkeiten hervor. Kränkung, Einschüchterung, Verzweiflung, besonders das Heimweh können solchen Einfluß haben.

Enge soziale Verhältnisse, das Leben auf dem Lande, fern von dem Leben der Kulturzentren, lassen den kindlichen Seelenzustand wohl länger bestehen. Soweit Angaben darüber vorliegen, sind unsere Heimwehverbrecher Landmädchen, Kinder armer Eltern. Bemerkenswert aber ist, daß, wo darüber etwas bemerkt ist, die Eltern guten Leumund genießen und daß den Kindern eine gute Erziehung zuteil wurde. Nur Appollonia soll es darin schlechter gehabt haben. Man wird bei der Lektüre der Fälle noch zahlreiche Zeichen kindlichen Seelenlebens bemerkt haben; so die natürliche Furchtsamkeit, die Scheu vor dem Alleinsein, dem Alleinschlafen, der Dunkelheit, ferner die kindliche Schüchternheit und Verlegenheit. Außerdem finden sich noch einige Züge, die Lust am Lügen, Schadenfreude, Neigung zum Verleumden, kleine Entwendungen, die ebenfalls der kindlichen Seele eigentümlich sind (vgl. EMMINGHAUS), und die, wenn sie gelegentlich vorkommen, ohne daß man triftigere Gründe hätte, nicht für eine moralische Minderwertigkeit sprechen dürfen.

Das Alter schwankt zwischen 13 und 16 Jahren. Fünf von den sieben haben noch nicht menstruiert, zeigten auch sonst keine Zeichen der Pubertätsentwicklung. Eine (Rüsch) hat schon die Regel gehabt. Bei den anderen kann kaum ein Zweifel sein, daß es sich um richtige Kinder handelt. Vielleicht ist bei einigen die Entwicklung in abnormer Weise zurückgeblieben. Wo das Abnorme beginnt, ist schwer zu sagen. Wie man sieht, handelt es sich nur um Mädchen. Auch die späteren Fälle betreffen nur solche. Verbrechen aus Heimweh bei Knaben sind noch nicht beschrieben.[16]

---

16 Nachträglich wird mir durch Herrn Dr. WILMANNS ein Fall bekannt von einem jugendlichen Brandstifter aus Heimweh, einem 17jährigen Jungen. Aus dem Gutachten mag angeführt sein: Körperlich zart und schwächlich, in der Entwicklung zurückgeblieben, Schamhaare fehlen. Sehr mangelhafte Intelligenz. Lügenhaft, suggestibel, gutmütig und verschlagen zugleich. Nächtliche motorische Reizerscheinungen (Kopfdrehungen, Wälzen, Schreien) ohne Erinnerung, Hypalgesie. Keine Zeichen von Epilepsie oder Hysterie. – Dieser Junge legte im Dienst zweimal in impulsiver Weise Feuer, einmal als er abends nach Hause kam und es ihm einfiel, daß er keine Strohseile mehr drehen brauche, wenn er das Stroh in der Scheune anzünde, das zweite Mal als ihn nachmittags ein Heimweh überfiel. Er meinte, er dürfe heim, wenn das Haus abgebrannt sei. – Nachher Leugnen, keine Reue, nur auf ernste Worte Tränenströme. Während der Beobachtung in der Klinik sorglos, zu Neckereien aufgelegt, ohne Bewußtsein seiner trostlosen Lage. – Der Fall reiht sich den später zu erwähnenden an, in denen das Heimweh zurücktritt gegenüber einer schwachsinnigen Impulsivität.

Bei der Rüsch ist die Periode schon vor der Tat dagewesen, dann zeitweise ausgeblieben. Sie befindet sich zweifellos in der Pubertätsentwicklung. Es ist immerhin möglich, daß auch bei einigen der übrigen diese schon im Beginn ist. Den Jahren nach dürfte man es erwarten. Vielleicht resultiert daraus gelegentlich eine eigentümliche Kombination von kindlichem Wesen mit den beginnenden psychischen Veränderungen der Mannbarkeitsepoche. Da diese auch in mehreren der späteren Fälle mit zur Erklärung herangezogen werden muß, mag ihre Bedeutung eine kurze Würdigung finden. In der alten Literatur waren Störungen der Entwicklungsperiode, verspäteter Eintritt derselben usw., sehr verbreitet als Erklärung rätselhafter Verbrechen, insbesondere der Brandstiftung. War doch für manche die Pyromanie schon gewiß, wenn Unregelmäßigkeiten der Menstruation nachzuweisen waren. Dem gegenüber macht schon IDELER darauf aufmerksam, daß diese sehr häufig ohne allen störenden Einfluß auf die Seelentätigkeiten vorkommen und nur dann ein wichtiges Symptom sind, wenn sie ein Glied in der ganzen Kette der Entwicklungshemmungen darstellen, welche dem geistigen wie dem körperlichen Leben entgegentreten. Schließlich gebe die Seelenverfassung, in unserer Ausdrucksweise die degenerative Disposition, den Ausschlag, ob diese Störungen in das freie Selbstbewußtsein eingreifen oder nicht. Die Autoren (z. B. EMMINGHAUS, KRAFFT-EBING, KRAEPELIN) stimmen darin überein, daß die Pubertätsepoche die Zeit der stärksten Wirkung erblicher Entartung ist und das bei weiblichen Individuen noch mehr als bei männlichen. Bei ihnen soll die erbliche Belastung überhaupt größere Bedeutung haben (KRAFFT-EBING, EMMINGHAUS), die Evolutionsperiode greift tiefer in das ganze Dasein ein als beim Manne und wird schließlich oft durch Ernährungsstörungen (Anämie, Chlorose) kompliziert.

Normalerweise schon zeigt sich in dieser Entwicklungszeit (SCHÜLE, KRAFFT-EBING, KRAEPELIN) eine lebhaftere Tätigkeit der Einbildungskraft mit Neigung zu Schwärmereien und Empfindsamkeit. Bei der größeren gemütlichen Erregbarkeit und der sich bemerkbar machenden Reizbarkeit werden die Stimmungsschwankungen oft übermächtig und es entstehen unüberlegte, impulsive Handlungen. Daß die Pubertätsperiode in bezug auf freie Willensbestimmung manchmal einen Rückschritt bedeutet, meint IDELER (1857): In dem kindlichen Gemüte tritt oft der Vernunftsgebrauch, das sittliche Unterscheidungsvermögen stärker hervor, als während der Stürme und Leidenschaften, welche zuerst in der Pubertätsepoche hervorbrechen. In der Jugend überflügelt die Entwicklung des Gemüts die des Geistes fast immer beträchtlich und erklärt dadurch die vielen Unbesonnenheiten, zu welchen in gleichem Umfange nicht einmal der Knabe sich fortreißen läßt.

Es wurde schon betont, daß in der Entwicklungszeit besonders degenerative Individuen stark mitgenommen werden. Zwar ist von hereditärer Belastung nur bei Juliane Krebs die Rede, doch kann man bei den anderen aus ihrem Verhalten wohl auf die Zugehörigkeit zu der Gruppe psychopathischer Kinder schließen. Bei der einen werden Nervenreizbarkeit, Kopfkongestionen, Schwächlichkeit, bei der anderen somnambule Zustände, nächtliche Unruhe usw. erwähnt. Es ist bekannt, daß solche Entartete zu abnorm lange anhaltenden Verstimmungen neigen, die zu kurzdauernden Psychosen sich ausdehnen können. Bei der gesteigerten psychischen Morbidität wirken besonders depressive Gemütsbewegungen, wie Schreck, Furcht oder wie das Heimweh.

Gerade bei den Degenerierten wirken nun auch körperliche Krankheiten oft mehr auf die Psyche als wie bei Normalen. 4 von den 7 Fällen sind entschieden kränklich, (Krebs, Hettich I, Spitta, Kaupler). Solche Individuen sind zweifellos weniger widerstandsfähig, besonders wenn im Dienst Anforderungen über ihre Kräfte hinaus gestellt werden. MOREAU (*Irrsein im Kindesalter*) bemerkt die überaus gesteigerte Sensibilität, welche die chlorotischen Kinder auszeichnet. Bei diesen schwächlichen Wesen sei ein Mißverhältnis zwischen ihrer Sensibilität und ihren physischen Kräften vorhanden. Ihr Nervensystem erleide Erschütterungen, die unproportional seien zum Allgemeinbefinden und sie beständig in einer Art Überspanntheit des Geistes erhalte, aus der dann eine gewisse Nervosität hervorgehe.

Durch Aufzählung dieser 4 Momente, kindliche Art des Seelenlebens, Umwälzungen beginnender Pubertätsentwickelung, psychopathische Veranlagung und körperliche Krankheit, glauben wir das Wichtigste berührt zu haben, was, im Einzelfalle das eine mehr, das andere weniger, zur Entstehung einer Heimwehverstimmung prädisponiert. Wir sind der Meinung, daß diese Momente in einzelnen Fällen auch genügen, um die schweren Grade des Heimwehs, die zu Gewaltakten führen, hervorzubringen. Im folgenden werden wir Fälle referieren, in denen als wesentliche Grundlage für die Entstehung des Verbrechens auch der Schwachsinn mit heranzuziehen ist, oder eine schwerere konstitutionelle Verstimmung die Basis abgibt, oder auch einfache moralische Minderwertigkeit vorliegt. In den bisherigen glauben wir mit den erwähnten Punkten auszukommen, wenn wir in der Gesamtpersönlichkeit nach den Ursachen der Handlung suchen. Hier Schwachsinn anzunehmen, erschiene uns gezwungen und dogmatisch.

Nachdem wir uns für die typischen Fälle die wichtigsten psychiatrischen Gesichtspunkte klar gemacht haben, besteht nun die Aufgabe, ihre Anwendbarkeit in weiteren Fällen zu prüfen, die Abwandlungen des Heimwehs und die Komplikationen zu verfolgen. Wir werden finden, wie das Heimweh an Bedeutung neben anderen Punkten zurücktritt, ohne sie ganz zu verlieren und schließlich, wie es auch Fälle gibt, die äußerlich dem Heimweh außerordentlich ähneln, wo man von demselben jedoch kaum eine Spur entdecken kann. Alle folgenden Krankengeschichten unterscheiden sich darin von den bisherigen, daß die Individuen wahrscheinlich entweder intellektuell oder moralisch minderwertig sind. Der Defekt mag aber manchmal gering sein und die Trennung von den früheren Fällen ist keine scharfe.

Zunächst folgt das Referat des eindrucksvollen Gutachtens HOHNBAUMs (*Henckes Ztschr. f. Staatsarzneik.* 1837, 24. Erg. Heft, p. 55). Die Täterin ist sittlich zweifellos intakt, dagegen scheint intellektuell ein leichter Defekt zu bestehen.

K. F. H. ist 16 3/4 Jahre alt, ein Großvater endete nach zehnwöchiger grundloser Melancholie durch Selbstmord, der Vater soll nerven-, mitunter geisteskrank sein.

Ihre geistige Bildung ist gering, das Schreiben hat sie wieder verlernt, ihre Fähigkeiten waren geringe, eigentlich krank war sie nie, abgesehen von sechs Blutschwären auf dem behaarten Teile des Kopfes, aber schwächlich und leicht angegriffen. Sie besaß einen ihrem Alter entsprechenden wohlproportionierten Körperbau, sanfte Züge und bleiche Gesichtsfarbe. Die Menses sind noch nicht eingetreten. Zuweilen hat sie Nasenbluten.

Das Tanzen verursachte ihr stets einige Tage Angst und Hitze. Umgang hat sie nur mit wenigen Schulkameradinnen gehabt. Eine weitere freundschaftliche Zuneigung außer zu diesen und ihren Verwandten hat sie nicht empfunden. Sie war meist zu Hause, ging selten aus und auch nur dreimal zum Tanzen. Sie soll immer feig und furchtsam gewesen sein und ein schwaches Gedächtnis gehabt haben. Sie war still und friedlich und hat sich nie mit jemandem überworfen. Von Zorn, Rachsucht, Bosheit hat man nie etwas gemerkt.

Zum ersten Mal kam sie im Juli zu einer Frau Forstkommissar H. in R. in Dienst. Sie fand gute Aufnahme und anfänglich soll es ihr gefallen haben. Aber schon nach acht Tagen fühlte sie sich unwohl und ging mehrere Tage zu ihren Eltern zurück. Als sie wieder zu ihrer Herrschaft kam, konnte sie ihre Sehnsucht nach Hause trotz aller Mühe nicht beschwichtigen. Sie hatte öfters eine plötzliche Angst, ein Brennen und Drücken vom Magen bis zum Kopf aufsteigend, das kam alle drei bis vier Stunden und dauerte $^1/_2$ – 1 Stunde. Es war noch nie so schlimm gewesen, aber schon seit einem Jahre hin und wieder vorgekommen. Die Arbeit verrichtete sie gern, nur wurde es ihr dabei immer weich ums Herz, sie fühlte sich einsam, weinte im stillen, infolge ihrer Sehnsucht war sie manchmal verdrießlich und ärgerlich, wurde auch später in der Arbeit nachlässiger. Als sie zum Erntefest bei ihren Eltern zu Besuch war, sagte sie zu ihrer Mutter, daß sie lieber sterben wolle, als wieder nach R. gehen. Zur Rückkehr gezwungen, wurde ihr jetzt jede Stunde bei den fremden Menschen zur Last. Sie erklärte ihrer Dienstfrau, wenn es nicht früher anginge, müsse sie zu Lichtmeß gehen. Diese drohte ihr, sie werde sie durch den Amtsdiener wieder holen lassen.

Aus Furcht bat sie, man möchte sie nicht in der unheimlichen Bodenkammer allein, sondern bei den Kindern schlafen lassen – zu Hause hatte sie stets bei ihrer Mutter im Bett geschlafen – sie wurde abgewiesen, sie solle sich nur mit Sorgen hinlegen, dann werde sie in der Kammer schon schlafen. In einer Nacht vom 3. zum 4. Oktober schlief mit ihr eine Tagelöhnerfrau, da schlief sie ruhiger. Am 4. Oktober brannte es im Pferdestall. Das Feuer wurde gelöscht (sie war wahrscheinlich unschuldig daran). Dabei lag es ihr auf dem Herzen wie ein Zentner, sie zitterte an allen Gliedern und konnte kaum die Beine fortsetzen, sie konnte den ganzen Tag nicht essen und fühlte sich zu Tode krank. Am 6. Oktober, nachdem sie in der Nacht vom Feuer geträumt, am Abend vorher von der Demoiselle P. gekränkt war (es sei ihr die H. viel zu schlecht um mit ihr zu reden) und nachdem sie den ganzen Tag todkrank war und bis zum Abend nichts gegessen hatte, beging sie die Tat. Am frühen Morgen hatte sie aufstehen müssen, um ihre Notdurft zu verrichten, dabei wurde es ihr ganz schlimm wie es zuvor noch nie gewesen. Es hätte ihr mögen das Herz abdrücken, doch sagte sie nichts davon, weil man so etwas stets der Sehnsucht zuschrieb und sie schalt. Sie legte sich nach kurzer Zeit wieder hin und legte dann das Feuer an. Warum sie es getan, kann sie nicht sagen, ob sie einen Gedanken dabei gehabt, ebensowenig. Sie sei ganz wirr im Kopf gewesen, ob sie daran gedacht habe, daß das Forsthaus abbrennen solle, kann sie nicht sagen, aber sie meint kindlich aufrichtig, daß sie wohl nichts anderes habe denken können. Nochmals nach dem Motiv ihres Handelns gefragt, sagt sie, sie sei sich selbst nicht klar bewußt, dann meinte sie, sie habe gedacht, daß sie nach dem Abbrennen des Forsthauses wieder nach Hause dürfe, denn sie habe sich sehr nach Hause gesehnt und es sei ihr gewesen, als könne sie es bei fremden Leuten nicht mehr aushalten. Das freie Bewußtsein erhielt sie erst in dem Augenblicke wieder, wo sie die Treppe herunterging und das Feuer leuchten sah und knistern hörte.

Nur ein Gedanke erfaßte sie jetzt, abscheulich und verbrecherisch gehandelt zu haben. Im ersten Verhör leugnete sie aus Furcht vor Strafe. Bald gestand sie. Ihr Gedanke war: Gott wird dir dieses doch wieder vergeben, du hast ja nichts Böses getan. Der ärztliche Beobachter gibt an: sie bezeigte sich sanft, still, arbeitsam, folgsam, sie stellt sich ferner als schwach im Kopfe dar, sie ist furchtsam, fromm, aufrichtig, ehrliebend, kindlich, unverdorben und verabscheuet das Verbrechen.

In bezug auf den Augenblick der Tat sagt der Gutachter: die fürchterlichen Schmerzen am Morgen selbst, die dadurch bedingte körperliche und geistige Schwäche, das Dunkel der Nacht, die Kälte der Luft, die Stille und Einsamkeit des Hauses, sollte alles dieses nicht imstande gewesen sein, ein körperlich krankes, im Gemüt tief erschüttertes, der Verzweiflung nahes Mädchen von 17 Jahren für einige Augenblicke besinnungslos zu machen. Auffassung als Mania acutissima.

Zweiter Gutachter: Wegen krankhafter Neigung zur Brandstiftung unter Mitwirkung von Heimweh unzurechnungsfähig.

Die wichtigsten Punkte sind: auffallende Entwicklungshemmung, körperlich schwächliches Geschöpf mit hereditärer Belastung und psychopathischen Erscheinungen in der Kindheit. Von jeher furchtsam und von kurzdauernden Angstzuständen geplagt. Nach dem Diensteintritt Heimweh, Steigerung der depressiven Erscheinungen ins Psychotische, in dem zwar das Heimweh als wesentlich hervortritt, doch im entscheidenden Moment der Tat, die sie in einem Zustand von Verwirrung beging, von gegenstandsloser Angst verdrängt wird. Man sieht bei ihr die kindliche Naivität, die kindliche Furcht vor dem Alleinsein, die Scheu sich auszusprechen.

Bei ihrer Verstimmung ist die Kombination von äußerer Veranlassung durch Heimweh mit endogener Angst deutlich. Die Handlung ist durchaus impulsiv, verursacht durch einen Angstanfall mit Verwirrung der Gedanken und unklarer Erinnerung. Leider ist über den weiteren Verlauf nichts berichtet und wie in allen Heimwehfällen eine sichere endgültige Diagnose nicht möglich.

Ist in diesem Falle das Heimweh nur ein Moment, das zur Entwicklung der Verstimmung und Angst beiträgt, so gibt es auch solche, die durch die äußeren Umstände den Heimwehverbrechen ähnlich sind, aber nur überwiegend endogene Angstzustände darstellen, die wohl durch die ungünstigen Verhältnisse im Dienst befördert werden, jedoch ohne daß ein Heimweh dabei mitzusprechen scheint. Ein solcher Fall bei einem geistig und körperlich zurückgebliebenen Mädchen ist folgender (Gutachten des Herrn Dr. LONGARD mit sehr geringen Abänderungen):

Rosa B., 16 Jahre alt, Laufmädchen, ist angeklagt, an zwei verschiedenen Tagen im Erdgeschoß des Hauses ihrer Herrschaft an einem Papiersack und an einer Kiste Feuer gelegt zu haben.

Die Untersuchung des Mädchens hatte folgendes Ergebnis: Die

Mutter sagt, daß Geisteskrankheiten und Nervenkrankheiten in der Familie ihres Wissens nicht vorgekommen seien. Von ihren sieben Kindern seien sechs ganz normal, nur die Angeklagte Rosa zeige ein seltsames Verhalten, welches sie sich nicht erklären könne. Sie habe zwar schon in der Schule ziemlich gut gelernt, doch sei sie jetzt in den Stellungen wenig anstellig. Die Leute klagten, man könne ihr schwer etwas beibringen, körperlich sei sie zurückgeblieben, die Periode habe sich noch nicht eingestellt. Auch in ihrem Wesen sei sie kindisch. Sie spiele mit den kleinsten Kindern, sei läppisch, sie lache viel unmotiviert, sinne viel. Sie sei furchtbar ängstlich und schreckhaft, seit ½ Jahre sehr nervös. Sie schrecke oft zusammen und zucke dann mit den Extremitäten. Sie meine, man wolle ihr etwas. Nachts rufe sie manchmal, es sei jemand im Zimmer. Man müsse sie dann beruhigen. Während sie bei der Herrschaft gewesen sei, habe sie oft über große Angst geklagt, besonders darüber, daß sie immer brummen höre. Es müsse ein Kerl im Keller sein.

Die Rosa B. ist ein schwächliches, schlecht entwickeltes Mädchen, das entschieden jünger aussieht als sie ist. Ihr Schädelbau ist etwas klein und schmal. Lähmungserscheinungen fehlen. Hervorzuheben ist besonders, daß sie nicht sehr ausgeprägte, doch deutliche veitstanzähnliche Bewegungen – Zuckungen in der Gesichtsmuskulatur und in den Armen – an sich hat. Sie macht einen kindlichen, unerfahrenen Eindruck. Die Frage, ob sie schon die Periode, das Blut gehabt habe, versteht sie nicht. Indes sind ihre Schulkenntnisse ganz leidlich gute. Sie rechnet gut und gibt gute Auskunft über ihre Familie und ihre Vergangenheit. Auf Befragen sagt sie, daß sie immer sehr ängstlich sei. Nachts sehe sie manchmal Lichtschein und glaube, es sei ein Gespenst im Zimmer. Sie rufe dann die Mutter. Bei ihrer Herrschaft habe sie immer sehr große Angst gehabt, sie habe im Erdgeschoß Holz klein machen müssen. Wenn sie nun allein gewesen sei, habe sie, sobald sie mit Holzzerkleinerung aufgehört habe, etwas brummen hören. Sie habe immer geglaubt, ein Kerl sei im Keller, sie habe dann entsetzliche Angst bekommen. In dieser Angst habe sie das Feuer angelegt. Sie habe gehofft, dann nicht mehr in den Keller gehen zu brauchen. Sie wisse sehr wohl, daß man gerichtlich für eine solche Handlung bestraft werden könne, jedoch wisse sie dies erst, seitdem ihre Mutter nach der Tat ihr dies öfters vorgehalten habe. Sie verspricht, etwas Derartiges nicht mehr zu tun.

Gutachten: Wir haben es hier mit einem entschieden minderwertigen, körperlich und auch geistig zurückgebliebenen Wesen zu tun, welches noch auf kindlichem Standpunkte steht. Besonders ist das Letztere der Fall in bezug auf ihre Neigungen, ihr Denken, Empfinden und ihre Urteilsfähigkeit. Sie ist ein in krankhafter Weise reizbares, nervöses Mädchen, was durch die bestehende Chorea auch äußerlich zum Ausdruck kommt. Hand in Hand mit diesem Zurückgebliebensein und diesem nervösen Zustand geht eine große Ängstlichkeit, wie sie ja bei Kindern häufig hervortritt. Sie hat eine kindliche und krankhafte Phantasie, welche in ihr auf dem Wege der Illusion Angstzustände und ängstliche Ideen hervorruft, die durch einen ruhig abwägenden geklärten Verstand nicht beeinflußt und richtig gestellt werden können. Das Mädchen hat zu früh das Elternhaus verlassen und zu früh eine Stellung eingenommen, in welcher sie unbeaufsichtigt tätig sein mußte. Durch diese Illusionen und Angstzustände kam das Mädchen zu der Tat, wegen der sie sich jetzt verantworten muß. Die Angeklagte ist nun geistig doch so beschaffen, daß erwartet werden kann, daß in Zukunft ihr jetzt noch bestehender geistiger Schwächezustand weniger hervortritt. Für vorliegenden Fall ist es wahrscheinlich daß sie sich zur Zeit der Tat in einem krankhaften Zustande ihrer Geistestätigkeit im Sinne des § 51 St.G.B. bestand. Auch dürfte § 56 St.G.B. hier Anwendung finden können.

Das Verfahren wurde eingestellt.

In ähnlicher Richtung wie der Fall HOHNBAUMs weicht die J. S. Philipp vom typischen Heimweh ab, doch kommt bei ihr zur intellektuellen Schwäche vielleicht auch eine geringere sittliche Widerstandsfähigkeit. RICHTER (*Jugendliche Brandstifter*) erzählt von ihr:

Johanne Sophie Philipp, 14 Jahre alt, Landmädchen, war als kleines Kind kränklich, jetzt von schwächlicher und skrophulöser Konstitution, lang aufgeschossen. Schmaler Brustbau, Skoliose, Anschwellung der Schilddrüse und des linken Augenlides. Sie hatte Askariden. Seit längerer Zeit schon klagt sie über Schwäche, Mattigkeitsgefühl, Kopfschmerz, besonders früh beim Aufstehen, wo es ihr auch immer »schlecht und drehend« war. Sie war sehr verschlafen, schlief abends früh ein und konnte morgens nicht aufstehen.

Die Regel ist noch nicht eingetreten. Die Schamhaare beginnen zu wachsen. Um die Brustwarzen einige Erhebungen.

Sie soll früher lebhaft und heiter gewesen sein. Seit der Tat hat sie diese Stimmung ganz verloren. Von manchen wird sie als unordentlich, empfindlich, leicht heftig, zu Beschönigungen und kleinen Lügen geneigt, aber von anderen als folgsam, fleißig, verträglich, ruhig, frei von Bosheit und Rachsucht, gutartig, doch von schwachem Charakter geschildert. In der Schule zeigte sie schwache Anlagen und wenig Überlegungsgabe, wurde jedoch mit guten Zensuren entlassen. Die Eltern sind ordentliche Leute, sie genoß eine gute Erziehung.

Ca. 3 Wochen vor der Tat kam sie zum ersten Mal in Dienst. Sie hatte in heftigem Grade Heimweh, weinte viel, lief viel nach Hause auch ohne Erlaubnis, ließ sich aber willig zurückschicken. Später schien sie sich einzugewöhnen, besonders wenn sie von Hause kam, war sie guten Mutes. »Es sei ihr allemal wohl, wenn sie zu Hause gewesen sei«. Auf ernstliches Zureden und Drohungen hatten die Äußerungen des Heimwehs in den letzten Tagen abgenommen.

Am Sonnabend (1. V.) war ihr besonders schlecht zu Mute. Am Abend wurde sie wegen ihres heimlichen Besuchs bei ihren Eltern ausgezankt. Am selben Abend faßte sie den Entschluß Feuer anzulegen und nahm zu dem Zwecke ein Töpfchen mit sich. Am Sonntag morgen um 6 Uhr geweckt, war es ihr schwach und drehend im Kopfe. Sie kleidete sich an, holte in das Töpfchen glühende Kohlen und legte im Heu der Scheune Feuer an. An ihre eigenen Sachen dachte sie nicht. Obgleich sie diese leicht hätte retten können, verbrannten sie.

Anfangs leugnete sie die Tat. Erst nach einigen Tagen legte sie ein umfassendes Geständnis ab. Nach den Motiven gefragt, erklärte sie: »Ich weiß keinen Grund, weshalb ich das getan habe. Meine Dienstherrschaft hat mir nichts zuleide getan. Schon am Sonnabend abend war es mir, als ob jemand bei mir stände und mir sagte, daß ich Feuer anlegen sollte. Und es war mir an diesem Abend sehr schlecht und drehend im Kopfe. In diesem Zustande nahm ich das Töpfchen in der Absicht Feuer anzulegen.« Am nächsten Morgen sei es ebenso gewesen. Früher sei ihr niemals ein solcher Gedanke gekommen. Dem Arzt gab sie an, daß sie die Strafbarkeit des Verbrechens gekannt habe. Sie gestand ein, daß sie gehofft habe, durch den Brand nach Hause zu kommen, daß sie bis in die letzte Zeit im stillen die Sehnsucht nach Hause gehabt habe und noch habe. Später leugnet sie, am Morgen der Brandstiftung Heimweh gehabt zu haben oder den Glauben gehegt zu haben, durch solche Handlung wieder nach Hause zu kommen, es sei ihr an diesem Morgen nur drehend im Kopf gewesen. Wie sie zu dem strafbaren Gedanken gekommen sei, wisse sie nicht.

Sie wurde verurteilt und in eine Korrektionsanstalt gebracht. Von hier wird berichtet, daß sie gedrückt und nicht wieder frohsinnig geworden sei. Offenbar habe sie Reue, sie zeige sich schüchtern und folgsam, sei willig und gutartig und zeige spärliche intellektuelle Kräfte. Sie verlange nach der Heimat, aber nicht unter krankhaften Symptomen. Über die Motive zur Tat mache sie noch dieselben Angaben wie früher. Es scheint der Direktion, daß sie während und unmittelbar nach der Tat von der Vorstellung der Sünde, die sie begehe, verlassen gewesen sei. Der Anstaltsarzt gibt an, daß sie deprimiert sei, periodische Anwandlungen von Gewissensbissen habe, gutes Betragen, Weichheit des Willens wechsle ab mit kindischer Aufgeregtheit. Körperlich sei sie gesund, nachdem die Würmer abgetrieben seien, nur hätten sich Kongestionen in Kopf und Brust durch Herzschlag, Puls und Gesichtsrötung kundgegeben. Alle Symptome von Geisteskrankheit fehlen.

Bei dieser Täterin macht sich im Unterschied von den vorigen eine größere Planmäßigkeit in der Ausführung der Tat geltend, ohne daß von einem Kampf der Motive die Rede wäre. Vielleicht mag dieser Umstand in Verbindung mit einigen der Zeugenaussagen über ihren Charakter eine geringere sittliche Entwicklungsstufe annehmbar machen, doch ist zu betonen, daß Planmäßigkeit im Handeln auch bei ganz intakten Individuen unter dem Einfluß der hochgradigen Verstimmung vorkommt. (Z. B. Apollonia, Rüsch, Hettich I.)

Der depressive Zustand ist wie im Fall HOHNBAUM zum großen Teil endogen, er verläuft in Schwankungen, dauert im Gefängnis an und macht sich als periodische Gewissensregung bemerkbar. Im übrigen findet man auch bei ihr wieder körperliche Kränklichkeit, psychopathische Züge, kindliche Eigenschaften, bei fehlender Menstruation erste Zeichen der Pubertätsentwicklung.

Den früheren Fällen näher steht M. Belling, von der PETERSEN berichtet, (*Pfaffs Mitteil.* 1833, S. 53). Sie ist moralisch und intellektuell nicht hochstehend. Ob man von Defekt in psychiatrischem Sinn sprechen kann, ist aber zweifelhaft.

Margaretha Belling aus Kochendorf, adligen Gutes Windebye, legte am 23. XII. 1832 und 8. I. 1833 in Bonert bei ihrer Herrschaft Feuer an, beide Male wurde rechtzeitig gelöscht. Seit 3 Wochen war sie hier als Kindermädchen in Dienst bei Hufner Thoms.

Nach anfänglichem Leugnen und verstelltem Weinen gestand sie bei der gerichtlichen Untersuchung mit mehr Fassung, als ihrem Alter (13 Jahre) zuzutrauen, daß sie beide Male Feuer gelegt, ohne anderen Grund als daß sie dort nicht sein möge, denn sie sei von niemandem dazu verführt und habe auch wohl an die Größe der Gefahr für ihre Brotherrschaft gedacht. Sie könne sich weder über A. Thoms noch dessen Frau beklagen, sei gut behandelt und habe sich bloß sehr nach Hause gesehnt und nicht geglaubt wegzukommen, wenn sie solches angebe.

Im vorigen Sommer brannte ein Haus in der Nähe des Hofes Windebye, wo dieselbe M. B. zurzeit diente, ab. Es ist kein Verdacht auf sie gefallen. Hier war sie zwei Sommer 1831 und 1832 als Kindermädchen in Stellung. Die Herrschaft war sehr zufrieden, hatte nie Veranlassung zur Beschwerde.

Bei der zweiten Vernehmung gibt sie an, sie habe an einem Sonntage, ungefähr 8 Tage nach ihrem Diensteintritt, lediglich Feuer angelegt, weil sie Heimweh gehabt habe und geglaubt, darauf weg und nach Hause kommen zu können. Sie bemerkte inzwischen nach wiederholtem Zureden, daß sie schon in der ersten Nacht seit ihrer Ankunft in Bonert geträumt habe, daß Feuer in dem Bette des Dienstjungen sei, und dieser Gedanke, wenn sie solchen auch niemandem mitgeteilt, habe sie den ganzen Tag über und später sehr beschäftigt, wozu am andern Tage eine heftige Sehnsucht nach Hause hinzugekommen und dadurch die Idee in ihr aufgestiegen sein müsse, Feuer anzulegen, damit das Haus abbrennen und sie zu ihrer Mutter und Großmutter in Kochendorf, insgleichen zur Schule wieder kommen möge, indem sie auch noch eines Nachts vor der Tat geträumt habe, daß ihre Großmutter gestorben sei und ihre Mutter darüber geweint habe. Sie habe sich vor der Tat nicht unwohl gefühlt und habe keine besondere Lust am Feuer verspürt.

Mit der vorher gefaßten Absicht, durch das auf dem Herde befindliche Feuer das Bett des Dienstjungen in Brand zu setzen, sei sie aus der Stube gegangen, habe erst ihre Notdurft verrichtet und dann bei der Rückkehr ins Haus den Brand mit einer Kohle gelegt. Sie habe keine besondere Unruhe dabei gemerkt. Das Schreckliche und Gefährliche ihrer Tat habe sie sich nicht vergegenwärtigt, wenn sie gleich die Folgen, nämlich das Abbrennen des Hauses, beabsichtigt habe. Als das Feuer brannte, habe sie innere Unruhe verspürt.

Ihre Dienstherrin hat bemerkt, daß sie in den ersten Tagen kein Brot gegessen habe, und sie gefragt, ob sie sich sehr nach Hause sehne, welches sie verneinte. Die Herrin gibt ferner an, daß sie an der Inquisitin nichts Kränkliches bemerkt, daß sie sich munter und zufrieden gezeigt habe, auch am ganzen Tage der Tat keine Unruhe oder sonstige Gemütsbewegung dargeboten habe. Auch bei der zweiten Brandstiftung habe die Herrin davon nichts bemerkt. Ähnliches gibt das Dienstmädchen Car. Kaisen an, welches mit M. B. zusammenschlief. Außerdem, daß diese ihr einmal erzählt, sie habe geträumt, als wenn ihre Mutter sie zur Schule gerufen. M. B. habe festgeschlafen, nachts habe sie nicht allein aufstehen mögen.

Bei erneuten Verhören gab sie immer wieder Heimweh an. Den Vorsatz zur letzten Tat habe sie bereits am Vormittag gefaßt, um solche mittags auszuführen.

Der Schullehrer gibt an, sie habe die Schule besucht, wenn sie nicht krank gewesen sei oder gedient habe, habe jedoch bei einer gewissen Gleichgültigkeit und Flüchtigkeit nur geringe Fortschritte gemacht. Pastor Rönnekamp sagt: »Ihre Religionskenntnisse waren nur mangelhaft, im Lesen hatte sie eine ziemliche Fertigkeit, aber es schien ihr schwer zu werden, den Inhalt des Gelesenen aufzufassen und durch Worte auszudrücken. Übrigens gebricht es ihr an Anlagen gewiß nicht, aber ihre Denkkraft ist nur wenig geübt und ihr moralisches

Gefühl scheint noch zu schlummern. Leichtsinn und Unbesonnenheit sind in ihrem Charakter gewiß hervorstechende Züge. Von eigentlicher Verdorbenheit, Bosheit und Schadenfreude habe ich nichts bemerkt. Aber Verstecktheit und Furcht sprachen sich in ihrem Wesen aus. Sie gab nicht zu, daß sie in böswilliger Absicht, um anderen Menschen Schaden zuzufügen, Feuer angelegt habe. Wahrscheinlich hat sie die Beweggründe ihrer Tat selbst nicht deutlich gedacht, sondern nur die wahrscheinliche Hoffnung gehegt, sie könne dadurch aus ihrer jetzigen Lage, welche ihrem Wunsche nicht entsprach, befreit werden. An Gefühl mangelt es ihr übrigens nicht. Als ich ihr aus dem Gesangbuche zu lesen gab, brach sie bei den Worten »Und ewig wird die Strafe sein« in heftiges Weinen aus. Meine Ermahnungen schienen Eindruck auf sie zu machen, weshalb ich die Hoffnung hege, daß sie noch einst, wenn ihr moralisches und religiöses Gefühl geweckt worden ist, ein taugliches Mitglied der menschlichen Gesellschaft wird werden können, da es ihr an guten Geistesanlagen nicht zu gebrechen scheint und sie körperlich wie geistig gesund ist.«

Zu demselben Resultat kommt PETERSEN. Dessen Untersuchung ergibt: »Die Menstruation ist noch nicht eingetreten, das Wachstum des Körpers ist beträchtlich vorgeschritten, jedoch mehr in die Länge. Keine Spuren von Rachitis. War nie kränklich. Wohlgenährt, blühende Gesichtsfarbe. Andeutungen einer dem Alter (13 Jahre) nach frühzeitig einsetzenden Entwicklungsperiode, Hervorsprossen von Haaren in der Regio pubica, schon bemerkliches Anschwellen an Brüsten, Hüften und Schamteilen. Ihre geistigen Kräfte sind unentwickelt, bei mangelnder Erregung und großer Indolenz. Auf mannichfache Weise habe ich zu verschiedenen Zeiten nach der Causa facinoris geforscht. Auf eindringliche Fragen nach der wahren Ursache ihrer wiederholten Versuche zur Brandstiftung erhielt ich die Antwort, sie wisse es selbst nicht. Sie hatte gar nicht daran gedacht. Sie hätte sich gesehnt nach Hause und nach der Schule, sie hätte Heimweh gehabt. Die Mutter hätte sie mehrmals gerufen. Sie hätte helles Feuer gesehen im Bette des Dienstjungen. Sie hätte niemand Schaden tun wollen. Spuren strafbarer Motive, Ärger, Zorn, Haß, Rachsucht, Bosheit, Anreizung, waren überall nicht bemerklich. Oftmals auch schien es, und zumal in letzter Zeit, als wenn sie sich den Zustand nicht deutlich mehr vergegenwärtigen könne, in welchem sie sich vor, während und nach der Tat befunden hat. In der Nacht vor der ersten Brandstiftung wäre sie zweimal aufgewacht wegen Dranges zum Urinieren und hätte das bei ihr schlafende Mädchen geweckt mit ihr zu gehen, weil ihr in der Dunkelheit ängstlich wäre allein zu gehen. Des Morgens 23. XII. 1832 hätte sie beim Erwachen geglaubt, ihre Mutter hätte gerufen, sie solle aufstehen und zur Schule gehen. Sie hätte des Morgens bei der Wiege gesessen und das Kind gewiegt, sie wäre beklommen und nicht so gut zumute gewesen wie sonst. Der Gedanke, Feuer anzulegen, wäre nun plötzlich entstanden. Die Frau hätte unterdessen das Kind gesäugt, und sie wäre hinausgegangen, um Kartoffeln zu schälen. Dann wäre sie wieder hineingegangen und hätte das Kind gewartet. Sie hätte eine Beklommenheit und Angst in der Herzgrube gehabt. Die Frau sei wieder hereingekommen und hätte das Kind genommen, welches gerade eben erwachte. Sie hätte Drang zum Urinieren gehabt und der Frau es gesagt. Diese hieß sie hinausgehen. Beim Gehen über die Hausdiele hätte sie Zittern und Ziehen in den Hüften und Beinen bekommen, dann ihr Wasser gelassen. Bei der Rückkehr aber hätte sie in Hast und Eile mit der Feuerzange eine glühende Kohle, wovon genug auf dem Herde gelegen, genommen und schnell, damit andere es nicht sähen, in das Bett gelegt. Sie hätte sich nicht mehr zu helfen gewußt. Die Beklommenheit und Angst hätten sich darnach verloren. Sie hätte dann nicht weiter daran gedacht und wäre wieder hinein und zu Tische gegangen, und das Essen hätte ihr gut geschmeckt. Als die hellen Flammen aus dem Bette geschlagen, hätte sie Zittern in den Beinen bekommen. Sie wäre ängstlich geworden, daß das Haus abbrennen würde, sie wäre hingegangen, um Wasser zu holen. Sie hätte das Feuer gerne gelöscht. Abends schwand die Beklommenheit, als sie bemerkte, daß das Feuer erstickt sei. Sie hätte nicht weiter daran gedacht, daß ein großes Unglück hätte entstehen können, auch nicht gewußt, daß sie Unrecht und Böses getan habe. – Als sie zum zweiten Male Feuer anlegte, hätte sie nicht geträumt und es scheint, als wenn der ursprünglich bei physischem Unwohlsein plötzlich entstandene Gedanke Feuer anzulegen, nunmehr bei dem halbträumerischen Leben der einzige gewesen ist, mit welchem sie sich bei ihrer so großen Gleichgültigkeit und Indolenz noch beschäftigte und dadurch gleichsam zur fixen Idee erwachsen ist. Ihre Aussage ist die: Am 8. 1. des Morgens als es dämmerte, hätte sie die Frühkost gekocht, sie hätte Zittern in den Beinen gehabt und wäre nicht gut zumute gewesen. Sie hätte immer an die Schule und an ihre Muter gedacht, auch ans Feueranlegen, um nach Hause zu kommen. Auch hätte sie an die Frau gedacht und daß diese sie nicht hätte gehen lassen. Den ganzen Morgen wäre sie mit diesem Gedanken beschäftigt gewesen und hätte gezittert, weil sie fürchtete entdeckt zu werden. Das erste Mal hätte sie diese Furcht nicht gehabt. Sie hätte nicht schaden wollen, doch wohl gedacht, daß die Bewohner Schaden leiden würden, sie hätte gedacht, es brenne wohl auf, sie hätte sich gefreut, als das Feuer gelöscht wurde.

Dieses ist nun das geringfügige und nach meinem Dafürhalten wirkliche Resultat, zu welchem ich erst nach wiederholten, stundenlangen und mühsamen Unterredungen mit der M. B. gelangte. Sie erschien mir während der Untersuchungen als ein rohes, indolentes, unbedachtsames und leichtsinniges, dabei jedoch an sich gutartiges Kind.«

In seinem Gutachten nimmt PETERSEN an, daß sie ohne Zweifel das Feuer in einem Zustande von Erstarrung und bewußtlosem Traume angelegt habe, der durch die Vorgänge der Entwicklungsperiode und durch Heimweh nebst der eintönigen Lebensweise hervorgerufen sei. Die Zurechnung wird von ihm verneint. Über die Vorgänge die zum Verbrechen führten, schreibt er: den ganzen Morgen vor Ausführung der Tat verwechselte sie den Traum mit der Wirklichkeit, indem sie glaubte, ihre Mutter habe sie wirklich gerufen. Bei solchem Traumleben nimmt sie, beherrscht von der fixen Idee und dem instinktartigen Triebe zur Brandstiftung, eine zur Hand liegende glühende Kohle und legt sie in das Bett des Dienstjungen, wo die Phantasie ihrer Seele ein helles Feuer als Traumbild gezeigt hatte. Darnach fühlt sie sich von ihrer inneren Angst befreit. Bald jedoch fühlt sie Unruhe über ihre Tat selbst, jedoch sehr vorübergehend und ohne bleibenden Eindruck. Der frühere Zustand findet sich wieder ein, abermals kann sie dem Drange nicht widerstehen und wirft eine Kohle auf den Heuboden.

Den Jahren und ihren seelischen Eigenschaften nach ganz Kind macht sich bei der Täterin schon die beginnende Pubertätsentwicklung geltend. Krankhafte Zustände werden außer der Dienstzeit nicht erwähnt. Die Heimwehverstimmung ist offenbar eine sehr hochgradige, vorübergehend unter dem Einfluß von Angst zu Träumen und Illusionen führend. In einem solchen Angstzustand führt sie das erste Mal impulsiv die Brandstiftung aus, das zweite Mal anscheinend, nachdem der Gedanke daran länger in ihr gelegen hatte, sie sogar im Gegensatz zur ersten Tat schon vorher Entdeckung fürchtete. Wichtig ist die Art ihrer Aussagen. Sie ist sich anscheinend selbst nicht klar über die Motive.

Kürzer berichtet ist der dritte Fall HETTICHs, er steht vielleicht mit dem letzten auf ähnlicher Stufe sittlicher und intellektueller Entwicklung.

Eva Barbara Sch. 15 $^3/_4$ Jahre alt, Schreinerstocher, war um die Zeit des von ihr begangenen Verbrechens an der Grenze der eintretenden Pubertät und von krankhaftem Aussehen. Bei verhältnismäßig kleinem Kopf mit flachem Hinterhaupte, besaß sie eine schlanke Gestalt, körperliche Gewandtheit, feine Ausbildung der Hände und Finger. Drei Geschwister von ihr waren simpelhaft. Ein 1 $^1/_2$ Jahre alter Bruder ist für sein Alter normal.

Mehrere Zeugen erklären sie für gescheit, aber »hudelig«, unbesonnen, unüberlegt und öfters zerstreut. Das Pfarramt und der Schullehrer sprechen sich in ihren Zeugnissen für geringe intellektuelle Fähigkeit und Ausbildung der Sch. aus, ohne ihre Fähigkeit, die von ihr begangene Tat beurteilen zu können, in Abrede ziehen zu wollen.

Das Medizinalkollegium gibt nach persönlicher Beobachtung an: ihr psychischer Habitus steht im ganzen namentlich in Absicht auf die höheren geistigen Vermögen auf einer niederen Kulturstufe. Sie zeigt bei der Wahl der Mittel, um ihre Zwecke zu erreichen, nicht nur Gewandtheit der Hand, sondern auch die Gabe der Erfindung und Vorstellung, aber zugleich offenbar einen Mangel an Fähigkeit oder an Ausbildung der Fähigkeit, den Wert oder Unwert ihrer Handlungen zu beurteilen, oder diesem Einfluß auf die Bestimmung ihres Willensvermögens zu gewähren. Die Empfindungen eines durch ihre äußere Lage veranlaßten Mißbehagens in Verbindung mit dem dadurch zum

Teil wenigstens begründeten Heimweh stellten auch später noch die Gefühle von Reue in den Hintergrund.

Unter ihren Geschwistern wurde sie als die vornehmste betrachtet, mit mehr Schonung und Rücksicht behandelt und durfte weniger arbeiten.

In ihrem Geburtsort war die Sch. zweimal, das erste Mal 4 Wochen, das zweite Mal 14 Tage lang in Dienst. Hierauf kam sie gleichfalls zweimal, das erste Mal 2 Jahre, das zweite Mal 1 Jahr vor ihrem Verbrechen, in Dienst nach R., einige Stunden von ihrem Geburtsort entfernt. Jedesmal war sie sogleich vom Heimweh ergriffen worden und in den ersten paar Tagen wieder nach Hause gelaufen.

Als sie endlich bei den Schlosser Sch.schen Eheleuten in dem wenige Stunden von ihrer Heimat entfernten Pfarrdorf J. in Dienst getreten war, wo ihr hauptsächlich die Wart und Pflege des nur etliche Wochen alten Kindes oblag, wurde sie auch hier sogleich und in hohem Grade von Heimweh befallen. Mitwirkende Ursachen dieses Leidens mögen gewesen sein: der Übergang von dem stillen und abgelegenen Dorf nach dem sehr lebhaften und an der Landstraße gelegenen J., die gute Behandlung zu Hause, gegenüber der sehr rauhen bei ihrer als zänkisch geschilderten Dienstfrau, verbunden mit dem angestrengteren Arbeiten, wobei sie zuweilen wegen des schreienden Kindes bis Mitternacht aufbleiben mußte. Daß sie wirklich an Heimweh gelitten habe, ist durch mehrere Zeugenaussagen konstatiert.

Von physischen Krankheiten zu jener Zeit ließen sich nur Druck und Schmerzen auf der Brust, Stechen auf dem Herzen, das sie schon länger hatte und das von einem bisweilen schmerzhaften Druck im Unterleib vermehrt wurde, auffinden.

Auf der einen Seite von der Sehnsucht nach Hause zu kommen bestürmt, auf der anderen in der Furcht von ihrem Vater, wenn sie nach Hause käme, gezankt und geschlagen und von den Mädchen in O. ausgelacht zu werden, verfiel die Sch., nachdem sie darauf gesonnen hatte, ihrer Dienstherrschaft »einen Tuck« anzutun, auf den Gedanken, jenes Kind zu töten. Mehrere Zeugenaussagen gaben an, daß sie freundlich mit Kindern und kinderlieb gewesen sei.

Den Plan der Tötung des Kindes suchte sie auf mehrere Arten nacheinander auszuführen. Zunächst mit einer Nähnadel. Nach diesem ersten Versuch erhielt sie einen Besuch von ihrem Vater, der gegen sie äußerte, »daß es ihm nach ihr antue«, wodurch wahrscheinlich ihr Heimweh noch gesteigert wurde. Ihr Vater ermahnte sie jedoch zu einer guten Aufführung, was aber keine reuige Empfindung bei ihr hervorbrachte, indem sie zu dem zweiten Mordversuch schritt. Sie versuchte es mit Brennöl, suchte Hefe beizubringen, endlich am dritten Tage, nach den drei ersten Versuchen, verbrannte sie das Kind mit siedendem Kaffee, worauf es nachts starb.

Gutachten: Zur Zeit der Verübung ihres Verbrechens litt sie an einem heftigen, ihre Imputationsfähigkeit in hohem Grade beschränkenden Anfalle von krankhaftem Heimweh und wurde durch dasselbe zu ihrer unnatürlichen Tat getrieben, wobei der geringe Grad ihrer geistigen Entwicklung und ihre dermalige Lebensperiode (Übergang zur Mannbarkeit) von nicht geringem Einfluß gewesen seien.

Strafe: Wegen verminderter Zurechnung 2 Jahre Arbeitshaus.

Die Täterin, über deren intellektuellen Zustand verschiedene Meinungen herrschen, ist ein zartes Mädchen im Pubertätsalter. Nachdem sie in mehreren Jahren wegen Heimwehs zweimal gleich im Anfang aus dem Dienst gelaufen war, tötet sie das dritte Mal aus Angst vor dem Zanken des Vaters und Auslachen der Mädchen, wenn sie ohne weiteres heimkäme, das ihr anvertraute Kind. Die Ausführung der Tat erstreckt sich in vergeblichen Versuchen über mehrere Tage und erforderte eine beträchtliche Gefühllosigkeit, wenn die Depression nicht eine sehr heftige war.

Ziemlich kurz erzählt ist in *Henckes Zeitschrift für Staatsarzneikunde* ein Fall von SPITTA (Bd. XXII, 1831, p. 355).

R. geb. 1815, Tochter rechtlicher Tagelöhner war in Hausarbeit geübt, aber in geistiger Ausbildung weit zurückgeblieben. Beim Leseunterricht, den der Vater ihr erteilte, war sie nur bis zum Buchstabieren gekommen. Ohne eine Schule besucht zu haben, trat sie als 12jähriges Mädchen in Dienst. Trotzdem sie gut behandelt wurde, verließ sie diesen schon nach 4 Tagen, nachdem sie das Haus ihres Brotherrn eingeäschert hatte. (Dies wurde erst Jahre später gestanden.) Sie kam wieder nach Hause und blieb 1 Jahr bei ihren Eltern, mit Hausarbeit und Leseunterricht beschäftigt. Dann trat sie wieder bei denselben Leuten wie früher in Stellung. Doch schon nach 14 Tagen, als sie einen vergeblichen Versuch zur Brandstiftung gemacht hatte, kehrte sie, Krankheit ihrer Mutter vorgebend, zum väterlichen Hause zurück. Wieder blieb sie hier ca. 1 Jahr und kam dann zu anderen Leuten als »kleines Mädchen«. Obgleich sie es nach eigener Angabe dort recht gut hatte, zündete sie noch in der ersten Woche das Haus an. Diesmal wurde sie entdeckt.

Vor dem Amtsgerichte legte sie mit lächelndem Munde ein Geständnis ab, blieb gleichgültig und ohne Reue, aber in derselben Stunde traten ihr Tränen in die Augen, als ihre Mutter erwähnt wurde und was diese zu dem Vorfalle sagen würde. »Hier wird uns der Schlüssel zu ihrer Seele geboten. Die wärmste Anhänglichkeit an das elterliche Haus und besonders an die Mutter absorbiert alle übrigen Gefühle und Rücksichten und Heimweh erscheint als der gewaltige einzige Ton in ihrem Innern, der jede andere Stimme betäubt. Sie erzählt, wie sie, in Dienst vermietet, so ungern von Hause gewollt, wie sie so gern bei ihren Eltern und nirgends lieber sein möchte. Sie zündet in B. das Haus an und stürzt bei ausbrechendem Brande der Mutter in die Arme, um die Rücknahme nach der Heimat bittend. Im Gefängnis zu B. spricht sie häufig von ihren Kinderspielen, am meisten aber und am liebsten von ihrer Mutter und weint beim Sprechen und träumt von ihr und versichert, daß, wenn ihre Eltern ihr auch gram geworden wären, sie doch immer ihre lieben Eltern bleiben würden.«

Trotzdem Heimweh vorhanden schien, gab sie anfänglich falsche Motive für ihre Tat an. Sie sei ausgescholten, habe nicht satt zu essen bekommen, usw., um sich zu entschuldigen. Sie zeigte nach der Tat »die größte Ruhe, Kindlichkeit, Gefühl und Teilnahme an allem menschlich Guten«. Wenn die Seite ihrer Seele, die von Heimweh erfüllt ist, nicht angesprochen wird, erscheint sie heiter und ruhig, gutmütig und folgsam, hat guten Verstand und gutes Gedächtnis.

Körperlich ist sie von kindlichem Habitus, hat noch nicht menstruiert. Sie ist an Wechselfieber krank gewesen und hat viel an Kopfweh gelitten.

Im Gutachten wird eine von der Pubertätsentwickelung ausgehende Pyromanie in Abrede gestellt.

Es handelt sich wahrscheinlich um eine Imbezille, jedenfalls aber um ein aller geistigen Ausbildung bares Geschöpf. Interessant ist, daß ihr einmal eine Brandstiftung gelang, ohne daß sie entdeckt wurde und daß sie auf diese Weise ihr Ziel erreichte. Es steht das in Widerspruch mit der Behauptung, daß die Verbrechen der heimwehkranken Mädchen absolut sinnlos seien.

In bezug auf Ausbildung des Verstandes und der Moral wegen Kürze nicht ganz klar, aber anscheinend nicht imbezill und in manchen Zügen sehr charakteristisch ist die 14jähr. Glorieux, von der KRAFFT-EBING nach SCHREVENZ berichtet (*Gerichtl. Psychopathologie* p. 59, 3. Aufl.).

Am 5. Dezember zeigte die 14 Jahre alte Glorieux ihrer Herrin ein Büschel Stroh, das sie angebrannt in der Scheune gefunden haben wollte, und als jene dem Vorfall keine Beachtung schenkte, geriet die G. ins Weinen und sagte: »Es scheint fast, als meine man, ich hätte Feuer anlegen wollen und das ist doch ein großes Verbrechen.« Am 6. abends brannte das Gehöft. Die G. raffte ihre Sachen zusammen, ging fort und kam erst am folgenden Morgen wieder, weinend und sagend, daß sie sich krank fühle. Anfangs leugnete sie, später gestand sie ihre Tat mit der Motivierung, daß ihr die Arbeit zu schwer war, sie sich immer krank fühlte und kein anderes Mittel wußte, um heim zu den Eltern zu kommen. Die G. war erst seit 14 Tagen in diesem Dienst. Vorher hatte sie einige Monate in einem anderen gedient, aber wegen Kränklichkeit nicht bleiben können.

Die G. ist im Alter der Pubertät. 8 Tage vor der Tat hatte sie zum ersten Male die Menses bekommen, die seither nicht wiedergekehrt sind. Sie ist seit Jahren kränklich (Erbrechen, Kopfschmerzen), litt an Konvulsionen im 7. Jahr. Damals litt sie an Typhus, der einen neuropathischen, kränklichen Zustand hinterließ. Einige Monate vor der Brandstiftung hatte sie einen heftigen Schrecken. Einer erblichen Disposition ist sie nicht unterworfen. Geistig ist sie zurückgeblieben und auf noch kindlicher Stufe. Sie weiß abstrakt, daß Brandstiften ein schweres Verbrechen ist, aber einer Nutzanwendung auf den eigenen konkreten Fall war sie nicht fähig. Sie will es nicht mehr tun. Man solle sie doch heim lassen! Sie gestand erst und treuherzig, als man versprochen hatte, daß ihr nichts geschehen werde.

Das Gutachten erweist zunächst, daß hier keine Geisteskrankheit oder Geistesschwäche vorliegt, sondern eine retardierte geistige Entwicklung, die die G. noch auf kindlicher Stufe erscheinen lasse. Schwere Arbeit, Kränklichkeit machten ihr den Dienst bei fremden Leuten unerträglich. Sie hatte nur eine Sehnsucht, heimzukommen. Kindlich und furchtsam wie sie war, getraute sie sich nicht ohne Grund fortzulaufen. Sie hoffte immer auf einen glücklichen Zufall, der ihr das Verlassen des Dienstes ermögliche. Eines Tages schoß ihr der Gedanke durch den Kopf, diesen Zufall selbst herbeizuführen. Sie kämpfte gegen diesen Gedanken, er wurde immer mächtiger. »Es trieb mich Feuer zu legen.« Das erste Mal löschte sie es noch selbst, endlich konnte sie nicht mehr Widerstand leisten. Sie dachte dabei nur ans Fortkommen, nicht an die möglichen Folgen der Handlung. Oft weinte sie im Gefängnis, »ja, wenn ich an all das gedacht hätte, würde ich es nicht getan haben«.

Mit Recht betont der Experte bezüglich der Schuldfrage das Alter, die zurückgebliebene geistige Entwickelung, das Heimweh, die Vorgänge der Pubertät mit ihren Rückwirkungen aufs psychische Leben, doppelt bedeutsam hier, wo es sich um ein kränkliches neuropathisches Individuum handelte, die zwingende organische Macht einer durch lebhafte Unlustgefühle (Nostalgie) und einen neuropathischen hysterischen Zustand unterhaltenen verbrecherischen Idee. Ein solcher Zustand machte die G. unfähig aus freiem Willen zu handeln und moralisch unverantwortlich für die begangene Tat. Der Urteilsspruch ist nicht mitgeteilt.

Ein kindliches Seelenleben haben wir bei allen Täterinnen beobachtet, doch waren sie immerhin am Ende der kindlichen Epoche. Es gibt zwei Fälle in der Literatur, die von Kindern in jüngeren Jahren handeln, die zwar kurz referiert, aber wegen der Seltenheit wichtig sind.

ZANGERL 1840, p. 74. Ein Mädchen, 9 1/2 Jahre alt, wurde in das eine Stunde von seiner Heimat entfernte Ernstbrunn als Kindsmädchen in Dienst gegeben. Bald darauf vom Heimweh geplagt, bat es seine Dienstfrau um Entlassung und, da diese ihm verweigert wurde, lief es zur Mutter und erklärte ihr, vor Sehnsucht nach der Heimat sterben zu müssen.

Die Mutter schickte die Tochter, die weder über den Dienst noch über die Dienstfrau klagen konnte, mit der Weisung zurück, daß sie nur in dem Falle, wenn das ihr übergebene Kind stürbe, nach Hause kommen dürfe.

Einige Tage später wurde das wieder der kleinen Wärterin anvertraute Kind von Krämpfen befallen und starb noch am nämlichen Tage. Am anderen Morgen schnürte das Kindsmädchen sein Bündel und wollte nach Hause gehen, was aber die Dienstfrau nicht bewilligte. Am folgenden Tage kam die Mutter nach Ernstbrunn und erteilte der Tochter den Befehl, zur Wartung eines dreijährigen Knaben noch ferner in dem Hause zu bleiben, ungeachtet sie klagte, weinte und der Mutter vorwarf, nicht Wort gehalten zu haben. Dies geschah Sonntags, und Montags früh brach in dem von der Wohnung nur einige Schritte entfernten Stadel Feuer aus, welches bald gelöscht wurde. Am Dienstag Vormittag wurde der Arzt eiligst ins Haus gerufen und fand den dreijährigen Knaben ganz blau und tot auf dem Bette liegen. Die Mutter erzählte, daß sie vor einer Stunde den Knaben ganz gesund verlassen und bei ihrer Zurückkunft das Mädchen mit dem aufgeschlagenen Katechismus vor sich, ruhig an dem Tische sitzend gefunden habe. Auf die Frage nach ihrem Kinde deutete das Mädchen nach dem Bette und sagte: »Ich habe dem Johann nichts getan.« Auf diese verdächtigen Worte eilte die Mutter zum Bette und fand ihr Kind ganz mit Polstern bedeckt ohne Zeichen des Lebens. Alle Versuche der Rettung waren vergeblich. Es war erstickt, nach damaliger Vermutung durch die Unerfahrenheit des Mädchens, welches, selbst noch ein Kind, vielleicht in guter Absicht den Knaben recht gut hatte bedecken wollen. Doch die Mutter, von richtigem Gefühle geleitet, ahnte Vorsatz und stürzte, vom Schmerz überwältigt, mit solchem Ungestüm auf das Mädchen los, daß der Arzt Mühe hatte, es vor ihrem Zorne zu schützen.

Dem Gerichte übergeben, sagte die kleine Arrestantin folgendes aus: »In Ernstbrunn gefiel es mir nicht, ich sehnte mich nach meinen Eltern, ich wußte, daß ich nach dem Tode des kleinen Kindes nach Hause gehen dürfe, daher würgte ich es mit einem Tuche bis es ganz blau wurde, doch das Kind erbarmte mir und ich nahm das Tuch wieder ab, aber es bekam Fraisen und starb. Da man mich nicht nach

Hause gehen ließ, legte ich Feuer im Stadel neben unserem Hause in der Hoffnung, daß diese Leute, wenn Haus und Kind verbrannt sein würden, kein Kindsmädchen mehr brauchten. Da ich auch dadurch meinen Zweck nicht erreichte, so legte ich den kleinen Knaben aufs Bett, bedeckte sein Gesicht mit Polstern und setzte mich darauf, bis es sich nicht mehr rührte.«

Dieses Mädchen, welches in 5 Tagen 2 Kinder ermordet und einmal Feuer angelegt hatte, zeigte nicht die geringste Reue, benahm sich beim Verhöre und im Arreste so unbefangen und kindlich, als hätte es bloß einem Sperling den Hals umgedreht, fragte stets nur, warum man es nicht zu seinen Eltern gehen lasse, hatte von der Dienstfrau das beste Zeugnis in Hinsicht seines herzlichen Benehmens gegen ihre Kinder, verriet aber in ihren Äußerungen und in der Art, wie es den Erfolg seiner Bemühungen richtig berechnet hatte, die schärfste Beurteilung und ein für sein Alter ungewöhnliches Talent.

Diese Tat drang bis zu den Ohren unseres Monarchen, der eine genaue Erforschung aller Verhältnisse befahl. Es ergab sich, daß die kleine Verbrecherin sehr selten in die Schule geschickt und daher im Unterrichte ganz zurückgeblieben war. Sie wurde verurteilt, in Gegenwart sämtlicher Schulkinder mit 10 Rutenstreichen abgestraft und dann ihren Eltern zu besonderer Aufsicht zurückgegeben zu werden. Allein unser allergnädigster Monarch, das Beste dieses unglücklichen Geschöpfes beabsichtigend, nahm es mit Einwilligung der Eltern in das Waisenhaus nach Wien, wo es jedoch bald darauf an einem Nervenfieber starb.

Über das zweite Kind ist in KLEINs *Annalen*, VII. Bd., berichtet.

Maria Luise Sumpf, ein 10 Jahre altes Dienstmädchen, trat am 1. Juni 1790, vormittags 10 Uhr, in die Stube ihrer Herrschaft und schrie »das Haus brennt«. Dieses brannte auch vollkommen ab, und drei Menschen kamen ums Leben. Daß sie selbst die Urheberin dieses Brandes sei, leugnete sie anfangs, suchte den Verdacht auf eine Bettelfrau zu schieben, bis sie einer Frau Palm gestand, die ihr sagte, es würde ihr nichts geschehen. Vorher hatte sie ängstlich gerufen: »Palmsche, sie verbrennen mich.«

Schon länger hatte sie Widerwillen gezeigt, den Dienst fortzusetzen und sich darauf beziehende, gefährliche Äußerungen getan. Zu des Küsters Belitz Tochter hatte sie gesagt, daß sie dem Kinde ihrer Herrschaft eine Nadel zu verschlucken geben wolle, damit das Kind sterben und ihr Dienst ein Ende nehmen möchte. Das sei aber nicht ihr ernstlicher Vorsatz gewesen, sondern sie habe geglaubt, wenn sie so sage, werde man sie aus dem Dienst entlassen.

Über die Herrschaft hatte sie keine Klage, war nur unzufrieden mit der Mittelmagd, mit der sie in einem Bett schlief.

Als Ursache ihrer Tat gab sie jedesmal Heimweh an. Dessen Vorhandensein war auch ihrer Umgebung bekannt. Außerdem behauptete sie anfangs, ihr Großvater habe ihr dazu geraten, später, er habe nur gesagt, sie solle dumme Streiche machen, damit sie aus dem Dienst käme. Am Tage vor der Tat sagte sie zu ihrem Vater, sie möchte gerne zurück. Dieser hat sie dafür braun und blau geschlagen.

An dem Tage, da das Feuer ausgebrochen sei, habe sie zuerst den Einfall bekommen, sich dadurch von dem Dienste frei zu machen, daß sie das Haus ihrer Herrschaft in Brand stecke. Dies habe sie erst durch eine in den Hof getragene glühende Kohle bewerkstelligen wollen, da dies aber nicht gelungen sei, so habe sie zwei Schrillspäne geholt, sie auf dem Feuerherde angezündet, sei damit auf die gleich neben der Hintertür stehende Leiter gestiegen, wo sie auf dem Boden das Strohdach mit den brennenden Spänen angesteckt habe. Sie habe sich wohl vorgestellt, daß das Haus abbrennen werde, sie habe aber nicht geglaubt, daß der Schaden so groß werde und Menschen dabei ums Leben kämen. Es sei ihr nicht unbekannt gewesen, daß sie durch die Tat Strafe verdiene, aber was für eine habe sie nicht gewußt. Die unbeschreibliche Sehnsucht nach ihrer Heimat habe sie zu der Tat bewogen. Übrigens entschuldigte sie das Verbrechen durch ihre Jugend, bat um Mitleiden und versprach Besserung.

Über die unglücklichen Folgen ihrer Handlung und besonders über den dadurch verursachten Tod verschiedener Menschen schien sie sehr gerührt zu sein. Sie rang nach der Tat die Hände und rief »Ach, unser Haus ist verbrannt«, umfaßte dabei der Zeugin Knie und rief:

»Ach, ich bin nicht schuld daran.« Das Umschlingen war so anhaltend, daß die Zeugin die Inquisitin gar nicht los werden konnte.

Ihre Eltern waren Tagelöhner, die sich kümmerlich ernährten. Sie hat nur wenig lesen gelernt, für den Sommer sollte sie als Kindermädchen in Dienst, bis im Winter wieder die Schule begänne.

Was den Gemütscharakter der Inquisitin betrifft, so gibt ihre Mutter ihr das Zeugnis, daß sie außer einigen Kinderstreichen nie etwas Böses begangen, sondern immer sich fleißig und ordentlich betragen habe. Aber sie hat ein Huhn, das legen wollte, solange gequält, bis ihm die Gedärme abgegangen sind. Der Organist, bei dem sie in die Schule gegangen, meint, sie sei zänkisch gewesen und habe tückischen Sinn gehabt.

Das Gutachten betont die Heftigkeit des Heimwehs, das von einer Art Angst begleitet war, die ungünstige Wirkung der Züchtigung durch den Vater. Der Verteidiger macht auf die Unmündigkeit und das kindische Wesen aufmerksam.

Strafe: 6 Jahre Zuchthaus »statt des Willkomm dort mit Ruten zu züchtigen, auch während der Strafzeit jährlich am 1. Junius als am Tage der Brandstiftung, imgleichen bei ihrer Entlassung«.

Bei dem letzten Kinde scheint eine sittliche Minderwertigkeit deutlich hervorzutreten, die um so auffallender ist, als wir bei den Heimwehkranken oft einen besonders guten, sanftmütigen, aller Bosheit fernen Charakter fanden. Dies Kind weicht wohl von unseren typischen Fällen in der Richtung ab, die zu den moralisch tiefstehenden Wesen führt, die ohne Affekt mit unglaublicher Gleichgültigkeit die grausamsten Morde und andere Verbrechen begehen. Von dem Grad der Verstimmung kann man sich bei der Sumpf keine gute Vorstellung machen, vielleicht überwog bei ihr die Unlust am Dienst das Heimweh beträchtlich.

Denn von den Fällen, in welchen Heimweh das ausschlaggebende Moment ist, führt eine Linie zu denen, die ihre Tat lediglich aus Unzufriedenheit mit dem Dienst begehen. »Begreiflicherweise verbindet sich Unzufriedenheit oft mit Heimweh, aber beide Affekte sind doch, wenn auch bisweilen verschmelzend in ihren Extremen deutlich unterschieden. Eltern niederer Stände werden nicht selten dadurch geplagt, daß ungeratene Söhne wiederholt aus der Lehre laufen, es würde der Erfahrung geradezu widersprechen, wenn man dabei jedesmal Heimweh annehmen wollte.« (JESSEN) Man findet nun allerdings bei den in Betracht kommenden Individuen wohl Anklänge an Heimweh, aber sie sind doch von den echten Nostalgieverbrecherinnen verschieden. Eine Reihe einschlägiger Fälle findet man bei JESSEN unter dem Kapitel: Unzufriedenheit mit dem Dienst. Ein anderer möge hier im Aktenauszug folgen:

Marie G. war von ihrem 7. bis 10. Lebensjahr während der Witwenschaft ihrer Mutter als Zögling in einer Erziehungsanstalt. Nach der neuen Verheiratung derselben kehrte sie zu ihr zurück und besuchte bis zum 14. Jahre die Volksschule, die sie in der zweiten Klasse verließ. Sie sträubte sich, auf dem Lande einen Dienst anzunehmen (aus der Großstadt gebürtig) doch trat sie 14 1/2 Jahr alt, Ostern einen solchen zum erstenmal an. Nach 14 Tagen bei einem Besuch zu Hause äußerte sie sich zufrieden. Pfingsten sprach sie schon anders, sie wolle höchstens bis November dortbleiben.

Sie selbst gibt an, daß sie gut behandelt sei, nur sei das 5jährige Kind, das sie zu warten hatte, ihr wenig zugetan gewesen, so daß es manchmal unangenehme Szenen gab. So wollte das Kind am 16. V., nachmittags auf dem Felde, die Milchflasche von ihr nicht annehmen von der Mutter dagegen gleich. Die G. wurde deswegen ausgezankt, sie sollte machen, daß sie nach Hause käme. Sie meinte, sie solle den Dienst verlassen, packte ihre Sachen und fuhr zur Mutter. Diese war gar nicht zufrieden und brachte sie am nächsten Tage, an dem es zu dem verhängnisvollen Morde kam, zurück.

Wie sie morgens vor der Tat von ihrer Mutter gebracht wurde, war sie wortkarg. Unterwegs stellte sie sich an einen Graben, als ob sie hineinspringen wollte. Die Mutter wurde ärgerlich und sagte: »Du willst dich wohl ertränken«, worauf sie erwiderte: »Nun tue ich es erst recht nicht.« Auf die Äußerung: »Du hättest wohl lieber deine Mutter tot«, antwortete sie: »Ich würde mich freuen, wenn du tot wärest.«

Um 1 Uhr kam sie an und übernahm die Wartung des Kindes. Als sie es, wie ihr befohlen war, anziehen wollte, schrie das Kind, sträubte sich heftig und kratzte sie. »Da geriet ich durch das, was vorher schon passiert war, gereizt, in solche Erregung, daß ich mich entschloß, dem Kind ein Leid anzutun. Mit der linken Hand hielt ich dem Kinde den

Mund zu, während ich mit der rechten ihm die Kehle zudrückte. Wie lange die Situation dauerte, kann ich nicht angeben, da ich mich in Aufregung befand. Ich ließ das Kind erst wieder los, als es mich mit den Händen nicht mehr abwehrte.« Der Gedanke, das Kind zu töten, sei ihr erst unmittelbar vor der Tat gekommen, erst als das Kind beim Anziehen Widerstand leistete. Sie habe da gemeint, daß sich ihre Stellung nie bessern würde, da sie immer wieder Vorwürfe bekommen würde. Aus Verzweiflung sei sie zur Tat getrieben worden, die sie jetzt bitter bereue.

Später hat die Täterin ausgesagt, daß sie schon am Abend des 16., als ihre Mutter ihre Rückkehr in den Dienst verlangte, den Plan faßte, das Kind zu töten. Sie habe die Tat im Laufe des nächsten Nachmittags durch Erstickung ausführen wollen. Auf diese Weise könne man am wenigsten sehen. Sie hätte am Abend mit der Mutter, die bis zu der Zeit in dem Ort blieb, zurückgehen können. Durch den Widerstand des Kindes beim Anziehen und ihre dadurch erregte Wut sei sie schon früher zur Tötung geschritten. Bei dieser Aussage blieb sie und ergänzte sie noch durch die Worte: »Ich habe mich zu der Tat entschlossen, weil ich Heimweh hatte und durchaus von der K. weg und zu meiner Mutter wollte«.

Über ihren Charakter werden von Lehrer und Pfarrer bemerkenswerte Angaben gemacht. Der Pfarrer der Erziehungsanstalt gibt an: sie hat sich sehr schlecht geführt und zeigte sich überaus störrisch und verschlossen. Ein jede Rücksicht verachtender Jähzorn war ihr eigen, einer Frau sprang Marie im Zorn auf den Rücken, um ihr den Kopf zu verletzen. Wenn sie eingesperrt werden sollte, zerriß sie Schürze und Uhrkette der Schwester. Zu Zeiten hatte sie wirkliche Wutausbrüche, wenn sie aber ausgetobt, war sie weich und reumütig. Der Lehrer berichtet: sie sei sehr träge gewesen und habe fast immer als eine der Letzten in der Klasse gesessen. Sie hatte ein verschlossenes Wesen, war einsilbig, in sich gekehrt und mürrisch, für freundliche Worte unzugänglich. Gegen Tadel war sie zuerst offen widersetzlich. Später nahm sie ihn mit Achselzucken auf. Sie gehorchte immer nur widerwillig. Ihre Dienstherrschaft hat sie nach Vorwürfen gleich verletzt und störrisch gefunden, doch sei sie im Dienste tüchtig und strebsam gewesen, habe nur mit dem kleinen Knaben nicht fertig werden können. Ihre eigene Mutter erklärt sie für trotzig, verstockt, mitunter sei von ihr keine Antwort zu bekommen.

Im mündlichen Gutachten sagte der Gerichtsarzt aus, daß die Täterin in hochgradiger Erregung sich befunden und im Jähzorn gehandelt habe daß dieselbe sich aber nicht in einem Zustande von Bewußtlosigkeit befunden habe, der die freie Willensbestimmung ausschließe. Sie wurde wegen Totschlags zu 6 Jahren 6 Monaten Gefängnis verurteilt.

Solche Fälle wie dieser, wo es sich um moralisch minderwertige, affekterregbare, aber doch nicht an moral insanity leidende Geschöpfe handelt, wird man wohl noch zu normalen Verbrechern rechnen müssen. Das Heimweh wird nur einmal erwähnt, es tritt offenbar sehr in den Hintergrund gegen Unzufriedenheit, Ärger, Zorn und Wut, die bei dem sittlich schwachen Menschen zur Tat führen.

Recht isoliert unter den Heimwehverbrecherinnen steht ein nicht klarer Fall da, der sich in HETTICHs Dissertation findet. Es handelt sich um ein 22jähriges Mädchen, das von Kindheit an abnorm war.

HETTICH 1840. II. Fall. Mord eines Kindes.
Marianne Schm. litt seit ihrer Kindheit häufig an Kopfweh, das gewöhnlich 2—3 Tage dauerte und mit Rötung der Augen und des Kopfes verbunden war. Nach dem zwischen ihrem 14. und 15. Lebensjahr erfolgten Eintritt der immer regelmäßigen Menstruation war jenes Kopfweh jedesmal während der Periode stärker.

Sie besuchte in ihrem Geburtsorte die Werk- und Sonntagsschule, kam später in mehrere Dienste an verschiedenen Orten und scheint überall vom Heimweh befallen worden zu sein. Sie verfehlte sich nach ihrer eigenen Angabe öfters mit Mannsbildern, das erstemal zwischen ihrem 15. und 16. Jahre und wurde einmal schwanger.

Endlich in einem Alter von 22 Jahren kam sie zu dem Bauer Joh. W. in H., einem Filial ihrer Geburtsstadt in dem benachbarten Oberamte M. in Dienst, wo ihr Hauptgeschäft in der Wart und Pflege eines wenige Wochen alten Kindes bestand. In diesem Dienste nun wurde sie besonders stark vom Heimweh ergriffen. Sie gab an, daß die Anfälle desselben besonders heftig gewesen seien, so oft sie auf Besuch nach ihrem Geburtsorte gegangen war, und wenn der Bauer und die Bäuerin auf dem Felde, sie dagegen allein zu Hause gewesen sei. Sie habe dann immer geweint (wovon man jedoch nichts bemerkt haben will), und es sei ihr dann immer der Gedanke gekommen, sie solle nur davonlaufen. Es sei oft der Fall gewesen, daß sie mit dem Kinde allein zu Hause bleiben mußte und dann sei das Heimweh, ohne daß sie wisse warum, immer am stärksten gewesen. Dann sei ihr der Gedanke gekommen: »Jetzt läßt du das Kind liegen und läufst davon.«

Endlich stieg der Gedanke in ihr auf, das Kind zu töten, um aus dem Dienste und nach Hause zu kommen. Sie beschäftigte sich mit diesem Gedanken zwei Tage lang, wobei es immer mit ihr umgegangen sei: »Mach es so, mach es so.« Dieser Gedanke gedieh bei ihr zur Reife, als sie eines Morgens in die Ölmühle in ihrem Geburtsorte geschickt wurde. Sie besuchte bei dieser Gelegenheit ihre Mutter und fragte diese darüber nach, ob sie nach dem Tode des Kindes nach Hause kommen dürfe, wurde aber von dieser an ihren Stiefvater verwiesen. Den fragte sie nicht, sondern kaufte gleich hernach Fliegenstein und gab diesen in einem günstigen Moment, als alle auf dem Felde waren, dem Kinde in zwei Dosen mit einem Zwischenraum von $^1/_4$ bis 1 Stunde und steckte am Ende, als der erwartete Tod bei dem Kinde nicht eintreten wollte, diesem letztern den Finger in den Hals, um es zu ersticken, was auch in kurzer Zeit erfolgte.

Nach dem Tode des Kindes jammerte die Schm. bei einer Nachbarin über dieses Ereignis, ob in der Absicht, etwa statthabenden Verdacht von sich abzuwälzen, oder weil sie bereits damals ihre Tat bereute, ist nicht klar. Vor dem Richter entschuldigte sie diese damit, daß sie die Sache damals nicht recht bedacht habe.

Nach den Aussagen der verschiedenen Behörden und der Zeugen hat sie ein unruhiges, jeder Gebundenheit, ernsteren Beschäftigung und steten Anstrengung abholdes Wesen an sich gehabt, wogegen sie an läppischen Possenspielen ihr Vergnügen gefunden zu haben scheint. Außerdem scheint Leichtsinn, Unbesonnenheit und Charakterlosigkeit zu den hervorstechendsten Zügen gehört zu haben, vermöge welcher sie sich im Reden und Handeln von jedem nächsten Eindrucke, ohne die Folgen zu bedenken, hinreißen ließ, und insbesondere scheint sie jedes gegenwärtigen, ihr unangenehmen Eindrucks sich, was es kosten möge, zu entledigen gesucht zu haben.

In der Schule war sie arbeitsscheu, unaufmerksam und unfleißig. Ebenso flatterte sie außer der Schulzeit von einem Possenspiele zum andern, machte sich ein eigenes Geschäft daraus, ihre Altersgenossinnen durch allerhand Narrenspossen zu unterhalten, welch letztere sich ihrer als Bajazzo bedienten. Bei dieser Gelegenheit suchte sie ihre Gespielinnen bald mit zerstreuten fliegenden Haaren, die Wahnsinnige spielend, bald mit Weinen und Heulen, bald mit unbändigem Lachen, mit allerlei Grimassen, mit Augenverdrehen, Mäulerschneiden, bald auch dadurch, daß sie mit aufgehobenen Röcken vor denselben herumtanzte, zu divertieren.

Ihre Mutter sagt über sie aus, sie hätte nicht gern gearbeitet und lieber Narrheiten getrieben und sei überhaupt so ein »Haspel« gewesen. Bisweilen sei sie aber auch dagesessen und habe in den Boden hineinsinniert. Übrigens habe sie in einer Viertelstunde lachen und weinen können, und wenn sie jemanden beleidigt zu haben glaubte, so habe sie ihn mit Tränen um Verzeihung bitten können. Dumm sei sie immer gewesen, indem sie alles unüberlegt getan und oft unbesonnen herausgeschwätzt habe, was sie alsdann öfter bereute. Unfolgsam und widerspenstig sei sie öfter gewesen, aber Roheit könne man ihr nicht vorwerfen. Im Dorfe sah man sie von jeher dafür an, als sei es bei ihr nicht richtig.

Das Zunehmen ihres Leichtsinns legte sich später durch immer mehr überhandnehmenden Hang zum männlichen Geschlechte an den Tag. Ihre Roheit gab sie durch gräßliches Schwören und Fluchen zu erkennen. Sie soll sich manchmal die Haare mit Fäusten aus dem Kopfe gerissen haben. Sie legte das Selbstgeständnis über sich ab, sie sei eben von Jugend auf ein böses Weibsbild gewesen.

In Beziehung auf ihr körperliches und geistiges Befinden während ihres letzten Dienstes will niemand etwas Auffallendes an ihr bemerkt haben.

Als charakteristische Züge aus der Zeit ihrer Untersuchung möchten noch anzuführen sein, daß sie das ihr langweilig gewordene weitere Verhör um jeden Preis, auch wenn sie das Leben lassen müßte, oder wenn sie das Aufhören desselben mit einer längeren Gefangenschaft abverdienen müßte, abgekürzt haben wollte, sowie, daß sie im Gefängnis ihre unzüchtigen Neigungen durch die schamlosesten Reden und ihren Unmut, dieselben nicht befriedigen zu können, durch Fenstereinschlagen zu erkennen gegeben hat.

Ihr physischer Zustand war gesund und kräftig, die körperliche Entwicklung regelmäßig und zur Zeit des Verbrechens wenigstens der Hauptsache nach schon erfolgt.

Dafür, daß der Grund des Verbrechens das von ihr selbst angegebene Heimweh sei, läßt sich anführen, 1. der Mangel irgend eines anderen Beweggrundes, indem sich keine Rachsucht gegen ihre Herrschaft und keine Roheit gegen das getötete Kind oder gegen Kinder überhaupt, welche sie im Gegenteil in früheren Diensten getreulich besorgt hat, herausstellte, 2. daß sie in ihren sämtlichen Diensten und auch noch im Gefängnis von Heimweh verfolgt wurde, in welchem sie, solange sie eine Gesellschafterin hatte, von Heimweh verschont blieb, nach ihrer Entfernung aber wieder so heftig von demselben befallen wurde, daß sie mit dem Kopf gegen die Mauer rannte und sich denselben nicht unbedeutend beschädigt zu haben scheint. Auch wurde das Heimweh wieder rege bei ihr, als sie bei Gelegenheit eines Verhörs ihre Mutter nach langer Zeit wieder sah, 3. der Umstand, daß sie im übrigen durch die ganze Untersuchung hindurch die größte Sorglosigkeit und Indolenz hinsichtlich des Hervorsuchens von Milderungs- oder Entschuldigungsgründen ihres Verbrechens an den Tag gelegt hat.

Gutachten: Verminderte Zurechnungsfähigkeit wegen hochgradigen Heimwehs.

Strafe: 10 Jahre Zuchthaus.

Am wahrscheinlichsten ist bei der Täterin eine erethische Imbezillität. Diese machte sie in der Heimwehverstimmung, zu der sie oft neigte, widerstandslos gegen verbrecherische Impulse. Sie unterscheidet sich wesentlich von allen bisherigen Fällen. Das Alter ist schon auffallend. Die Pubertätsepoche ist wohl beendet. Körperlich ist sie gesund, dagegen geistig offenbar in engerem psychiatrischen Sinne dauernd krank.

Zum Schlusse zählen wir noch einige kurz berichtete Fälle auf, die zum Teil historisch eine Bedeutung hatten, aber zu einer Einordnung allzu dürftig sind.

PLATNER *Quaestiones* 1824. Gutachten vom Jahre 1801.
Johanne Friederike Roßwein beging zwei Brandstiftungen mit 14 und 15 Jahren. Sie war ein streng erzogenes Landmädchen, an dem die Eltern mit Züchtigungen nicht gespart hatten. Mit 14 Jahren wurde sie in Dienst gegeben. Trotzdem sie jammerte und unter Geschrei sich wehrte, wurde sie durch Prügel und Gewalt gezwungen zu gehen. Vom ersten Tage an bei den fremden Leuten weinte sie, gab schließlich Krankheit vor und wurde nach Haus zurückgeschickt. Hier unwirsch empfangen, wurde sie gleich in neuen Dienst getan. Aber gleich am ersten Tage legte sie dort Feuer an und, da sie nicht entdeckt wurde, gelang ihr Zweck, gleich am selben Abend wieder nach Hause zu kommen. Doch der Vater sorgt wiederum gleich für einen neuen Dienst, da er wollte, daß die Tochter sich selbst ihr Brot verdiene und sich an Arbeit und Gehorsam gewöhne. Allmählich schien sie sich zu gewöhnen und war schon 6 Monate von Hause fort, als sie von ihrer Stelle entlassen in einen anderen Bezirk in Dienst geschickt wurde. Wenige Tage, nachdem sie hier angekommen war, legte sie von neuem Feuer. Als Grund für beide Taten gab sie nur an: Heimweh, das sie nicht habe ertragen können. Die Rückkehr nach Hause habe sie auf keine andere Weise erreichen können als durch Brandstiftung, die eine Verwirrung und Konfusion anrichte. Sie gestand die zweite Tat beim ersten Verhöre und die erste, deren sie gar nicht verdächtig war, ungefragt auf eigenen Antrieb. Auf Haß und Rachsucht war nicht der geringste Verdacht zu finden.

PLATNER erklärte sie für die erste Brandstiftung als unschuldig, für die zweite für schuldig. Sie wurde zum Tode verurteilt.

Dieser Fall ist trotz seiner kurzen Wiedergabe doch recht typisch. Seine Begutachtung durch PLATNER wurde im historischen Teil wiedergegeben. Wie bei dem Fall SPITTA aus Henckes Zeitschrift finden wir auch hier das Gelingen des Ziels, durch eine Brandstiftung nach Hause zu kommen, ohne entdeckt zu werden. Interessant ist das Auftreten des Heimwehs nach neuem Stellenwechsel. Daß bei einem solchen Wesen noch vor 100 Jahren ein Todesurteil gefällt wurde, verdeutlicht den eminenten Fortschritt der forensischen Beurteilung dieser Taten.

KLEINs *Annalen* XIV. 1795, p. 19.
Anne Regine Dräger, 16 Jahre alt, hat 6 Wochen bei dem Bauer Pasche gedient, (ist vorher beständig bei ihren Eltern gewesen, die sie nun nicht mehr ernähren konnten) als sie das Stroh im Stalle anzündete. Das Feuer wurde bald gelöscht. Auf gütliches Zureden gestand sie bald, sie habe sich vom Satan blenden lassen und das Feuer angelegt. Ihre Absicht sei gewesen, daß zuerst das Stroh, hiernach der Stall und endlich das Haus ihrer Herrschaft habe brennen sollen, und habe sie dadurch bewirken wollen, daß sie aus dem Dienste käme und zu ihren Eltern zurückgehen könne. Es habe ihr nämlich bei dem Pasche gar nicht gefallen, vorzüglich weil seine Frau sie öfters ausgescholten und geschimpft habe, als ob sie eine Spitzbübin wäre. Der bei ihr schon erweckte Überdruß gegen ihre Herrschaft sei dadurch noch größer geworden. So habe sie sich z. B. am 8. April, als sie aufgestanden, vorgenommen, das Haus anzustecken, um sich aus dem Dienst zu befreien. Sie habe gedacht, daß nach dem Brande der Pasche keine Magd mehr brauche. Sie habe sich des bei ihrem Aufstehen eingekommenen Gedankens der Feueranlegung gar nicht mehr erwehren können und ihn gegen 6 Uhr gedachten Tages am Morgen, da sie sich ganz allein zu Hause befunden, ausgeführt. Als sie zu der Seitentür nach der Wagenschauer herausgekommen und die Augen nach dem Pferdestall hingewandt habe, sei schon aus dem Dache desselben Rauch gestiegen und der Herr hinzugelaufen. Das habe sie sehr erschreckt, weil sie doch nicht geglaubt hätte, daß das Feuer so geschwinde brennen würde. Sie habe deswegen auf-geschrien und sei schnell dem Pasche nachgelaufen. Daß das Feuer wieder ausgelöscht wurde, sei ihr recht lieb gewesen, denn sie sehe nun wohl ein, daß es hätte sehr gefährlich werden können, woran sie vorher nicht gedacht habe. Es sei ihr sehr leid, eine so gefährliche Sache unternommen zu haben. Sie habe gewußt, daß es strafbar sei, aber nicht, was darauf für eine Strafe stehe. Zu ihrer Verteidigung habe sie anzuführen, daß sie noch sehr jung und unerfahren sei, die Sache nicht recht bedacht habe, auch es nie wieder tun wolle, endlich aber eine große Sehnsucht nach Hause zu ihren Eltern gehabt habe.

Über Charakter und Intelligenz der Täterin ist nichts berichtet. Es scheint, als ob die Unzufriedenheit mit dem Dienst eine überwiegende

Rolle gespielt hätte, von Heimweh ist kaum etwas Deutliches berichtet. Ähnliche Fälle, die in der späteren Literatur trotzdem wohl als solche von Heimweh angeführt werden, sind:

Katharine Schulzen, KLEINs Ann. VII. 1791, S. 55.
Maria Kastor, KLEINs Ann. XIII. S. 176.
HITZIGs Ann. Berlin 1830, S. 37.
ibid. S. 54.
RICHTER, 9. Fall.

Das Heimweh tritt bei allen diesen Berichten nicht deutlich hervor, dagegen wohl eine sittliche Schwäche der Individuen. Im übrigen ist eine Beurteilung und Einordnung dieser Fälle wegen Kürze wohl kaum mehr möglich.

Die Reihe der bekannten Heimwehfälle ist nun an uns vorübergezogen. Während in den ersten das Heimweh als das Ausschlaggebende für Verstimmung und Tat erschien, wobei kindliche Entwicklungsstufe, Pubertätsentwicklung, körperliche Krankheiten und psychopathische Veranlagung prädisponierten, mußten in der überwiegenden Zahl der weiteren Fälle andere Punkte herangezogen werden. Wir fanden Fälle, bei denen das Heimweh zurücktrat gegen andere Formen der Psychopathie, gegen endogene Verstimmung unbekannter Art, gegen Schwachsinn und gegen moralischen Schwachsinn, schließlich gegenüber einfacher sittlicher Minderwertigkeit, die in der Unzufriedenheit mit dem Dienst und dem Wunsch ihn zu verlassen, schon genügende Motivierung für die Ausführung des Verbrechens fand. Mußten diese Fälle beigebracht werden, um bis zu einem gewissen Grade die Stellung des Heimwehs zu verwandten Zuständen zu übersehen, so bieten sie doch auch Material für unsere engere Frage. Der Mechanismus der Entstehung des Heimwehs ist wohl immer ein ähnlicher und, mag die gewordene Verstimmung gering oder stark, in ihren Folgen bedeutsam oder zurücktretend sein, ihre Entstehung vollzieht sich wohl im ganzen auf ähnliche Weise. Ihr Verlauf und ihre Wirkung hängen dann von der Persönlichkeit und komplizierenden Zuständen entscheidend ab.

Diesen Mechanismus der Heimwehentstehung, die Umstände, die es begünstigen, seine Äußerungsweisen und seinen Verlauf haben wir nun an der Hand der Fälle etwas näher zu betrachten. Dabei werden im einzelnen auch Verschiedenheiten deutlich werden.

Schon SCHLEGEL, ZANGERL und JESSEN haben in ausgezeichneter Weise die psychologische Entwicklung des Heimwehs geschildert. Das Kind ist wie der Naturmensch, ganz eins mit seiner Umgebung. Es hat sich allein an diese aber vollkommen angepaßt. Nicht die Gemütsbewegungen, die durch eigenes Denken, inneres Erleben und Verarbeiten entstehen, füllen es aus, sondern die Gefühlsbetonungen, die von den Eindrücken der Umgebung ausgehen. Diese Umgebung (in erster Linie die Familie) ist noch durchaus zu seiner Persönlichkeit gehörig, es ist ganz unselbständig und haltlos, wenn man es aus derselben herausnimmt. Es ist dann »wie eine Pflanze, die aus dem Boden genommen ist, in dem sie sich mit allen Wurzeln verankert hatte«.

Wird nun ein Kind, das in diesem Entwickelungsstadium sich befindet, wo das Individuum noch mit dem Milieu eine Einheit bildet, ohne Übergang, wie es in den meisten Fällen geschah, plötzlich von den Eltern fort in Dienst bei fremden Leuten gebracht[17], so verliert es natürlicherweise allen Halt. Seine Angehörigen, das heimatliche Dorf, das ist seine Welt. Sein ganzes Leben beruht auf den Gefühlen, die diese Umgebung in ihm wachruft. Es sind die einzigen, die sich in ihm entwickelt haben. Es ist noch nichts in seine Seele getreten als die Liebe zu Eltern und Geschwistern, die anderen Menschen sind ihm wie die fremde Umgebung ganz wertlos. Daher kann es, bei entsprechenden Impulsen, auch so leicht das Kind, das bei ihm keinerlei Gefühle zu erregen vermag, töten, das Haus, das ihm nichts ist, in Brand stecken. Es wäre wohl imstande, wenn im Rahmen des alten Milieus ihm Neues entgegentrete, dieses zu assimilieren. Bei der Fülle des Neuen und der vollkommenen Trennung vom Alten ist es nur ganz ratlos, aller Halt ist ihm geschwunden, alles Selbstbewußtsein, das in dem Zusammenhang mit der Umgebung seine Stütze hatte, ist

17 In seltenen Fällen trat das Heimweh erst beim zweiten Dienst auf oder bei Stellenwechsel (z. B. der Fall Petersen, Rüsch). Entweder war auch das erste Mal ein lebhaftes Heimweh vorhanden, das nur nicht zum Verbrechen führte, oder dem kindlichen Wesen war bei einer Stellung z. B. im heimatlichen Dorfe das Einleben gelungen und beim Stellenwechsel in fremde Gegend traten dem Heimweh ähnliche Zustände von Ratlosigkeit und Verstimmung auf.

ihm verlorengegangen. Das Neue weckt in dem jungen Wesen keine Gefühle, alles ist ihm gleichgültig. Es bemächtigt sich seiner ein Gefühl, als ob es alles verloren hätte. Es wird von einer trostlosen Traurigkeit befallen, die es nie überwinden zu können meint. So entstehen Zustände, die cyclothymen ganz ähnlich werden. RATZEL gibt davon eine gute Schilderung: sein ganzes Wesen wurde verträнt, die Welt war so einförmig und einfarbig, so gleichgültig. Es ist das die Begleiterscheinung depressiver Verstimmungen, die Abstumpfung des Gefühls. Die Gleichgültigkeit gegen die Umgebung wird vermehrt, ihre Überwindung infolge der Depression ganz unmöglich. Zwar würde das Kind zu Hause sein altes Gefühlsleben wieder gewinnen, hier ist es abgesehen von der Sehnsucht und allem, was es in Gedanken an die Heimat erfüllt, gefühlsleer. Apoll. war gleichgültig gegen die Kinder, spielte nicht mit ihnen. Eva B. zeigte kein rechtes Interesse für dieselben usw. Dagegen wird von Hettich I. berichtet, daß sie liebreich gegen die beiden Kinder und bei diesen beliebt war, ein Beweis, daß die vorliegende schematische Schilderung durchaus nicht allgemeingültig ist, sondern im Einzelfalle manche Abweichungen zuläßt.

Die Traurigkeit und Mutlosigkeit der heimwehkranken Mädchen entlädt sich in häufigem Weinen. In vielen Fällen wird das erwähnt. Apoll. weint viel, beim Abschied der Mutter und oft allein. Die Krebs muß sich im stillen ausweinen und, damit es niemand sieht, sich dann die Augen waschen. Von der Hohnbaum, Philipp wird ähnliches angegeben.

Von alten Autoren wird vielfach bemerkt, daß beim Heimweh sich Empfindlichkeit, Verdrießlichkeit, Unzufriedenheit einstelle. Apoll. wird auch als mürrisch, unfreundlich, widerwillig während ihre Heimwehzustandes geschildert, die Hohnbaum soll verdrießlich und ärgerlich gewesen sein, bei anderen finden sich darüber keine Angaben. Es wird sich wohl um eine individuelle Reaktion auf depressive Gemütsbewegungen handeln, die nicht immer das Heimweh begleitet.

Ob, wie auch alte Autoren meinen, eine Bekämpfung der Stimmung stattfindet, ist sehr zweifelhaft. Eine Angabe darüber liegt nicht vor. Und RATZEL bekennt von seinem Heimweh selbst: »Besiegt habe ich das Heimweh nicht, es verließ mich einfach eines Tages, als es meine Seele wie ein Vampyr ausgesogen hatte.«

Die regelmäßige Erscheinung bei depressiven Zuständen, die Hemmung wird auch beim Heimweh nicht vermißt. Unlust zur Arbeit, schließlich Unfähigkeit dazu, werden öfter bemerkt. Zwar ist dasselbe Symptom den faulen, dienstunzufriedenen Individuen eigen und nicht ohne Prüfung zu verwenden. Apoll. vernachlässigte die Arbeit, nachdem sie anfangs gut war. Allein war sie ganz untätig. Hohnbaum wird später in der Arbeit nachlässiger. Dagegen war Hettich I. gutwillig zur Arbeit und wollte sogar immer mehr tun, als ihr aufgetragen war. Und RATZEL erzählt von sich, daß er arbeiten konnte und dabei merkte, daß er noch ein Mensch von Fleisch und Blut und kein verträntes Gespenst sei. Doch wurde seine Verstimmung schließlich so stark, daß er dachte: »Zieh die Kleider nicht an, du hast es aufgegeben, anderen Menschen zu begegnen. Hier liegt die angefangene Arbeit, berühre den Sisyphusstein nicht, er wird zurückrollen, wie Du ihn auch bewegst.« Auch die sprachliche Hemmung wird oft deutlich. Die Kinder werden still, in sich gekehrt, verschlossen, schweigsam, z. B. Apoll. antwortet oft gar nicht. Wenn ihr der sehnsüchtig gewünschte Besuch zu Hause abgeschlagen wurde, blieb sie stumm und klagte nicht. Die Verschlossenheit fiel auch bei Hettich I. auf.

Oft mögen die Heimwehkranken sich in ihrer Phantasie und ihren Träumen in der Heimat ergehen. Spitta lief oft aus dem Hause und blickte in der Richtung nach ihrem Heimatsort. RATZEL richtete sein Leben in denselben Zeitabschnitten ein, wie bei seinen Lieben in der Heimat. Er begleitete sie im Geiste den ganzen Tag und begann nichts, ohne sich in der Phantasie ihres Urteils zu erfreuen. Alles tiefe Fühlen und alles Mitdenken und Miterleben behielt er der Heimat vor. Die Umgebung wurde mit mechanischem Tun abgespeist. »Die ganze Liebe ins Erinnern, so daß für das Tun des Tages nichts mehr übrig blieb.«

Von körperlichen Störungen wurden in der alten Literatur zahlreiche erwähnt, besonders Blässe, Abmagerung, Herzklopfen, Verdauungs- und Schlafstörung, Nachtwandeln usw. Über den Schlaf wird bei Apoll. angegeben, daß er gut war. Ein öfteres Seufzen fiel bei Hettich I auf. Häufig wird nur Appetitsverlust angegeben. Apoll. stand bei Tisch manchmal weinend abseits und aß nichts. Hettich I und Krebs aßen auffallend wenig.

Oft werden die jungen Mädchen gezwungen, in Dienst zu treten und nur widerwillig gehen sie fort. Das mag einen ungünstigen Einfluß haben. Aber gerade bei den Heimwehkindern ist es manchmal anders. Apoll. ging gerne in Stellung. Eva B. weinte zwar bei der Trennung, war aber selbst vollkommen einverstanden und freute sich auf die neue Tätigkeit. Dagegen mag die Verstimmung durch die Hoffnungslosigkeit gefördert werden, die entsteht, wenn nach sehnsüchtig gewünschter Rückkehr in die Heimat die Dienstzeit als unabsehbar lang erscheint. Es wirkte auf Eva B. in diesem Sinne, als die Mutter zwar meinte, nach 1/4 Jahr könne sie zurückkehren, die Herrin ihr aber mindestens ein Jahr in Aussicht stellte.

Die Größe der Entfernung vom Heimatsdorf spielt für die Entstehung des Heimwehs eine geringe Rolle. Schon BLUMENBACH erwähnt, daß es bei geringster Entfernung auftreten kann. Apoll., Eva B., Hettich I, waren mehrere Stunden, Krebs nur eine Stunde von Hause im Dienst.

Man sollte meinen, daß der Kontrast der alten und neuen Verhältnisse eine große Rolle spiele. Im oben ausgeführten Sinne sicher, aber die neuen brauchen durchaus nicht ungünstiger zu sein. Apoll. kam aus ihrem armen Elternhause in bedeutend bessere Verhältnisse, Eva B. jedenfalls in gute. Im Heimweh erscheinen die heimatlichen Verhältnisse und mögen sie noch so schlecht sein, unter allen Umständen beglückend. Bei anderen Mädchen mag auch dic unfreundliche Behandlung zur Beförderung der Depression mitwirken. Krebs fühlt sich rauher angefaßt als zu Hause, wird angetrieben, fix zu machen, muß meist allein sein, kann sich nicht aussprechen. Der letzte Punkt findet sich auch bei Eva B., die litt, weil sie bei der Frau kein Gehör fand und sich bei niemandem aussprechen konnte.

Bei ihr wirkten noch manche andere Umstände. Sie fürchtete sich vor dem Herrn (Arzt), weil er in der Sprechstunde immer so laut schrie. Die Kinder ärgerten sie. Als sie einen Cylinder zerschlug, drohte ihr der Junge, sie müsse ihn bezahlen, wodurch sie ganz den Mut verlor. So mögen wohl manche Ereignisse an sich geringer Art die Heimwehverstimmung befördern. Manchmal wird das Heimweh vielleicht erst bei solchen Gelegenheiten geweckt. Ist man doch in solch labilen Zuständen selbst für kleine psychische Schädlichkeiten sehr angreifbar. Hierher gehören auch die körperlichen Krankheiten. Diese wirken wohl bei Disponierten durch allgemeine Schwächung auf die Psyche, aber auch durch die vielen Anlässe zu Unlustgefühlen, die sie mit sich bringen. Bei den Heimwehfällen finden wir körperliche Schwäche oder Krankheit auffallend oft (Krebs, Kaupler, Spitta, Hettich I, Philipp. Schwächlich: Hohnbaum, Eva B.). Wenn solch ein zartes Geschöpf in Dienst kommt und über seine Kräfte arbeiten muß, hat es soviel unglückliche Gefühle, daß eine Entstehung von Heimweh sehr befördert werden muß.

Es findet sich wohl die Angabe, daß beim Heimweh Individuen sich über ihren Zustand selbst nicht klar werden. Es ist das gewiß zu berücksichtigen und möglicherweise erklären sich daraus manche der oben erwähnten unklaren Falle, doch scheint es manchmal vielleicht nur das Wort zu sein, das sie gerade nicht finden. So hat Eva B., die sonst viel Widersprüche in ihren Aussagen aufweist, dauernd behauptet, sie habe das Verbrechen begangen, um aus dem Dienst zu kommen, wobei doch nach Art der Täterin und der Lage der Dinge nur Heimweh in Frage kommen konnte. Schließlich hat sie den Psychiatern das Heimweh zugegeben. Andere wieder äußern sich ganz klar. Apoll. z. B. hat vor und nach der Tat spontan Heimweh angegeben.

Als Charakteristikum des Heimwehs galt die Scham über dasselbe zu sprechen. Das Heimweh wurde verborgen, andere Übel vorgetäuscht. Oft trifft das zu. Krebs antwortet auf die Frage, ob ihr bange sei: »Nein, auf Sonntag will ich einmal nach Hause gehen.« Sie habe sich geschämt, ihr Heimweh zu gestehen, aber gleich nachher habe sie sich ausweinen müssen. Hettich I äußert zwar Heimweh gegen die Dienstmagd, aber der Herrin, die sie mit rotgeweinten Augen trifft, bringt sie fingierte Erzählungen vor, ja lacht, wenn sie auf Heimweh angeredet wird. Apoll. verbirgt das Heimweh nicht, sie gibt es ihren Eltern offen an. Bei ihrer Herrschaft ist sie stumm. Wäre sie nach Heimweh gefragt, hätte sie es vielleicht gestanden.

Bei Eva B. wird ein Brustübel vorgeschützt, doch nicht bloß um das Heimweh zu verbergen, sondern mehr, um dadurch bei ihren Eltern bleiben zu dürfen. Solche Lügen kommen bei sittlich durchaus nicht minderwertigen Kindern vor, z. B. auch bei dem jungen Mädchen, das Krankheiten vorgab, um nicht in die Schule zu müssen. Sie haben auch vielleicht ihre Grundlage in Mißempfindungen, in Hals, Kehle und Brust, wie sie traurige und erst recht ängstliche Verstimmungen begleiten und manchmal mag es sich bei den Erzählungen kaum um Lügen handeln. Ein solcher Zustand, wo über Krankheit geklagt wird, ohne daß ein objektiver Befund erhoben werden konnte, kam bei Apoll. gelegentlich einer Verstimmung in der Klinik vor. Man muß jedenfalls bei derartigen Aussagen vorsichtig sein mit der Annahme von Simulation.

Verschieden ist die Wirkung, die bei den am Heimweh leidenden Kindern Erinnerung an die Heimat, Besuche von Angehörigen usw. haben. Apoll. ist sichtlich aufgeheitert, wenn sie von ihrer Schwester Besuch hatte. Philipp fühlt sich allemal wohl, wenn sie zu Hause gewesen ist. Dagegen bricht Hettich I. bei jedem Besuche in Tränen aus. Wir erinnern uns, daß in der älteren Literatur der Kuhreihen bei den Schweizern und andere Erinnerungen an die Heimat eine große Rolle spielen. In unseren Fällen haben wir nicht viele Anhaltspunkte dafür, doch wäre darauf zu achten.

Der Verlauf des Heimwehs ist ein sehr verschiedener. Er kann lang dauernd, gleichmäßig mit vorübergehenden Exazerbationen im Anschluß an unlustvolle Erlebnisse, vielleicht auch an Erinnerungen der Heimat sich gestalten. Diese Exazerbationen können auf der anderen Seite das allein Hervortretende werden, indem die anhaltende Heimwehstimmung als leichte Traurigkeit ganz in den Hintergrund tritt, oder schließlich auch ganz verschwindet. Dann haben wir Vorkommnisse, wie sie KOCH beschreibt (*Psychopathische Minderwertigkeiten* 1891). Er erwähnt zwei Fälle von angeborener psychopathischer Disposition: »Ein 18jähriges Mädchen bricht bei Besuchen in der Fremde wohl mal plötzlich in jähem Heimweh nach der Mutter in Tränen aus. – Ein anderes Mädchen geriet beim Besuch der Mutter in einem plötzlichen überwältigenden Heimwehanfall in die heftigste Aufregung und meinte, nicht mehr leben zu können, wenn die Mutter ohne sie fortgehe. Doch schwand nach deren Fortgang der Zustand schnell.« Das Heimweh kann ferner in dem Momente der Trennung auftreten oder es kann sich langsam entwickeln. Es kann von selbst wieder schwinden, nach kurzer oder langer Zeit. Es kann auch sehr lange dauern und bei jedem Ortswechsel von neuem auftreten (z. B.

Apoll.). Endlich kann es auch einen immer mehr endogenen periodischen Verlauf nehmen, indem es zuweilen als lebhafte Verstimmung sich bemerklich macht, ohne daß man grade eine Ursache finden könnte (Apoll. in der Klinik).

Bei jeder Verstimmung spielen äußere Einflüsse und endogene Momente eine Rolle. Die Depressionen bilden eine lange Linie, in der auf der einen Seite erstere, auf der anderen letztere allein in Betracht zu kommen scheinen. Dazwischen finden sich alle Übergänge. Schematisch könnte man drei Etappen unterscheiden:

1. Mit dem Wechsel der äußeren Umstände tritt Heimweh als schwere Verstimmung auf. Mit Wegfall der Ursache tritt sofort Heilung ein.

2. Im selben Fall, wo die Depression durch den äußeren Anlaß entstand, dauert sie doch nach Wegfall der Ursache an und nimmt eine eigene Entwicklung.

3. Es besteht überhaupt keine neue Ursache, sondern tritt eine durchaus endogene Verstimmung auf, die sich nach außen als Heimweh projiziert.

Zwei und drei werden wir ohne weiteres zu den Psychosen rechnen. Für 2 verweise ich auf den Fall MEYERs im historischen Kapitel, für 3 mag kurz folgender Fall erwähnt werden:

37 Jahre altes Fräulein, schon mehrere Male an einfacher Depression mit Angst erkrankt, liegt mit einem neuen Anfall in der Klinik. Krankheitseinsichtig. Sie schreibt folgenden Brief:

»Lieber Vater! In Kürze teile ich dir mit, daß ich schrecklich Heimweh habe nach dir, E. und S., kurzum die Sehnsucht nach Haus zu meinen Lieben ist so groß, daß ich es nicht vermag niederzuschreiben. Schreibt mir doch einige Zeilen, bitte, komme doch jemand, mich zu besuchen, daß ich mich aussprechen kann, wie es mir ums Herz ist. Es sendet dir …

Bitte bringt mir einige Zeitungen aus meiner lieben Heimat mit.« Nachher trifft man sie wieder weinend und angstvoll im Bett. Nach dem Heimweh gefragt sagt sie ganz spontan: »Jetzt will ich wieder heim, wie ich daheim war, wollt ich hierher … Ach, Herr Doktor, bei mir wechselt die Stimmung alle Minuten, jede Minute ist anders, so unbeständig.«

Ferner mag hier noch an die epileptoiden Verstimmungen erinnert sein, die sich so oft als Heimweh darstellen. Es ist zwar bis jetzt kein Fall bekannt, wo mit dem Beginn des Dienstes bei einem Mädchen ein echter manisch-depressiver Anfall oder eine epileptische Verstimmung zusammentraf und so vielleicht die äußere Erscheinungsweise unserer Heimwehzustände hätte hervorrufen können. Doch ist das an sich möglich und es muß im Einzelfalle daran gedacht werden.

Unsere Fälle gehören zu 1 oder liegen zwischen 1 und 2. So tritt bei Apoll. in den späteren kurz dauernden, leichten Heimwehstimmungen das endogene Moment deutlich hervor. Inzwischen sind sie ganz verdrängt worden von periodischen einen halben bis einen ganzen Tag dauernden Zuständen von gegenstandsloser Traurigkeit oder auch von Gereiztheit. Bei der Philipp wird von fortgesetzter Verstimmung und periodischen Gewissensregungen aus dem Gefängnis berichtet.

Auf der anderen Seite ist oft das Heimweh vom Zeitpunkt des Verbrechens an endgültig verschwunden (Eva B., Hettich I., Rüsch). Auch bei Krebs hörte es auf, aber in der Gefangenschaft trat an dessen Stelle anscheinend eine Haftpsychose. Ein charakteristisches Zusammentreffen! Sind doch Haftpsychose wie Heimwehpsychose pathologische Reaktionen auf eindrucksvolle Erlebnisse, die schon bei Gesunden lebhafte Gemütsbewegungen erzeugen. Das Verschwinden des Heimwehs nach der Tat ist vielleicht vergleichbar dem Schwinden hypochondrischer Verstimmung bei Psychopathen durch stark affektbetonte Erlebnisse. Die Seele wird durch die neuen Ereignisse so erfüllt, daß für die alte Verstimmung kein Raum mehr ist.

Wie unterscheidet sich nun eine pathologische Heimwehverstimmung vom normalen Heimweh? Die Grenzen sind natürlich ganz fließende, und da es sich überhaupt um Grenzzustände handelt, ist die Frage, krankhaft oder nicht krankhaft, ziemlich belanglos gegenüber der anderen: was kommt wirklich vor? Immerhin wird man als Merkmal des Pathologischen anführen dürfen die Stärke der Verstimmung, ihre Nachhaltigkeit, ihre somatischen Folgeerscheinungen (Appetitverlust, Schlafstörungen, körperliche Lokalisation der Angst), ihre Wirkung auf das ganze Handeln und schließlich ihre Neigung zu endogenen Beimengungen.

Die von Heimweh Befallenen pflegen oft Versuche zu machen, auf natürliche Weise heimzukommen. Apoll. richtet viele Bitten an die Eltern, heimbleiben zu dürfen, Hettich I. versuchte zu entlaufen und brauchte Notlügen. Spitta lief nach Hause und wurde durch Prügel gezwungen zurückzugehen. Eva B. flehte die Mutter unter Tränen an, nicht in die Stellung zurückkehren zu müssen. Hohnbaum tat dasselbe. Doch sind solche Versuche manchmal gering oder werden aufgegeben oder fehlen auch ganz. Die Gefahr, zu Hause übel empfangen zu werden, Prügel zu erhalten (Hettich I., Appoll.) und die Scheu ausgelacht zu werden, wenn ohne Grund der Dienst nach kurzer Zeit aufgegeben wird, spielt da eine Rolle. Manchmal wird an die Ausführung der kriminellen Tat geschritten, noch bevor alle rechtlichen Mittel erschöpft sind, meistens aber ist das geschehen.

Hat uns die Betrachtung des Heimwehs nun ein Verständnis für die rätselvollen Verbrechen, die aus ihm entstehen, verschafft? Ein einheitliches kaum. Wir verstehen bei Schwachsinnigen oder bei unreifen Kindern, daß der Wunsch, aus dem Dienst zu kommen, sei es mit oder ohne Heimweh, den Gedankengang weckt: »Wenn das Haus abbrennt, wenn das Kind tot ist, bin ich überflüssig, dann kann ich fort« und daß dies zum Motiv der verbrecherischen Tat wird. Wir können auch annehmen, daß solche Gedanken bei den meisten Fällen eine Rolle spielen, in einigen (Krebs) haben wir keinen Anhaltspunkt dafür. Soweit dagegen überhaupt genauere Beschreibungen über Motivierung der Tat und die letzten psychischen Vorgänge vor ihr gegeben sind, finden wir, daß die Handlungen recht verschiedener Art sind, und daß das Heimweh wohl einen geeigneten Boden abgeben muß, mannigfaltige Willensprozesse zur Entstehung zu bringen. Um es gleich vorweg zu nehmen, sehen wir sowohl impulsive, wie den Zwangshandlungen ähnliche Vorgänge, in Angst und Übergang zu Bewußtseinstrübungen vollführte Akte und planmäßige Gewalttaten.

Daß die Mannigfaltigkeit herrscht, erscheint ganz begreiflich. SPITTA sagt: »Wem nur einmal die Qual des Heimwehes zur eigenen Empfindung geworden, wem es erinnerlich geblieben ist, in welcher Verwirrung Sinne und Gedanken schweiften, halb wache Träume den Tag wie die Nacht erfüllten, der kann es bezeugen, ob die gelähmte Kraft des Willens, zumal des ungeübten kindlichen, und das Licht der schwachen Vernunft dem Drange ungezügelt wogender instinktartig zwingender Gefühle nur irgend einen Damm entgegenzusetzen vermochte. Da ist alles Sinnestäuschung, alles zurückgedrängte verhüllte Leidenschaftlichkeit. Nach einem Ziel nur ringt die geistige und leibliche Natur, nach der alten süßen Gewohnheit des Zusammenseins mit den heimatlichen Personen und Gegenständen.« Daß in dieser depressiven Ratlosigkeit die psychologisch verschiedenartigsten Handlungen vorkommen können, läßt sich ganz gut nachfühlen.

KRAEPELIN (vgl. WILMANNS) soll die Verbrechen junger heimwehkranker Mädchen für den Ausfluß eines impulsiven Irreseins halten, das mit dem Wunsche nach Veränderung der gegenwärtigen Lage, zuweilen mit einem dunklen Heimwehgefühl einhergehe. Die Existenz solcher Fälle ist durchaus möglich. Wir haben oben einen Fall von Angstzustand berichtet, bei dem wahrscheinlich jede heimwehartige Färbung sogar fehlte. Doch trifft für die typischen Fälle diese Auffassung wohl kaum zu. Zunächst ist zu bemerken, daß impulsives Irresein als Krankheitsbild wohl aufgegeben ist. (Vgl. FÖRSTER und ASCHAFFENBURG, *Centralblatt f. Nervenheilk. und Psychiatrie* 1908, S. 350 ff.) Es kann sich nur um eine symptomatische Bezeichnung »impulsives Handeln aus einer Verstimmung heraus« handeln. Wenn KRAEPELIN bei diesen Verstimmungen das Heimweh nur als eine an sich belanglose Äußerungsform ansieht, so ist es doch nach den bekannten Fällen wahrscheinlich, daß das durch entsprechenden Anlaß entstandene gesteigerte Heimweh in einigen Fällen den unerläßlichen Boden abgibt, auf dem es zu impulsiven Akten kommt. Eine typische impulsive Tat ist die der Krebs. Sie hat sicher ein Heimweh, das mit dem Tage des Dienstantritts begann und schon am vierten Tage eine gewaltige Höhe erreicht hatte, als ihr in ihrer trostlosen Stimmung plötzlich der Gedanke kam, Feuer anzulegen. Sie wußte auch sofort, wie sie es machen sollte, ohne an etwas anderes zu denken. Sie wurde von Bangigkeit getrieben und wußte sich nicht anders zu helfen. Der Gedanke wich nicht von ihr. Nach drei Stunden führte sie ihn aus. Wie sie die brennende Kohle ins Viehfutter geworfen hatte, dachte sie etwa: »Mag es brennen oder nicht, in letzterem Falle habe es auch nichts zu bedeuten.«

Von den impulsiven Akten führen wohl Übergänge zu den planmäßigen Handlungen, bei denen man zweifelt, wieweit sie impulsiv zu nennen sind. Apoll. führte ihre beiden Verbrechen mit Sorgfalt und Vorsicht aus, das zweite Mal faßte sie abends den Entschluß, um ihn nach durchschlafener Nacht morgens auszuführen. Ein rätselhafter Vorgang, der schwer zu verstehen ist!

Impulsive Handlungen sind Triebhandlungen (WUNDT), die auf Grund eines Motives ohne vorausgehenden Wahlakt blind zur Ausführung gelangen. (Vgl. HOCHE, *Gerichtl. Psychiatrie* S. 503 ff.) In diesem Sinne kann man Apoll.s Tat kaum zu den impulsiven rechnen. Sie ist ein Übergang zwischen Willens- und Triebhandlungen. Der gefaßte Plan am Abend kommt ersterer zu, das Fehlen aller Gegenmotive letzterer. Es ist eine Handlung, die nur bei einem an der Grenze des Kindesalters stehenden Wesen zu verstehen ist. HOCHE bemerkt das Entstehen impulsiver Handlungen aus abnormen Gefühlen und Stimmungen bei gleichzeitiger intellektueller Schwäche. Diese wird bei Apoll. durch die kindliche Entwicklungsstufe ersetzt, die bei der vorhandenen hoffnungslosen Traurigkeit genügt, alle höheren ethischen Gesichtspunkte für einige Zeit zum Schwinden zu bringen.

Bei Eva. B. liegt möglicherweise sogar eine raffinierte Planmäßigkeit vor, doch ist bei ihr die Motivierung besonders unklar.

Jedenfalls scheinen die Fälle zu zeigen, daß nicht nur rein impulsive, sondern auch überlegte Verbrechen, denen man doch das Triebartige nicht ganz absprechen kann, bei sittlich und intellektuell intakten, aber in kindlichem Seelenzustand sich befindenden Mädchen aus der Heimwehverstimmung entstehen können.

Den impulsiven stehen die Zwangshandlungen gegenüber. Wird bei den ersteren ohne Widerstand ein Trieb in die Tat umgesetzt, gewinnt bei den letzteren eine Willensrichtung durch irgend welche pathologische Ursache solche Stärke, daß sie nicht mehr in normaler Weise durch Gegenmotive bekämpft werden kann. Nach einem gewaltigen, quälenden Kampf unterliegt die Persönlichkeit mit ihren normalen Motiven diesem Zwangstrieb. Zur Entstehung solcher Zwangshandlungen gehört wohl immer eine gewisse Entwicklung des Seelenlebens. Sicher ist zur Auffassung und Wiedergabe dieser Vorgänge eine gewisse Reife erforderlich. Vielleicht ist es darum selten, daß die heimwehkranken Kinder in dieser Weise berichten. KRAFFT-EBING erklärt (*Gerichtl. Psychiatrie* S. 103) den Fall Hohnbaum für eine Handlung aus Zwangsvorstellung, vielleicht weil die Täterin anscheinend durch das zufällige Erleben eines Brandes auf ihre Tat gebracht wurde. Doch überwiegt bei ihr die Entladung der Angst so sehr, und sind die Angaben über die Wirkung von der Vorstellung des Brandes so ungenau, daß man KRAFFT-EBING nicht beistimmen kann. Mehr Ähnlichkeit mit einer Zwangshandlung hat der Fall Hettich I. Dies Mädchen bekommt plötzlich die Idee, das Kind zu töten. Tagelang kämpfte sie dagegen. Es kommt ihr wieder der Gedanke, sie solle es bleiben lassen, dann wieder, sie müsse es tun, bis die Tat ausgeführt wurde. Mit demselben Rechte wie oben von impulsivem Irresein könnte man vielleicht hier von Zwangsirresein sprechen. Dieselben Überlegungen mußten wiederholt werden. Tatsache scheint nur, daß auf dem Boden des Heimwehs an Zwangshandlungen erinnernde Akte vorkommen können. Was daran hindert, sie zu den echten Zwangshandlungen zu zählen, ist das geringe Hervortreten der Kritik, die überwiegende Bedeutung der Verstimmung, die Ähnlichkeit der Vorgänge mit dem normalen Kampf der Motive.

Eine wichtige Rolle spielen die bei dem Heimweh vorkommenden Angstzustände. Kaupler fühlt Druck am Herzen, der Krebs ist es so bange, Petersen zittern die Knie und drückt es am Herzen, Angst haben auch Rüsch und Hohnbaum, zuweilen scheint die Angst so heftig sein zu können, daß eine leichte Bewußtseinstrübung entsteht. Es wird von den Täterinnen angegeben, daß sie nicht die klare Besinnung gehabt, daß sie verwirrt gewesen seien, Hohnbaum kann nicht einmal angeben, was sie gedacht, und was sie gewollt hat. Diese Zustände sind es vielleicht, für die PLATNER, MECKEL und MASIUS angaben, daß der unfreiwillige Drang auftrete, die innere Angst durch eine große Flamme zu bekämpfen, wobei nach Ausführung der Tat die Individuen von der heftigsten Angst befreit seien. Diese Ansicht ist mehrere Male wiederholt worden und zuletzt von GROSS erörtert. Er meint, daß die Heimwehkranken »das drückende Gefühl der Niedergeschlagenheit durch sinnlichen kräftigen Reiz bekämpfen wollen. Sie zünden ein Haus an oder bringen nötigenfalls jemanden um, kurz einer explosionsartigen Ladung bedarf es.« Diese Ansicht trifft möglicherweise für einige Fälle zu (Krebs, Hohnbaum, bei M. Belling wird angegeben, daß die Angst nach der Tat verschwunden war), doch ist das sehr zweifelhaft. Gerade die planmäßig vorgehenden Täterinnen handeln wohl weniger, um ihr Unlustgefühl zu einer »motorischen Entladung« zu bringen, sondern sie treibt in ihrem trostlosen Zustande, in ihrer unsagbaren Traurigkeit, die die Überlegung trübt, die Motive einengt, ihre Vorstellungen allein von dem einen Zwecke abhängig macht, die übrigen aber verdrängt, der unwiderstehliche Drang zu den Eltern und der Gedanke, die Heimkehr auf diese Weise zu erreichen.

Es liegt nahe, analog den melancholischen Zuständen des späteren Lebens, auch bei den Heimwehkranken Selbstmord neben den Gewaltakten nach außen zu erwarten. In der älteren Literatur ist auch Selbstmord aus Heimweh oft aufgeführt, doch hat man zu seinem Vorkommen außer diesen Behauptungen und einigen Andeutungen in der französischen Literatur über Selbstmord bei Kindern keinen Anhaltspunkt. RATZELs Selbstschilderung gehört vielleicht hierher, doch ist sein Seelenleben zur Zeit des Suizidversuchs so kompliziert, daß von einem Selbstmord nur aus Heimweh wohl kaum gesprochen werden kann.

Nach der Tat ist das Benehmen der Mädchen meist unauffällig. Rüsch meldet gleich, daß Feuer ist. Philipp, Hettich I. arbeiten noch, Petersen ißt mit gutem Appetit, Apoll. geht wieder ins Bett. Krebs fühlt sich krank und legt sich zu Hause ins Bett.

Ganz allgemein scheint von den Täterinnen ihre Tat anfangs geleugnet zu werden. Die einzigen, die gleich gestehen, sind die sonst minderwertige Marie G. und die Roßweinin PLATNERs.

Nach mehr oder minder hartnäckigem Widerstand legen sie dann ihr Geständnis ab. Hier ist es auffallend, wie oft die Angaben unklar und widersprechend sind. Die Entwicklungsstufe der Mädchen erlaubt ihnen noch keine einigermaßen klare Selbstbeobachtung. Das ist eine der Hauptschwierigkeiten für die Beurteilung. Bei der Beeinflußbarkeit der jungen Seele wirken Suggestivfragen noch ganz anders als bei Erwachsenen. Der Sinn für Wahrheit ist noch nicht ganz ausgeprägt und manche Sorge, manche Furcht verführt sie zu falschen Angaben. Da meinen sie sich besser zu entschuldigen, wenn sie, die sie doch kein Motiv wissen, sich der Unlust am Dienst beschuldigen, Zorn über schlechte Behandlung, schlechtes Essen als Motiv angeben usw. (SPITTAs Fall in *Henkes Zeitschrift* Eva B.) GROSS hat oft von nostalgischen Verbrecherinnen gehört: »Ich weiß nicht warum, ich mußte so handeln.« Diese werden die Wahrheit gesagt haben, ebenso M. Belling: »Sie wisse es selbst nicht.«

Natürlich besteht auch die Gefahr, in junge Verbrecherinnen Heimweh hineinzufragen, wo keines vorhanden war. Doch erscheint bei Berücksichtigung der Gesamtpersönlichkeit und aller Umstände der Tat diese Gefahr nicht übertrieben groß. Selbst Eva B., die von Heimweh erst auf Fragen der Ärzte sprach, kann man dieses glauben. Per exclusionem kommt man dazu, wenn man nicht die Annahme eines absoluten Rätsels vorzieht. Irrtümer sind in solchen Fällen möglich und ohne Zweifel bleibt häufig ihre Beurteilung nicht.

Es findet sich übrigens mehrere Male nicht bloß ein Leugnen der Straftat, sondern sogar Lügen werden gebraucht, und zwar auch grade von den sittlich sonst nicht Minderwertigen. Apoll. erfindet die Geschichte, daß sie das Arzneifläschchen mit der Stopfnadel umgestoßen habe. Eva B. heuchelt vielleicht Krankheit. Hettich I. behauptet, in guter Absicht Vitriolöl gegeben zu haben. Rüsch will den Brand zufällig verursacht haben und schreibt gar Drohbriefe, durch die sie den Verdacht von sich ablenken will. Alle korrigieren nachher diese falschen Angaben. Es scheint in der Natur der kindlichen Seele zu liegen, in Angst und Furcht die Wahrheit nicht genau zu nehmen. Ich erinnere nochmals an das Mädchen, das aus Sehnsucht bei der Mutter zu bleiben und aus Furcht vor der Schule körperliche Krankheit simulierte (?).

Bemerkenswert ist das Verhalten der Reue. Einzelne werden sofort nach der Tat von ihr befallen (Hohnbaum, Hettich I.), andere – und das ist wohl die Mehrzahl – sind zu kurzen Anwandlungen von Reue geneigt, ohne daß diese eine nachhaltige wäre und einen tieferen Einfluß auf das Gemüt übte (Apoll., Eva B.). Einige lassen jede Reue vermissen. (SPITTA in *Henkes Ztschr.*) Es scheint nach den Angaben der Täterin, daß mit Zunahme der geistigen Entwicklung der Gedanke, einen Mord verübt zu haben, schwerer auf Apoll. lastet. Es ist sonst noch nicht der kindlichen Psyche entsprechend, von nachwirkenden Gewissenbissen gequält zu werden, zumal manche Heimwehverbrecherinnen, da sie nicht das Gefühl haben, einer bösen Regung, mit der sie kämpften, unterlegen zu sein, wohl kaum eine Versündigung fühlen.

Die wichtige Frage, was aus den Heimwehverbrecherinnen wird, ist leider noch nicht zu beantworten. Man erwartet von ihnen mit Recht, daß sie sich im Gegensatz zu den sittlich minderwertigen Brandstifterinnen als sozial erweisen, aber auch, daß sie wahrscheinlich in ihrem Leben noch manches psychopathische Symptom darbieten werden. Am längsten nach der Tat beobachtet sind bis jetzt die beiden Heidelberger Fälle. Sie haben sich beide sehr günstig entwickelt, Apoll. allerdings in der Sicherheit des Anstaltslebens. Eva B. hat aber draußen in dienender Stellung volle Zufriedenheit erregt und sich nichts zuschulden kommen lassen.

Bevor wir auf eine kurze forensische Betrachtung eingehen, mögen noch einige Erörterungen über die nosologische Stellung des Heimwehs erlaubt sein. Zu behaupten, daß das Heimweh eine gesonderte Krankheitsspezies darstelle, würde den modernen psychiatrischen Anschauungen durchaus widersprechen. Schon DAMEROW behauptet, daß es eine der vielen Krankheitsbezeichnungen sei, die nach den näheren oder entfernteren Anlässen gewählt seien.

Doch wird niemand bezweifeln, daß in den typischen Fällen, die beim Versuch der Einordnung in bekannte Krankheitsbilder übrig bleiben, das Heimweh symptomatologisch das hervorstechendste Merkmal ist, daß der äußere Anlaß, die Entfernung aus dem Elternhause, immer derselbe ist und daß die übrigen Symptome und begleitenden Umstände vielfache Ähnlichkeit haben, so daß die Zusammenfassung dieser Zustände unter einem symptomatologischen Begriff »Heimwehpsychose«, »nostalgia« berechtigt ist.

Nach Abscheidung aller Fälle, die zweifellos epileptisch, manisch-depressiv usw. sind, haben aber die übrig bleibenden Fälle über das Symptomatologische hinaus einen im Wesen begründeten Zusammenhang. Das pathologische Heimweh ist nicht eine besondere Psychose, aber eine typische Reaktion neben vielen anderen bei konstitutionell schwachen, degenerierten Individuen. Wie wir in dem ausgedehnten Gebiet degenerativen Irreseins überhaupt keine abgegrenzten Krankheitsbilder aufstellen können, sondern Typen von Persönlichkeiten einerseits und Typen von Reaktionen auf äußere Einflüsse andererseits unterscheiden (z.B. Pseudologisten, konstitutionell Verstimmte, Erregte, Haltlose usw. auf der einen Seite, Gefängnispsychosen, Menstruationspsychosen auf der anderen Seite), so können wir auch das Heimweh nicht als besondere Krankheit, sondern nur als eine charakteristische Reaktion z. B. analog einer Haftpsychose auffassen. (Vgl. die Ausführungen von WILMANNS in seinen »Gefängnispsychosen«, Halle 1908)

Die Individuen, die vom Heimweh befallen werden, können der verschiedensten Art sein, was sie gemeinsam haben, ist die psychopathische Konstitution. Es können Schwachsinnige und Begabte, moralisch minderwertige und sittlich hochstehende Individuen sein. Das charakteristische, reine, typische Heimweh finden wir aber grade bei den nicht schwachsinnigen und nicht moralisch degenerierten Individuen. Kommt Schwachsinn oder moral insanity bei einem Heimwehverbrecher vor, so ist das eine Komplikation, die mit dem Heimweh nur den Zusammenhang hat, daß jene einen degenerativen Zustand darstellen, während das Heimweh eine degenerative Reaktion ist.[18]

Doch wenn wir auch Schwachsinn oder moralische Minderwertigkeit nicht als notwendig zum Heimwehverbrechen betrachten, so ist doch, wie wir sahen, eine Vorbedingung immer vorhanden, die relativ kindliche Entwicklungsstufe. Dies ist auch der Grund, warum manche im Eifer, die Fälle in gebräuchlichem Schema unterzubringen, sie in das Fach Schwachsinn einordnen. Nicht Schwachsinn ist es, sondern ein durch Erziehung und Umgebung eng gebliebener Horizont, nicht Unmoral, sondern Begrenztheit der Gefühle auf kindliche Lebensgebiete, die man bei den Heimwehverbrecherinnen findet.

An die Spitze der forensischen Betrachtung wird man den Satz von GROSS stellen dürfen: »Der Arzt ist stets zu fragen, wenn man Heimweh als Grund des Verbrechens vermutet.« Die Grenze des Krankhaften ist in solchen Fällen immer nahe, und es ist Sache des Psychiaters, zu beurteilen, wo sie überschritten ist. Das ist keine leichte Aufgabe. Es bedarf selbstverständlich einer eingehenden Untersuchung der ge-

18 Doch darf man trotz dieser schematischen Auffassung nicht alle Menschen mit gesteigertem Heimweh für degeneriert halten. Grade beim Heimweh spielen die Milieuverhältnisse, wie allerdings bei allen psychopathischen Erscheinungen eine große Rolle. Wir betonten den engen Horizont, die ländliche Abkunft, die tiefe Bildungsstufe als bedeutsame Faktoren.

samten Persönlichkeit und aller Umstände der Tat. Dann ist sorgfältig zu erkunden, wie weit Heimweh, wie weit Unzufriedenheit und Unlust am Dienst eine Rolle spielen. Ist doch erstere eine sittlich indifferente, keine Schuld begründende Verstimmung, während letztere sogleich sittlich zu bewertende Motive darstellen. Je mehr Unzufriedenheit, die wohl kaum ein krankhafter Affekt werden kann, in den Vordergrund rückt, desto mehr kann man normale, unsittliche Motivierung und Zurechnungsfähigkeit annehmen.

Bleibt schließlich Heimweh allein übrig, so ist dessen Stärke in Betracht zu ziehen. Es ist möglich, daß bei geringgradigem Heimweh sittlich schwache Naturen unterliegen, nachdem sie einen annähernd normalen Kampf der Motive hinter sich haben. Diese wären, je geringer das Heimweh war, desto zurechnungsfähiger. Doch sind solche Fälle bis jetzt nicht bekannt. Wenn die sittliche Minderwertigkeit eine maßgebende Rolle spielte, so waren neben dem Heimweh Unlust, Unzufriedenheit, Rachsucht, Zorn usw. wesentliche Faktoren. Es ist daher zunächst noch der Satz berechtigt: wenn als einziger Grund eines Verbrechens bei intellektuell und moralisch bis dahin intakten Individuen Heimweh vorliegt, so ist die Tat mit überwiegender Wahrscheinlichkeit unfrei.

Solche reine Fälle sind nun die selteneren. er werden die Heimwehverbrecherinnen mehrere Züge darbieten, die der Würdigung bedürfen, Schwachsinn, moralischen Tiefstand, verschiedene Affekte usw. Dann wird man im Einzelfalle ein durchaus individuelles Bild entwerfen müssen und sich bewußt sein, daß die Übergänge zwischen einer ethisch wertbaren und einer willensunfreien Handlung fließend sind. Man hat es dann mit Grenzfällen zu tun, die nach den gewöhnlichen Prinzipien zu beurteilen sind, welche hier nicht wiederholt zu werden brauchen. Immer scheint es aber berechtigt zu sein, einem sicher konstatierten Heimweh eine überwiegende Bedeutung nach der Seite der Unzurechnungsfähigkeit zuteil werden zu lassen.

Was nun die Beurteilung der Heimwehverbrecherinnen in einigen Fällen besonders schwierig macht, das ist die Tatsache (Eva B., Rüsch, Spitta), daß manchmal eine Grundlage der Verstimmung in der Gesamtpersönlichkeit fehlt, ein Verständnis durch Anamnese und Status praesens nicht möglich ist. Man findet geistig und sittlich nicht abnorme Individuen, die bald nach Beginn ihres Dienstes ein Verbrechen begehen, für das sie nachher keine klare Motivierung geben können. Irgend ein erklärlicher Affekt als Ursache lag nicht vor, keine Rachsucht, kein Zorn, kein Neid. Zur Zeit der Beobachtung erscheinen sie vollkommen geistesgesund. Von Heimweh ist später keine Spur bemerkt und ihre Angabe über dasselbe ist nicht eindeutig und klar. Ihr guter Charakter läßt die Tat der Umgebung ganz unverständlich erscheinen. Die Fälle sind unter allen Umständen rätselhaft. WILMANNS hat den Standpunkt präzisiert, den man in solchen Fällen mit einigem Recht einnehmen darf. »Wenn die weder durch die geistige und sittliche Veranlagung der Täterin, noch durch mächtige Beweggründe zu erklären ist, dann ist sie ein psychologisches Rätsel. Dann darf ich sie jedoch nicht als physiologisch betrachten, sondern zum mindesten den Verdacht äußern, daß sie krankhaften Ursprungs ist.« Die jugendliche Entwicklungsstufe der psychiatrischen Erkenntnis erlaube nicht, in diesen Fällen mit Bestimmtheit Zurechnungsfähigkeit anzunehmen.

Findet man nun in einem solchen Fall einigermaßen konstante Angaben, die auf Heimweh deuten, selbst wenn das Wort vielleicht nicht gebraucht ist, so hat man einen Anhaltspunkt, das bis dahin absolut Unerklärliche dem Verständnis näher zu bringen. Es besteht ja die Gefahr, durch Heimweh zu erklären, was ganz andere Ursachen hat. Aber es besteht auch die Gefahr, Heimweh abzulehnen, wo solches vorlag, weil die Betreffenden sicher zuweilen keine klaren Äußerungen darüber machen können.

Der Psychiater wird sich manchmal gezwungen sehen, ein non liquet auszusprechen. Je mehr aber alles zu den eigentlichen Heimwehfällen paßt, desto mehr wird er die überwiegende Möglichkeit aussprechen, daß eine willensunfreie Handlung vorliegt, wie WILMANNS[19]

19 In einer Kritik des WILMANNS'schen Gutachtens gibt BUMKE (Gaupps Centralbl. 1906), eine Darstellung, als ob WILMANNS folgenden Fehlschluß gemacht hätte: Die Tat ist rätselhaft. Die Psychiatrie ist eine junge Wissenschaft, die manche rätselhafte Taten noch nicht verstehen kann. Also sind rätselhafte Verbrechen mit höchster Wahrscheinlichkeit nicht zuzurechnen. Während doch in WILMANNS Worten klar hervortritt, daß er durch die Prämissen sich nur berechtigt sieht, den Verdacht auf das Vorliegen eines willensunfreien Zustandes zu haben, daß dann weiter die Angaben der Eva B., Heimweh gehabt zu haben,

das in dem von ihm veröffentlichten Gutachten tat. Doch wird die Sache bei dem jetzigen Stand psychiatrischer Methoden immer zweifelhaft sein.

Es ist natürlich zu bedenken, daß z. B. Fälle wie Eva B. und Apoll., wenn sie auch in vielem zusammengehören, doch möglicherweise recht verschieden sind. Die Art der Verstimmung mag recht abweichend sein, bei Eva B. noch auf anderen Ursachen als reinem Heimweh beruhen. Zunächst können wir, bis eine reichere Kasuistik vorliegt, solche Fälle nur provisorisch zusammenstellen. Wir sind weit davon entfernt, über sie endgültig aufgeklärt zu sein. Doch es ist möglich, daß ihre Zusammengehörigkeit eine im Wesen begründete ist.

Es mag wohl behauptet werden, daß weniger das pathologische Heimweh, das noch dazu manchmal fraglich sei, als der unreife Entwicklungszustand das Maßgebende sei. Dann würde in solchen Fällen, wenn überhaupt, eine Exkulpierung auf Grund des § 56 erfolgen können. Das wäre theoretisch ganz berechtigt, weil ein kindliches Seelenleben Voraussetzung für die Heimwehverbrechen ist. Doch forensisch hätte es keine Bedeutung, denn die Einsicht in die Strafbarkeit der Handlung, die das Gesetz verlangt, ist immer vorhanden. Wäre eine Exkulpierung auf Grund einer kindlichen Stufe nicht nur des Verstandes-, sondern auch des Gefühls- und Willenslebens möglich, würde dieser Weg vielleicht vorzuziehen sein. So ist die Unfreiheit des Willens nur durch Hervorhebung der psychopathischen Verstimmung unter Heranziehung der kindlichen Art des Seelenlebens, nicht durch letztere allein zu begründen.

---

ihm glaubhaft erscheint und er deswegen in Berücksichtigung analoger Fälle mit Wahrscheinlichkeit krankhafte Störung der Geistestätigkeit annimmt.
Außerdem betont BUMKE die allgemein anerkannte Regel, daß der Nachweis der Geistesstörung im Sinne § 51 St.G.B. aus der Analyse der gesamten geistigen Persönlichkeit des Angeklagten geführt werden müsse. Daß diese in Fällen wie Eva B. (auch Spitta, Rüsch), nicht geschehen kann, wurde schon bemerkt. Darum kann es sich hier auch nie um den Nachweis der Geistesstörung, sondern nur um den Nachweis ihrer Wahrscheinlichkeit handeln. Dies ist erlaubt, weil sich die Fälle an einwandfreiere anschließen, wie sie in dieser Schrift zusammengetragen sind. Wollte man auf diesen Weg hier verzichten, würden Psychiater und Richter gleich ratlos dastehen. So ist aber wenigstens ein mögliches Verständnis gewonnen worden und kann, wie bei Eva B., nach dem Grundsatz in dubio pro reo verfahren werden.

LITERATURVERZEICHNIS

1. JOH. HOFERUS praes. Hardero: diss. de Nostalgia Basel 1678. Auch in A. Haller, Coll. disputat. Tom. I. p. 181.
2. JOH. VERHOVITZ: Diss. de Nostalgia Vienn. 1703. Auch in Diss. med. in univers. Vindobon. habit. ed. Eyerel, Vienn. 1790. Vol. III. p. 205.
3. TACKIUS: Dissert. exhibens aegrum Nostalgia laborantem. Gießen 1707.
4. TH. ZINGER: Dissert. de Pathopatridalgia Basil 1690. In Zwingers Fasc. V. diss. select. Basil 1710.
5. J. J. SCHEUCHZER: Seltsamer Naturgeschichten des Schweizerlandes wöchentliche Erzählung. 1705. Nr. 15. »Vom Heimweh«.
6. J. J. SCHEUCHZER: Beschreibung der Naturgeschichte des Schweizerlandes. I. Teil, Zürich 1706, p. 56. II. Teil, Zürich 1716, p. 11.
7. J. J. SCHEUCHZER: Dissertatio de Nostalgia Helvetorum 1731 (in den Comment. Acad. Bonon. I, 307 ff.). – Übersetzt 1753 im Leipziger Allg. Magaz. der Natur, Kunst und Wissenschaft.
8. ALBR. v. HALLER: Onomatologia Medica 1754. I. 1072.
9. LINNÉ: Genera morborum 1763.
10. J. P. ROTH: Lexicon Chirurgicum. 1768. S. 47.
11. Medizinisches Handlexikon. Augsburg 1782. I. S. 488.
12. Pensées d'un allemand sur la Nostalgie. Jena 1754.
13. HUEBER: Diss. de Nostalgia. Wirceb. 1755.
14. J. G. ZIMMERMANN: Von der Erfahrung in der Arzneikunst. Zürich 1764. S. 483.
15. J. FR. CARTHEUSER: De mortis endemiis libellus. Frankfurt a. d. O. 1771. Nostalgia p. 35.
16. BLUMENBACH: Medizinische Bibliothek. Göttingen 1783. Bd. I. S. 732.
17. Deutsche Enzyklopädie oder allgemeines Realwörterbuch aller Künste und Wissenschaften. Frankfurt 1790. Bd. 15. Heimweh von DIEZ.
18. AMELUNG: In Friedrichs Magazin für Seelenkunde. 1830, p. 125. 1833, p. 269.
19. MEISSNER: Enzyklopädie der med. Wissenschaften. Leipzig 1831. 6. Bd. S. 110. Art. Heimweh von GEORGET.
20. SCHLEGEL: Heimweh und Selbstmord. Hildburghausen 1835.
21. Jos. ZANGERL: Über das Heimweh. Wien 1840. (I. Aufl. 1820.)
22. JESSEN. Artikel: Nostalgie im enzyklopäd. Wörterbuch d. med. Wissenschaften. 25. Bd. Berlin 1841.
23. G. A. ANDRESSE: Nostalgiae adumbratio Pathologica. Diss. Berlin ca. 1822 (ohne Zeitangabe).
24. GRUNDTMANN: De Nostalgia. Berlin ca. 1839 (ohne Zeitangabe).

25. ED. MATTHAEI: De Nostalgia. Diss. Halle ca. 1844 (ohne Zeitangabe).
26. CHATELAIN: Einige Betrachtungen über die Nostalgie. Diss. Würzburg 1860.
27. GÖSCHEN: Deutsche Klinik 1855. Dr. L. MEYER: Der Wahnsinn aus Heimweh. Nr. 1, p. 7. Nr. 2, p. 20. Nr. 3, p. 31.
28. PINEL: Artikel Nostalgie in Encyclop. methodol.
29. GUERBOIS: Essai sur la Nostalgie. Paris 1803.
30. CASTELNAU: Considérations sur la Nostalgie. Paris 1806. Biblioth. médic. Tom. XIV.
31. THERRIN: Essai sur la Nostalgie. Paris 1815.
32. PAUQUET: Diss. sur la Nostalgie. Paris 1815.
33. PERCY und LAURENT: Art. Nostalgie in: Diction. des Sciences médicales. Paris 1819. T. 36. p. 265.
34. J. LARREY: Über den Sitz und die Folgen der Heimwehkrankheit. Aus dessen Recueil de Mémoires de Chirurgie. Paris 1821. Übersetzt in Nasses Zeitschrift f. psych. Ärzte. 1822 p. 153 ff.
35. MASSON de Neuf-Maison: Dissertation sur la Nostalgie. Paris 1825.
36. MAURY: De la nostalgie dans l'armée. Straßburg 1826.
37. M. MOREAU de Saint-Apre: Considérations sur la Nostalgie. Paris 1829.
38. BEGUIN: Article Nostalgie in Diction. de méd. et de chir. prat. Paris 1829-1836. Tom. XII. p. 76.
39. ROBILLARD: Coup d' oeil sur la Nostalgie. Paris 1833.
40. EUG. PAISSON: Diss. sur la Nostalgie. Paris 1833.
41. CALMEL: Diss. sur la Nostalgie. Paris 1836.
42. JUSTIN SANTI: De la nostalgie à bord des navires de guerre. (Annales d'hygiène publique et de médecine légale.) 1836.
43. ROCHE DE VERNEUIL: Diss. sur le mal du pays. Paris 1839.
44. EUGENE PILET: Diss. sur la Nostalgie. Paris 1844.
45. M. LEROY DUPRÉ: Diss. sur la Nostalgie. Paris 1846.
46. MUTEL: Diss. sur la Nostalgie. Montpellier 1849.
47. MALAPER DU PEUX: Diss. sur la Nostalgie. Paris 1853.
48. BRIERRE DE BOISMONT: Du Suicide. 1856. p. 141.
49. LEGRAND DU SAULLE: Étude sur la nostalgie. In Annales médicopsychol. Paris 1858 p. 430.
50. E. DU VIVIER: De la Melancholie. Paris 1864. S. 89.
51. PETROVITCH: De la nostomanie. Thèse de Paris 1866.
52. DECAISNE: Observations de nostalgie recueillies pendant le siège de Paris. Gaz. des hopit. 1870. Nr. 134.
53. AUG. JANSEN: Considération sur la Nostalgie. In Annales et bulletin de la société de Méd. de Gand. 35. Jahrg. 1871.
54. AUG. HASPEL: De la nostalgie in Mémoires de l'acad. de méd. Tom. XXX Paris 1871. p.466- 628.

55. A. BENOIST DE LA GRANDIERE: De la Nostalgie ou mal du pays. Paris 1873.
56. DAGONET: Traité des maladies mentales. 1876. p. 218.
57. PROAL: L'éducation et le suicide des enfants. Paris 1907. p. 56.
58. KLEIN: Annalen der Gesetzgebung und Rechtsgelehrsamkeit in den preuß. Staaten. Bd. 7, p. 37 u. 55. Bd. XIII, p. 176. Bd. XIV, p. 19.
59. E. PLATNER: Quaest. medico-forenses et. Choulant. Lips. 1824. p. 101 und 311.
60. G. R. MASIUS: Handb. der gerichtl. Arzneiwissensch. I.B. II. Abt. Stendal 1822. p.593 ff.
61. MENDE: Handbuch der gerichtl. Medizin. Leipzig 1819—1832. 4. Teil. p. 184.
62. ALBR. MECKEL: Beiträge zur gerichtl. Psychologie. I. Heft. 1820. p. 111 ff.
63. ALBR. MECKEL: Lehrb. der gerichtl. Medizin. 1820. § 376.
64. S. G. VOGEL: Beitr. z. d. gerichtsärztl. Lehre von der Zurechnungsfähigkeit. 2. Aufl. Stendal 1825. p. 163.
65. HITZIG: Annalen der deutschen und ausländ. krim. Rechtspflege. Heft 13. Berlin 1830. p. 37 und 54.
66. HENKE: Zeitschr. f. Staatsarzneikunde. 1831. Bd. 22. p. 355. 1837. 24. Ergänz.-Heft. p. 55.
67. PFAFF: Mitteilungen aus dem Gebiete der Medizin, Chirurg. und Pharm. 1833. II. Jahrg. p. 532.
68. FRIEDREICH: Systemat. Handbuch der gerichtlichen Psychol. Leipzig 1835. p. 636
69. HETTICH: Über das Heimweh, hauptsächlich in seinen Beziehungen zur Staatsarzneikunde. Diss. Tübingen 1840.
70. MARC: Die Geisteskrankheiten in Beziehung zur Rechtspflege. Deutsch von IDELER. Berlin 1844. Bd. I. p.251 u. 271.
71. M. E. RICHTER: Über jugendliche Brandstifter. Leipzig 1844. p. 54, 69, 91.
72. J. L. CASPER: Denkwürdigkeiten zur medizin. Statistik und Staatsarzneikunde. Berlin 1846. Das Gespenst des sog. Brandstiftungstriebes.
73. R. SPITTA: Praktische Beiträge zur gerichtsärztl. Psychologie. Rostock und Schwerin 1855.
74. FLEMMING: Ztschr. f. Psychiatrie. XII. p. 468 ff. 1855. Referat und Kritik des Spittaschen Falles.
75. J. WILBRAND: Lehrbuch der gerichtlichen Psychologie. Erlangen 1858. p. 289.
76. WILLERS JESSEN: Die Brandstiftung in Affekten und Geistesstörungen. Kiel 1860. p. 114.
77. A. KRAUSS: Die Psychologie des Verbrechens. Tübingen 1884. p. 288
78. FRIEDREICH: Blätter f. gerichtl. Med. 1886. p. 331.

79. v. KRAFFT-EBING: Gerichtliche Psychopathologie. 1892. p 59 u. 102. 80. FERD. MAACK: Heimweh und Verbrechen. Berlin ca. 1894 (ohne Zeitangabe)
81. MÖNCKEMÖLLER: Geistesstörung und Verbrechen im Kindesalter. Berlin 1903. p. 24, 26, 72 und 86.
82. REINH. STADE: Frauentypen aus dem Gefängnisleben. Leipzig 1903. p. 203.
83. HANS GROSS: »Kriminalpsychologie«. 2. Aufl. Leipzig 1905. p. 91.
84. HANS GROSS: »Hdb. für Untersuchungsrichter«. 5. Aufl. München 1908. p. 981.
85. WILMANNS: Heimweh oder impulsives Irresein. In: Monatsschrift für Kriminalpsychol. und Strafrechtsreform. 3. Jahrg. 1906.
86. F. KLUGE: Heimweh. Ein wortgeschichtlicher Versuch. Programm. Freiburg 1901.

Christine Pozsár

HEIMWEH ALS VERBRECHENSURSACHE?

Anmerkungen zur Dissertationsschrift von Karl Jaspers aus heutiger psychiatrischer Sicht

Karl Jaspers promovierte 1909 bei Prof. Nissl in Heidelberg mit seiner Dissertation über das Thema *Heimweh und Verbrechen.* Betreut wurde er hierbei von dem damaligen Oberarzt der Heidelberger Psychiatrischen Klinik Karl Wilmanns. Dieser hatte 1906 eine kasuistische Arbeit mit dem Titel »Heimweh oder impulsives Irresein?« veröffentlicht, die neben einem weiteren Gutachtenfall von Wilmanns (»Apollonia S.«) den Ausgangspunkt der Arbeit von Jaspers darstellte. Es handelt sich um die Schilderung des Falles der Eva B., die, im Alter von 13 Jahren als Kindermädchen in Dienst geschickt, zwei Tötungsversuche durch Strangulation an der ihr anvertrauten kleinen Tochter beging.

Wilmanns kam zu dem Schluß, daß bei Eva B. eine normale geistige und seelische (»gemütliche«) Veranlagung bestand. Die Angabe der Angeklagten, aus Heimweh gehandelt zu haben, sei glaubwürdig. Es müsse offenbleiben, ob es sich um »pathologische Steigerungen an sich physiologischer Vorgänge handelt oder um durchaus krankhafte Erscheinungen«. Nach seiner Ansicht befand sich Eva B. allerdings (nach der damaligen juristischen Terminologie) »in einem Zustande krankhafter Störung der Geistestätigkeit ..., durch den ihre freie Willensbestimmung ausgeschlossen war.«

Der Tenor der psychiatrischen Beurteilung der Taten von Eva B. ist insgesamt zurückhaltend und wägend. Wilmanns sieht den Stand des damaligen psychiatrischen Wissens durchaus relativ. Jaspers weist in seiner Arbeit darauf hin, daß von Wilmanns die Auffassung stamme, daß es zu Verbrechen führende Heimwehverstimmungen gebe, auch ohne daß die Täterinnen »intellektuell oder moralisch schwachsinnig« seien.

Im Vorwort seiner Dissertation nennt Jaspers als deren Ziel, daß er eine »zusammenfassende Bearbeitung des spärlichen Erfahrungbestandes auf diesem Gebiet liefern« wolle, »die vielleicht ein wenig zur Klärung der Fragen beitragen, sie allerdings nicht lösen kann.«
Zunächst referiert er die »Heimwehliteratur« mit ihren unterschiedlichen Vorstellungen über Pathogenese, Verlauf und Folgen des Heimwehs aus dem deutschsprachigen Raum zwischen dem 17. und dem ausgehenden 19. Jahrhundert. Er sieht ein verstärktes Bemühen um ein psychologisches Verständnis des Phänomens ab der Mitte des 19. Jahrhunderts.

Im nächsten Abschnitt geht er auf die französische Heimwehliteratur ein, die sich überwiegend mit dem Heimweh der Soldaten befaßt, um schließlich zur »Entwicklung der forensischen Auffassung« zu gelangen. Dabei weist er darauf hin, daß die Geschichte der forensischen Heimwehliteratur eng mit der Lehre von der Pyromanie, d.h. der Annahme eines krankhaften Brandstiftungstriebes, zusammenhänge, die auf der Monomanielehre Esquirols (1845) fußte, der den Begriff »Monomanie« für Störungen einführte, die nur einen bestimmten Bereich der Psyche betreffen. Die sogenannte »monomanie instinctive« umfaßte auf unwiderstehliche Impulse zurückgehende Störungen. (Einen Gesamtüberblick über die Geschichte des psychiatrischen Pyromanieverständnisses geben Winer u. Pollock, 1988.) Jaspers, der die Annahme eines Brandstiftungstriebes allerdings als überwunden betrachtet, gelangt dann, nachdem er die Auffassung verschiedener Autoren hinsichtlich des Heimwehs als Auslöser von Verbrechen referiert hat, zum zentralen Teil seiner Arbeit, einer Reflexion über kasuistisches Material in der Literatur bzw. im Rahmen von Gutachten und zur Frage der strafrechtlichen Verantwortlichkeit der Täterinnen.

Bei den insgesamt 20 von ihm aufgeführten Fallgeschichten handelt es sich ausschließlich um Mädchen bzw. junge Frauen, die, nachdem sie zu fremden Leuten in den Dienst geschickt worden waren, dort Straftaten begingen, und zwar in acht Fällen vollbrachte oder versuchte Tötungen an den anvertrauten Kindern, in zwölf Fällen Brandstiftungen meist am Wohnhaus der Dienstherrschaft. Die Betreffenden waren zum Zeitpunkt der Taten zwischen 9 1/2 (!) und 22 Jahren, weit überwiegend jedoch zwischen 13 und 16 Jahren alt.

Bei den ersten 7 Fällen, zu denen auch Apollonia S. und Eva B. zählen, kann nach der Auffassung von Jaspers »intellektueller und moralischer Schwachsinn« mit überwiegender Wahrscheinlichkeit ausgeschlossen werden. Er geht jedoch von einer verlangsamten Entwicklung, dem Zurückgebliebensein der Mädchen auf einer kindlichen Entwicklungsstufe aus. Deren mögliche Ursache sieht er in einer Beschränktheit der geistigen Einflüsse, der Enge des Milieus oder einer degenerativen Veranlagung.

Das Vorliegen einer Entwicklungshemmung findet er bestätigt, wenn noch dazu ein »körperlicher Infantilismus« vorliegt. Es fallen die Begriffe »degenerative Individuen« bzw. »Degenerierte« und »hereditäre Belastung«, die der ebenfalls genannten »psychopathischen Veranlagung« entsprechen.

Hier wird der Einfluß der Degenerationslehre Morels (1809-1873) deutlich, die im 19. Jahrhundert zeitweise die beherrschende psychiatrische Wissenschaftstheorie war und die bis weit ins 20. Jahrhundert hineinwirkte. Die Degenerationen sind nach ihrer Auffassung erblich übertragbare Abweichungen vom normalen menschlichen Typ, die sich in Form körperlicher und psychischer Stigmata manifestieren und sich von Generation zu Generation verstärken.

Bezüglich der übrigen 13 Fälle meint Jaspers, daß »die Individuen wahrscheinlich entweder intellektuell oder moralisch minderwertig« seien, so daß er das Gewicht des Faktors »Heimweh« hierbei mehr oder weniger relativiert sieht. Insgesamt beurteilt Jaspers das Heimweh als charakteristische (degenerative) Reaktion bei Vorliegen einer »psychopatischen Konstitution«.

Bei Heimwehverbrechen sei immer eine relativ kindliche Entwicklungsstufe, ein durch Erziehung und Umgebung eng gebliebener Horizont und eine Begrenztheit der Gefühle auf kindliche Lebensgebiete vorhanden. Je mehr der Faktor »Heimweh« gegenüber dem der »moralischen Minderwertigkeit« überwiegt, umso eher hält Jaspers es für gerechtfertigt, bei entsprechenden Delikten von Unzurechnungsfähigkeit auszugehen. In damaliger Auffassung bedeutete die »moralische

Minderwertigkeit« (heute entspricht das gemeinte Phänomen am ehesten dem Begriff der Dissozialität) eine in der Persönlichkeit verankerte Schuldbehaftung und nicht, wie heute, den Ausdruck einer Persön-lichkeitsfehlentwicklung, die Krankheitswert haben kann und somit gegebenfalls als schuldmindernd berücksichtigt werden muß.

Brandstiftung und Kindstötung in der Fremde als »Heimwehverbrechen« kommen heute in unserem Kulturkreis praktisch nicht mehr vor (Harbauer et al. 1980), spielen also als Problemstellung in der forensischen Psychiatrie keine Rolle mehr. Aus einer Aufstellung zur Epidemiologie von Straftaten von Kindern, Jugendlichen und Heranwachsenden im Jahre 1985 (Lempp 1988) geht hervor, daß 3 % aller straffällig gewordenen Jungen bis zum 14. Lebensjahr und 1,4 % der straffällig gewordenen Mädchen dieser Altergruppe Brandstiftungen begingen. Bei den Jugendlichen und Heranwachsenden war die Brandstiftung aufgrund extrem geringer Fallzahlen nicht vermerkt; Tötungsdelikte waren in keiner Altersgruppe vermerkt.

So wird von Seiten der Kinder- und Jugendpsychiatrie die Brandstiftung insgesamt nicht als bedeutendes Problem erachtet. Bei fließenden Grenzen zwischen Zündeln, unbeabsichtigter Brandlegung und bewußter Brandstiftung, die mitunter (ähnlich wie beim demonstrativen Suizidversuch) den Charakter eines Hilferufs bzw. Appells an die Umwelt hat (auch mit dem Ziel, aus einer verhaßten Umgebung herauszukommen), werden Brandstiftungen bei Kindern und Jugendlichen im wesentlichen als »phasentümliche Unglücksfälle« gewertet, die in der Regel keine weiteren Normverletzungen erwarten lassen (Stutte und Dauner 1978, Harbauer et al. 1980), d.h. die Prognose wird allgemein als günstig eingeschätzt.

Eindeutige Zusammenhänge zwischen Feuerlegen und Sexualität, die immer wieder einmal postuliert wurden, ließen sich nicht nachweisen. Die Behandlung in Form heilpädagogischer und psychotherapeutischer Maßnahmen orientiert sich nur bedingt am Symptom, vielmehr in erster Linie an der Art und Genese der zugrundeliegenden psychischen Problematik.

In ähnlicher Weise werden Tötungsdelikte bei Jugendlichen eingeschätzt. Die Betreffenden zeigen in der Regel keine stärkeren kriminellen Tendenzen als andere Jugendliche. Die Tötungshandlung entspringt überwiegend einer momentanen affektiven Überforderung, ist also eine Art »zwischenmenschlicher Unfall«. (Harbauer et al. 1980) Die Delikte sind fast durchweg keine vorbereiteten Handlungen. (Lempp 1988, 1990). Insofern wird auch hier von einer allgemein günstigen Prognose ausgegangen. Diese Feststellungen gelten natürlich nicht für Tötungsdelikte im Rahmen sexuell devianter Entwicklungen.

In seiner forensisch-psychiatrischen Bewertung der Heimwehverbrechen setzt Jaspers vor allem bei einer individuellen psychischen und körperlichen Defizienz der betroffenen Mädchen an, wie Entwicklungshemmung, »degenerative Veranlagung«, Umwälzungen beginnender Pubertätsentwicklung, »Schwachsinn« und körperliche Krankheit. Eher am Rande nennt er exogene Faktoren wie Entwurzelung und Haltverlust oder einen durch Erziehung und Umgebung eng gebliebenen Horizont. Diese werden nicht problematisiert und im Hinblick auf ihren Einfluß auf die strafrechtliche Verantwortlichkeit nicht gewichtet.

Dies macht deutlich, daß spezielle kinder- und jugendpsychiatrische Aspekte innerhalb der damaligen Psychiatrie noch nicht verankert waren. Die Kinder- und Jugendpsychiatrie etablierte sich, nachdem 1887 in Deutschland das erste kinderpsychiatrische Lehrbuch erschienen war (Emminghaus), erst im Laufe der ersten Hälfte dieses Jahrhunderts als eigenes Fachgebiet. Es seien daher im folgenden einzelne, von Jaspers aus dem damaligen Blickwinkel heraus nicht berücksichtigte Aspekte kurz beleuchtet, die aus heutiger Sicht für die forensisch-psychiatrische Bewertung des historischen Phänomens »Heimwehverbrechen« von Bedeutung erscheinen.

Da sich die Betreffenden fast ausschließlich im Kindes-, Jugend- oder Adoleszentenalter befanden, wäre im Rahmen der Erhebung des psychischen Befundes eine wichtige Frage, in welcher individuellen Entwicklungsphase sich die Täterin zum Tatzeitpunkt befand bzw. inwieweit sie vor dem Hintergrund der erreichten Entwicklung in der Lage war, sich auf die (in vielen Fällen unter Anwendung von Drohungen und Gewalt) aufgenötigte Veränderung der Lebenssituation einzustellen.

Dem sogenannnten epigenetischen Prinzip zufolge müssen die Aufgaben einer jeden Entwicklungsphase zur richtigen Zeit und in der richtigen Reihenfolge angegangen und gemeistert werden, damit das Kind in der Lage ist, mit den Aufgaben der nächsten Phase fertigzuwerden.

Bei einer Störung dieses phasischen Ablaufes erfolgt eine Kette von Fehlentwicklungen. (Lidz 1990) Gesichtspunkte sind hierbei z.B. die kognitive Entwicklung, der erreichte Status im sozialen Bezugsrahmen und die Ausbildung der Ich-Funktionen (z.B. im Sinne von Gewissensbildung und Triebbeherrschung).

Körperliche Veränderungen wie diejenigen während der Pubertät erfordern ein verändertes Selbstkonzept und neue Einstellungen. Jaspers berücksichtigt den körperlichen Aspekt insofern, als er körperliche Krankheit wie auch eine Retardierung der geschlechtstypischen Entwicklung als disponierend für die Heimwehverbrechen ansieht. Ein psychosomatisches Konzept bzw. psychodynamische Gesichtspunkte im Sinne der Psychoanalyse liegen ihm dabei fern. (Er wird diese im weiteren Verlauf seiner Beschäftigung mit dem Gebiet der Psychiatrie auch explizit ablehnen.)

Reifungsstörungen in der Pubertät sind in späteren Untersuchungen zwar mehrfach als ursächlicher Faktor der Kriminalität herausgearbeitet worden, jedoch muß dabei offenbleiben, inwieweit eine wirkliche kausale Beziehung zwischen körperlicher Entwicklungsstörung und psychischer Fehlentwicklung besteht (die ja ihrerseits auch im Sinne der sogenannten »sekundären Neurotisierung« Folge der körperlichen Entwicklungsstörung sein kann). Das Kind und der Jugendliche befinden sich in der stetigen Ambivalenz zwischen dem Bedürfnis nach Sicherheit und dem nach neuen Fertigkeiten, unbekannten Situationen und Unabhängigkeit.

Das Erreichen von Unabhängigkeit ist mit Angst und Unsicherheit verbunden. Es können keine Erfahrungen ausgewertet werden, auf die die kognitiven Fähigkeiten noch nicht eingestellt sind. (Piaget 1969) Nach Piaget fällt in das präpubertäre Schulalter (dem wohl ein Großteil der von Jaspers bearbeiteten Fälle zuzuordnen ist) die Phase der konkreten Operationen: Das Kind entwickelt ein zusammenhängendes kognitives System, in das Erfahrungen eingeordnet werden können, ist jedoch noch nicht fähig, abstrakt zu denken.

Für das jugendliche Entwicklungsstadium wird neben der sukzessiven Rollenverschiebung innerhalb der Familie die Wichtigkeit der Gemeinschaft mit Spielkameraden, der Identifikation mit Gleichaltrigen angesehen. (Lidz 1990) Die Falldarstellungen bei Jaspers legen nahe, daß die betreffenden Mädchen weder erwachsene noch gleichaltrige Personen ihres Vertrauens hatten, mit denen sie ihre Wahrnehmungen und Empfindungen teilen oder sich identifizieren konnten.

Erikson (1956, 1968) hebt in seinen Arbeiten besonders die Wichtigkeit von Adoleszenz und frühem Erwachsenenalter hervor, wenn Persönlichkeit und Ich-Identität sich herauskristallisieren und der junge Mensch sich zu einer integrierten und relativ selbständigen Person entwickelt, die sich in das jeweilige soziale Umfeld einpaßt. Nach und nach entwickelt sich hier die Fähigkeit, in Konzepten zu denken, aufgrund von Hypothesen zu argumentieren und die möglichen Folgen potentieller Handlungen intellektuell zu durchdringen (Phase der formalen Operationen nach Piaget [Inhelder u. Piaget 1958]).

Der Adoleszente befindet sich noch immer in einem Probestadium innerhalb des langwierigen Trennungs- und Individuationsprozesses und benötigt noch als sichere Basis einen Ort, der ihm Unterstützung, Zuneigung, Verständnis und die Bestätigung seines Status und Wertes bietet. Der Aufwachsende verliert einerseits den Schutz der Kindheit, kann jedoch andererseits die Anerkennung und die »Belohnungen« des Erwachsenendaseins noch nicht erlangen, so daß er sich psychosozial in einem »Niemandsland« befindet, was kriminalitätsbegünstigend wirken kann. (McDavid u. McCandless 1962)

Die geglückte Individuation bis zum frühen Erwachsenenalter beinhaltet die Fähigkeit, die Realität zu erkennen und sich mit ihr auseinanderzusetzen, indem man sie annimmt oder sich gegen sie auflehnt, während sich das Selbst (wie Lidz idealistisch formuliert) unabhängig von der Gesellschaft bewahrt.

Diese knappen Ausführungen zur Entwicklungspsychologie von Jugend und Adoleszenz mögen verdeutlichen, einen welch schweren Eingriff und Bruch in ihrer Entwicklung die Dienstverpflichtung für die jungen Mädchen darstellte, da sie ihren alterstypischen Bedürfnissen völlig zuwiderlief. Um hier eine emotionale und kognitive Überforderung der betroffenen Mädchen abzuleiten, bedürfte es in den meisten Fällen wohl nicht noch des Nachweises einer Persönlichkeitsstörung, Minderbegabung oder Entwicklungsverzögerung, wenngleich diese die Problematik natürlich noch akzentuieren und eine extreme Reaktion disponieren können.

Nicht berührt wird von Jaspers des weiteren der Aspekt der spezifischen Situation der Täterinnen als weibliche Wesen, als Frauen. Mit Sicherheit hatten die aus überwiegend wirtschaftlich unterprivilegierten Verhältnissen stammenden Mädchen noch viel weniger als ihre männlichen Altersgenossen die Möglichkeit, ihre Lebenssituation aktiv zu gestalten, zwischen Alternativen zu wählen bzw. sich gegen einen innerlich abgelehnten Zustand zu verwahren.

Traditionell wurden und werden Mädchen schon frühzeitig zu einem angepaßten, wenig aggressiven Verhalten erzogen, während bei Jungen ein gewisses Maß an Aggression als Durchsetzungsvermögen deklariert und erwünscht ist. (Nowara 1993) Der Nachdruck der Erziehung von Mädchen liegt auf Anpassung und Akzeptierung sozialer Verantwortung in der Familie, was bei Jungen weit weniger der Fall ist. (Einsele 1971)

In der in Jaspers' Klientel überwiegenden Landbevölkerung niedriger sozialer Schicht und mit tendenziell geringer Schul- und Berufsausbildung tendiert das Geschlechtsrollenleitbild jeweils im Vergleich zur städtischen und gebildeteren Bevölkerung höherer sozialer Schichten noch stärker zum »konservativen« Pol. (Krüll 1974) Die traditionelle wie auch gegenwärtige geschlechtsspezifische Arbeitsteilung in westlichen Gesellschaften ist dadurch gekennzeichnet, daß Frauen eher dem Reproduktionbereich, also der Familie und der Kindererziehung mit starker Bindung an die häusliche Sphäre, zugeordnet sind, Männer dem Produktionsbereich, wobei die traditionell von Frauen geleisteten Arbeiten gesellschaftlich weniger anerkannt sind.

Nach Gipser u. Stein-Hilbers (1987) werden Mädchen bei falschem Verhalten eher mit Liebesentzug bestraft; daher seien sie von der Zuwendung der Eltern abhängiger als Jungen und entwickelten Angstbereitschaft und Abhängigkeit. Die insgesamt stärker liebesorientierte Erziehungstechnik bei Mädchen berge die Gefahr einer

»Überanpassung« in sich. Laut Janssen-Jureit (1979) rüste das Identifikationstraining der Jungen diese besser für den Konkurrenzkampf aus, während Mädchen eher Fähigkeiten lernten, die sie an der Durchsetzung eigener Interessen hinderten.

Vielfach wurde kritisiert, daß das Phänomen der Frauenkriminalität wissenschaftlich bislang nur unzureichend bzw. allzusehr von Stereotypen geprägt untersucht wurde. (z.B. Leder 1978) Wo überhaupt Theorieansätze eingebracht würden, überwiege die biologische Orientierung (Menstruation, Schwangerschaft und Klimakterium als Frauenkriminalität verursachende Ereignisse; Dürkop u. Hardtmann 1974).

Der statistische Anteil der weiblichen Kriminalität insgesamt ist quantitativ deutlich unterrepräsentiert (nach Rode u. Scheld [1986] liegt er bei etwa 13 %), was möglicherweise auf die informelle soziale Kontrolle v.a. durch die Familie und auf die verinnerlichten Kontrollen als Ergebnis des weiblichen Sozialisationsprozesses (manifestiert als größere Passivität und Abhängigkeit sowie geringerer Selbstbehauptung und Aggression) zurückzuführen ist.

Der Anteil der Frauen unter den Strafgefangenen betrug in den letzten Jahren zwischen 3,2 und 3,5 %. (Rasch 1984) Der Anteil der gemäß § 63 StGB in psychiatrischen Krankenhäusern untergebrachten Frauen (psychisch kranke Rechtsbrecherinnen im sog. Maßregelvollzug) liegt bei etwa 4 %. In der prozentualen Verteilung der Unterbringungsdelikte sind nach der Untersuchung von Leygraf (1988) bei den Frauen im Vergleich zu den Männern Tötungsdelikte überrepräsentiert (47,5 % bei Frauen gegenüber 27,1 % bei Männern), ebenso Brandstiftungen (18,6 % bei Frauen, 10,6 % bei Männern). Man beachte hierbei den extrem geringen Anteil der Frauen an der Gesamtzahl (59 Frauen gegenüber 1914 Männern).

Es gibt Anhaltspunkte dafür, daß zwischen der weiblichen Kriminalität, insbesondere der Tötungskriminalität, und der weiblichen Geschlechtsrolle ein Zusammenhang besteht, d.h. die weibliche Kriminalität charakteristische Züge des Geschlechtsrollenverhaltens der Frau trägt. (Brökling 1980, Rode u. Scheld 1986)

Nach der Untersuchung von Rode u. Scheld (1986) entstammten die Opfer der Tötungsdelikte von Frauen zu 85 % dem engeren Familienkreis. Sie töteten Kinder im Alter bis zu 6 Jahren signifikant häufiger (40 %) als Männer (4 %). Demgegenüber töteten sie im Vergleich zu Männern sehr viel seltener unbekannte Personen (Frauen 5 %, Männer 23 %).

Auffällig häufig erfolgten die Tötungsdelikte von Frauen aus langfristigen oder akuten Konfliktlagen heraus. In der psychiatrischen Begutachtung wurden Frauen im Vergleich zu Männern häufiger als zum Tatzeitpunkt vermindert schuldfähig oder schuldunfähig angesehen, und es wurden häufiger als bei Männern neurotische Persönlichkeitsfehlentwicklungen diagnostiziert. Insgesamt kommen Rode u. Scheld zu dem Schluß, daß Frauen, die töten, gerade nicht emanzipiert sind, sondern eher passive, angepaßte, unterdrückte, unselbständige, abhängige Menschen sind, die in schweren Konfliktlagen keine konstruktiven Lösungen finden.

Hier erkennen wir die Mädchen in den Fallbeschreibungen bei Jaspers wieder, die durch die traumatisch verarbeitete neue Rollenzuweisung sozusagen gewaltsam zu Frauen gemacht wurden und nun kriminalsoziologisch als solche in Erscheinung treten. In den Falldarstellungen werden die Mädchen überwiegend als zurückhaltend und angepaßt beschrieben. Sie haben im allgemeinen keine dissoziale Entwicklung hinter sich. Von ihrer äußeren gesellschaftlichen bzw. auch internalisierten und sich nicht zuletzt in der Aggressionshemmung widerspiegelnden Rollenzuweisung her sowie aufgrund der emotionalen und kognitiven Unreife mit unentwickeltem Introspektions- und Abstraktionsvermögen sind ihnen keine konstruktiven Möglichkeiten des Umganges mit der verhaßten Situation an die Hand gegeben. Anscheinend sind zudem keine Vertrauenspersonen verfügbar, die den Verlust der Familie ausgleichen könnten.

Die Straftaten der Mädchen beziehen sich in einem radikalen Konkretismus auf die abgelehnte Situation: Das Haus der Herrschaft wird abgebrannt oder das zu betreuende Kind wird getötet. Die Taten lassen den Machtaspekt deutlich werden. Der eigenen Machtlosigkeit wird die mächtige Zerstörungskraft des Feuers entgegengesetzt (das mit geringen Mitteln entfacht werden und dessen destruktiver Eigendynamik man die Erreichung des Zieles quasi passiv überlassen kann). Die Tötung des Kindes drückt zudem unbewußt neben der Umkehr von Ohnmacht in Macht den Haß auf die eigene Schwäche aus, die im Kind wiedererkannt wird. »Heimweh« – der Schmerz darüber, nicht daheim zu sein – ist vor diesem Hintergrund denn auch als stellvertretendes Symptom für eine weiterreichendende psychische und gesellschaftliche Problematik zu verstehen.

LITERATUR

E. Brökling: Frauenkriminalität. Stuttgart 1980

M. Dürkop, G. Hardtmann: Frauenkriminalität. Kritische Justiz 7, 1974

H. Einsele: Besonderheiten der weiblichen Kriminalität und des Frauenstrafvollzuges. Zeitschrift für Strafvollzug 20, Wiesbaden 1971, S. 127-140

E. Erikson: Das Problem der Identität. Psyche 10, 1956/57, S. 114-176

E. Erikson: Identity: Youth and Crises. Norton, New York 1968

E. Esquirol: Mental Maladies: A Treatise on Insanity. Lea & Blanchard, Philadelphia 1845

D. Gipser, M. Stein-Hilbers (Hrsg.): Wenn Frauen aus der Rolle fallen. 2. Aufl., Weinheim u. Basel 1987

H. Harbauer, H., R. Lempp, G. Nissen, P. Strunk: Lehrbuch der speziellen Kinder- und Jugendpsychiatrie. 4. Aufl., Berlin 1980

B. Inhelder, J. Piaget: The Growth of Logical Thinking from Childhood to Adolescence. Basic Books, New York 1958

M. Janssen-Jureit: Frauenprogramm. Gegen Diskriminierung. Reinbek 1979

M. Krüll: Geschlechtsrollenleitbilder in Stadt- und Landfamilien der Bundesrepublik Deutschland. Hrsg.: Forschungsstelle der Forschungsgesellschaft für Agrarpolitik und Agrarsoziologie e.V., Bonn 1974

H.-C. Leder: Frauen- und Mädchenkriminalität. Heidelberg 1978

R. Lempp: Jugenddissozialität und Delinquenz. In: Psychiatrie der Gegenwart 7: Kinder- und Jugendpsychiatrie. Hrsg.: K. P. Kisker, H. Lauter, J. E. Meyer, C. Müller, E. Strömgren. Berlin 1988

R. Lempp: Zur Psychopathologie scheinbar unverständlicher Tötungsdelikte von Jugendlichen und Heranwachsenden. In: Kriminalität: Persönlichkeit, Lebensgeschichte und Verhalten. Hrsg.: H.-J. Kerner, G. Kaiser. Berlin 1990

N. Leygraf: Psychisch kranke Straftäter. Epidemiologie und aktuelle Praxis des psychiatrischen Maßregelvollzuges. Berlin 1988

T. Lidz.: Lebenszyklus. In: Psychiatrie in Praxis und Klinik, Band 5: Psychiatrische Probleme der Gegenwart I. Hrsg.: A. M. Freedman, H. J. Kaplan, B. J. Sadock, U. H. Peters. Stuttgart 1990

R. McDavid, B. R. McCandless: Psychological aspects of delinquency. In: Journal of Criminal Law, Criminology and Police Science 53, 1962, S. 1-14

S. Nowara: Psychisch kranke Strafitäterinnen. In: Die Sprache des Verbrechens: Wege zu einer klinischen Kriminologie – Festschrift für Wilfried Rasch. Hrsg.: N. Leygraf, R. Volbert, H. Horstkotte, S. Fried. Stuttgart 1993

J. Piaget, B. Inhelder: The Psychology of the Child. Basic Books, New York 1969

W. Rasch: Krank und/oder kriminell? Maßregelvollzug in Westfalen-Lippe. Landschaftsverband Westfalen-Lippe (Hrsg.), Bielefeld 1984

I. Rode, S. Scheld: Sozialprognose bei Tötungsdelikten. Berlin 1986

H. Stutte, I. Dauner: Brandstiftungen Strafunmündiger. In: Monatsschrift für Kriminologie und Strafrechtsreform 61, 1978, S. 328-337

K. Wilmanns: Heimweh oder impulsives Irresein? In: Monatsschrift für Kriminalpsychologie und Strafrechtsreform 3, 1906

J. A. Winer, G. H. Pollock: Störungen der Impulskontrolle. In: Psychiatrie in Praxis und Klinik. Band 4: Psychosomatische Störungen. Hrsg.: A. M. Freedman, H. J. Kaplan, B. J. Sadock, U. H. Peters. Stuttgart 1988